知识产权法原理简明教程

潘皞宇 / 著

中国法制出版社
CHINA LEGAL PUBLISHING HOUSE

目录

CONTENTS

第一编　知识产权法总论 / 001

第一节　知识产权法概述 / 003

第二节　从典型历史案例看知识产权制度的生成动因 / 005

第三节　知识产权的法律性质以及知识产权法的基本原理 / 008

第四节　知识产权的权利特征 / 010

第二编　著作权法 / 013

第一章　著作权法律制度概述 / 015

第二章　著作权的客体 / 019

第一节　著作权客体的认定及其层级性结构 / 019

第二节　作品的独创性及其制度价值 / 022

第三节　不受著作权法保护的对象 / 024

第四节　我国《著作权法》所规定的具体客体类型 / 027

第三章　著作权的主体 / 039

第一节　著作权主体制度及著作权归属的基础原理 / 039

第二节　著作权归属原则的例外——法定情形和约定情形 / 042

第三节　著作权归属原则的特殊适用——作品中的独创性叠加 / 044

第四节 著作权归属原则的特殊适用——作品中的多价值叠加 / 048
第四章 著作权的内容——著作人身权 / 051
第一节 著作人身权的一般原理及其权利体系 / 051
第二节 著作人身权的具体权利内容 / 054
第五章 著作权的内容——著作财产权 / 057
第一节 著作财产权的一般原理及其权利体系 / 057
第二节 著作财产权中的复制类权利 / 060
第三节 著作财产权中的传播类权利 / 066
第四节 著作财产权中的演绎类权利 / 075
第六章 邻接权 / 078
第一节 邻接权制度的生成原因及我国的邻接权体系 / 078
第二节 表演者权的制度架构及其权利内容 / 081
第三节 我国邻接权制度中的录制者权、广播组织权和版式设计权 / 085
第七章 广义著作权的权利保护期限 / 089
第八章 对著作权的限制 / 093
第一节 对著作权限制的基本原理及具体类型 / 093
第二节 我国《著作权法》中“合理使用”的具体情形及适用标准 / 096
第三节 我国《著作权法》中“法定许可”的具体情形及适用标准 / 105
第九章 著作权的集体管理制度 / 109
第十章 著作权侵权及法律责任 / 113
第一节 著作权侵权的基本原理及责任认定 / 113
第二节 侵犯著作权的法律责任 / 116

第三编　专利法 / *121*

第一章　专利权及专利制度原理概述 / *123*

第二章　专利权的客体 / *127*

　　第一节　发明 / *127*

　　第二节　实用新型和外观设计 / *130*

　　第三节　不受专利法保护的对象 / *134*

第三章　专利权的主体 / *138*

　　第一节　专利制度当中的主体类型 / *138*

　　第二节　发明创造的权利归属 / *142*

第四章　专利申请 / *147*

　　第一节　专利申请日的确定及其相关的法律制度 / *147*

　　第二节　专利申请的“书面原则”及专利申请文件的内容 / *151*

　　第三节　专利申请的“单一性原则” / *155*

第五章　专利审批 / *157*

　　第一节　专利审查方式的主要类型 / *157*

　　第二节　我国对发明、实用新型、外观设计专利的具体审批程序 / *160*

　　第三节　授予发明和实用新型专利的实质性条件 / *163*

　　第四节　授予外观设计专利的实质性条件 / *169*

第六章　专利权的权利内容 / *172*

第七章　专利权的转让与许可 / *176*

第八章　对专利权的限制 / *180*

　　第一节　我国《专利法》中不视为侵犯专利权的行为 / *180*

第二节 我国《专利法》中的强制许可制度 / 186
第九章 专利侵权及其保护 / 193
第一节 专利保护范围的确定 / 193
第二节 专利侵权的基本原理及其法律责任 / 196
第三节 专利侵权认定所适用的原则 / 199
第四节 假冒专利的具体情形及相应的法律责任 / 204

第四编 商标法 / 209

第一章 商标及商标权基本原理概述 / 211
第一节 商标的概念和功能 / 211
第二节 商标的分类 / 215
第三节 商标权的本质及商标法的立法原则 / 218
第二章 商标权的取得途径 / 222
第三章 商标注册的条件 / 226
第一节 商标注册的积极条件——标志的显著性 / 226
第二节 商标注册的消极条件 / 232
第四章 商标注册的申请 / 240
第一节 商标注册的申请原则 / 240
第二节 商标注册的申请文件 / 244
第五章 商标注册的审批 / 248
第一节 商标注册申请的审查 / 248
第二节 商标注册的初步审定、公告、异议与核准 / 252

第六章　商标专用权的内容 / 255
　　第一节　商标专用权人的权利和义务 / 255
　　第二节　商标专用权的续展与终止 / 258
第七章　注册商标的无效宣告 / 262
第八章　商标专用权的转让与许可 / 267
第九章　对商标专用权的限制 / 271
第十章　商标侵权及其法律责任 / 278
　　第一节　侵害商标专用权的具体表现形式 / 278
　　第二节　侵害商标专用权的法律责任 / 282
第十一章　驰名商标的特别保护 / 286
　　第一节　驰名商标的概念及认定 / 286
　　第二节　我国《商标法》对驰名商标的保护 / 289

文献索引 / 293
事项索引 / 295
主要参考文献 / 303

第一编

知识产权法总论

重点问题

- 知识产权领域的主要制度规范
- 知识产权与物权的共性与差异
- 知识产权制度形成的历史动因
- 知识产权制度的根本目的和价值取向
- 知识产权的特征

关键术语

智力成果 法定权利 禁止权 非物质性 专有性 地域性 时间性

第一节 知识产权法概述

自此，知识产权法的大门即将缓缓打开。

众所周知，随着经济的发展和科技的进步，知识产权正在现代社会中扮演着越来越重要的角色，同时，它也与每个人的生活愈发密切相关，且不可替代。从影视行业从业人员时常挂在嘴边的“IP”，到每个人电脑中储存的音乐和剧集；从尖端科技产业先进的技术，到大众手中不可或缺的手机；从跨国大型企业经营多年积攒的商誉，到路边街角灯光下夜市的气息，知识产权的身影和影响力已遍布于市场经济与市民生活的各个角落，并在经济全球化的背景下呈现出加速扩张的趋势。

在如此迅猛的发展势头下，知识产权，已经成为各个行业聚焦的重点，也是各个学科都必然关注的话题。正因如此，如果从法学的视角来审视知识产权，那么首先需要关注的问题，就在于如何在法律的语境下确定知识产权的内涵与外延，并基于此来明确，法律体系之中，知识产权法的基本定位和具体作用是什么，以及知识产权制度本身有怎样的体系架构和结构安排。

为了解答上述问题，需要借用一些法律名词来对知识产权的基本面貌加以描述。按照学理的定性，知识产权是一种私权，即民事主体依法对智力成果等无形客体所享有的权利。[1] 根据此定义，结合私权的一般共性，可以对知识产权产生如下认知：其一，知识产权与其他民事权利一样，均适用民事法律关系的基本原理。也就是说，知识产权的利益享有者，均为平等的民事主体，而知识产权本身，则可以在民事权利体系之下探讨其权利特性及权利类型归属；其二，既然知识产权是民事权利的一种，那么按照其权利形态，可以利用民事权利在不同层面的类型划分方式对知识产权的权利属性进行解读。

具体来说，在民事权利体系中，知识产权与物权的特性最为接近，因而时常基于二者的共性来对知识产权的本质加以理解：首先，知识产权的基本内容和物权一样，都是**财产权**，即二者均是以经济利益为核心内容的权利类型；其次，知识产权和物权都是**绝对权**，即知识产权和物权一样，除了具体的权利人之外，其他所有的民事主体都是该法律关系中的义务人，而义务的内容在于其应尊重权利人独立任意地行使自己的权利，任何干扰权利人实现权益的行为都是对这一义务的违反；最后，知识产权和物权在权利的作用方式方面，都属于**支配权**的范畴，二者的权利人都可以对权利的客体直接支配，且不需要其他义务主体的积极协助就可以实现权利目的。其中，物权支配的客体是物，知识产权所支配的客体的典型代表是智力成果。

基于上述对权利属性的认知，我们对知识产权的基本形态形成了初步的印象。按照上述比较分析可以得出以下结论：知识产权所体现的是一种对智力成果等客体之上的财产利益的直接支配力。权利人拥有并行使某项知识产权，就能够从中实现并获得相应的财产利益，他人应尊重权利人的该项权利，不能干涉权利人对权利的行使或侵害该权利之上的利益，否则，权利人有权要求行为人停止该行为并赔偿相应的损失。

由此，我们对于知识产权的行使和保护有了一个基本认知，随着相关内容的深入，这一框架下相关的制度细节也会变得更加具体且清晰。需要注意的是，虽然知识产权与物权共享着基本相同的权利属性与制度原理，但客体的差异又让二者迥然有别。换言之，正因为知识产权所支配的智力成果等客体与物权所

---

① 参见吴汉东等著:《知识产权基本问题研究》，中国人民大学出版社 2005 年版，第 8 ~ 9 页。

支配的物在基本形态和利用方式上截然不同，所以法律围绕知识产权的客体类型造就了与物权法相比极具特色的知识产权制度体系。而在这一体系内部，不同的客体催生了不同的制度类型。

举例而言，在传统知识产权制度当中，最重要的三项制度规范是著作权法、专利法和商标法，它们不仅承载了知识产权法最核心的制度原理，也体现了知识产权制度的基本价值取向。需要强调的是，传统的知识产权法之所以被分为这三个部分，根源就在于它们所指向的权利客体是完全不同的。对于著作权法而言，其调整的对象是由自然人创作而成的，文学、艺术、科学领域内的作品，而在作品这一智力成果之上，所形成的知识产权被称为著作权；对于专利法而言，其调整的对象是自然人创造或设计出的发明、实用新型和外观设计，而保护这些智力成果之上财产利益的权利被称为专利权；对于商标法而言，其调整的对象是商事主体在其商品或服务的商标之上所积累的具有财产价值的商誉，而保护商誉的知识产权就是商标权。①

可见，以民事权利的共性为切入点，可以让我们对知识产权的法律调整原理形成初步认识；以客体的差异为切入点，则让我们对于知识产权的自身特性有了大致了解。上述分析是我们认识和学习知识产权及其相关制度的逻辑起点，从这一起点出发，伴随着探讨的深入，关于著作权、专利权和商标权的制度细节和法律原理，将会在层层解构中逐步展开。

第二节　从典型历史案例看知识产权制度的生成动因

目前，我们已知，知识产权是一种为了实现权利人财产利益的绝对权、支配权，其主要的权利类型包括著作权、专利权和商标权。但显然，这些描述对于我们理解知识产权来说还远远不够，而新的一连串的疑问也会随即产生：在财产权体系中，为什么知识产权与物权的特性最为接近？既然知识产权和物权十分相似，那为什么

---

① See W.R. Cornish，Intellectual Property : Patents，Copyright，Trade Marks and All Rights，(forth edition)，London，Sweet & Maxwell，1999，p.3.

知识产权产生的历史时期要远远晚于物权？在共性之外，知识产权和物权之间的本质差别究竟是什么？差别有多大？差异的根源到底是什么？若要解答这些问题，仅仅对概念进行抽象的比较显然是不够的，我们需要走进历史之中，从知识产权及其制度的形成过程出发，探寻权利面貌背后的秘密。

下面用一则小故事作为找寻以上问题答案的切入点。故事发生在17世纪，著名科学家伽利略曾经发明了一种灌溉机，为此，他向当时的威尼斯国王写了一封信，信中写道："国王陛下，我发明了一种方法简单、成本低廉、使用方便的扬水灌溉机械，仅用一匹马的力量，即可使二十个管口不断地向外喷水。我费了很大力气，花了很大代价才完成它。因此像这样的发明，如果变成所有人的共同财产，是不能被容忍的。所以恳求您，除了我和我的子孙或从我的后代手中获得这种权利的人以外，在四十年内或在规定的期间内，不允许任何人制造和使用我所发明的新机械，即使是制造了，也不准使用。如果有人违反，希望陛下考虑处以适当的罚金，将罚金的一部分归我所有。如蒙陛下垂恩，为了社会的福利，我将更热心地将力量倾注于新的发明上，为陛下效劳。"①

伽利略的这封信，可以看作专利制度产生和发展的一个缩影，而对于这封信起因的分析和故事走向的预测，有助于我们对以专利制度为代表的知识产权保护原理产生直观的认识。

首先，我们要问，伽利略对于他人未经许可制造和使用自己发明的行为感到愤慨，为什么不直接起诉自己的财产利益遭受侵犯，而是向国王寻求禁止他人制造和使用新机械的禁令呢？对此，很多人认为，这是因为，发明创造是一种无形的财富，它不能像有形的物那样直接掌握在权利人的手中而免于他人的侵犯。虽然这样的说法不无道理，但这只能表明，如果发明创造是一种财产利益，那么这种利益是无法通过占有的方式避免被侵害的。而现在的重点在于，即便伽利略通过民事诉讼的方式要求行为人给予相应的赔偿，他也没有正当的依据，起诉不会得到法院的支持。这是因为，伽利略的诉求并不是遭受了财产上的实际损失，真正让他备受打击的是他人擅自制造新机械的行为，会导致其基于发明获得潜在市

---

① 参见［日］吉藤幸朔著：《专利法概论》，宋永林、魏启学译，专利文献出版社1990年版，第4页。

场收益的愿望落空，甚至这些原本可以归己的收益，会因为他人对新机械的制造和使用而落入他人的腰包。

但是，对于传统的民法原理来说，一来，法律难以保护私人当前还未获得、只是在未来通过市场交换所取得财产收益的可能性；二来，伽利略的诉求内容并不是对自身已经遭受的财产损失的赔偿，而是对他人未经许可制造使用新机械行为的禁止和约束，这种限制他人行为的意愿，与民法追求“平等”和“自由”的价值取向是相违背的。所以，在没有正当依据的情况下，这一诉求无法得到民法的支持，而伽利略向国王寻求帮助，本质上是向国王寻求一份特权，即希望自身能够获得制造、使用、销售新机械的市场垄断地位。

其次，我们好奇的是，威尼斯国王会同意伽利略的请求吗？在此，我们可以揣摩一下威尼斯国王的心思。从情理上看，某项产品的销售市场原本并不是伽利略的，甚至不应该为任何人私有，因此，是否同意伽利略的请求应在模棱两可之间，甚至国王可能并不在意一个发明家能挣多少钱或者遭受了多少潜在损失。真正触动国王的，其实应该是这句话：“我费了很大力气，花了很大代价……变成所有人的共同财产，是不能被容忍的。”对于国王来说，他真正在意的，是发明创造活动可以有效提高本国的生产力，且提升民众从事发明创造活动的积极性，从而有效刺激和增强国家的综合国力。一旦一位发明家的创造积极性遭受了打击，国家对这样的诉求不闻不问，则等于认可了任意使用他人的发明创造在行为上的正当性，进而向民众暗示：“自己发明”不如“等待别人发明”。

可以想见，这样的结论所导致的恶果并不在于一个发明家可能因此少获得多少收益，而在于整个国家的发明家都可能会丧失发明的动力和热情。但相反，如果伽利略的垄断特许请求得到了支持，之于国王来说，他自己不仅不会受到任何的影响，反而能给全社会提供一个积极的示范——鼓励民众向伽利略那样多多从事发明活动，发明可以获得巨大的经济收益。通过上述分析，相信大家都已经知道了国王最终的选择。

在知识产权制度萌芽的早期，像伽利略这样基于发明或图书出版向王室或政府寻求市场垄断的行政特许在历史上比比皆是，不出意外，这些申请基本都得到了公权力的认可，而当一个国家开始按照统一标准向发明家或出版商们批量授予“行政特许”时，这些特许便最终以专利权或版权等知识产权的早期形态登上了历史的舞台。

因此，通过这起历史上发生的真实案例，我们应当认识到，虽然为了方便理解，在学习知识产权之初，往往习惯于用抽象的权利概念比较物权与知识产权的同与不同，但知识产权的历史发展过程则在提醒我们，知识产权与传统民事权利的本质差异，也许比通过概念比较所得出的结论还要大。而要正确认识知识产权的本质属性，并且深入理解知识产权制度的运行原理和价值取向，可以在接下来的分析中，以伽利略的故事给我们的启发为线索，步步推进，进而得到最终的答案。

第三节　知识产权的法律性质以及知识产权法的基本原理

从之前伽利略的故事中，可以发现一个非常重要的事实，即当前知识产权的前身形态，就是公权力向个人所颁发的行政特许，在获得特许之前，个人是无法阻止他人擅自使用自己的智力成果的；而当获得特许之后，任何人未经许可使用智力成果的行为将受到法律的制裁，并且要向获得特许之人赔偿相应的损失。随后，虽然各国立法将这种特许以民事权利外观的方式授予了特定主体，但这种特许的本质和表现方式并没有发生实质性的变化。因此，基于这一认知，可以对知识产权权利性质及知识产权制度原理作出如下理解。

第一，知识产权与物权的根本性差异，在于物权是**自然权利**，而知识产权是**法定权利**。对于物权来说，其强调的是民事主体对于特定物的支配并排斥他人干涉的权利，这种权利的本质是**"天赋人权"**，法律不是在授予当事人物之上的财产权益，而只是对于个人天然所拥有的私权进行确认而已。但对于知识产权来说，其权利的实质内容，不在于探讨智力成果应当归谁所有，重点在于基于智力成果归属之上的垄断市场地位应由谁来占据。

换言之，知识产权的本质，依然是行政特许的运行原理，即由智力成果的享有者向公权力机关提出申请，由公权力机关授予其在市场中专营该智力成果并禁止他人经营的排他性的垄断地位。从民事主体的角度来说，垄断的市场份额并不先天归属于任何个人，只有通过法律授权的方式才能获得。因此，虽然私权化的过程让知识产权的权利运行方式和物权极为相似，但对特定市场份额的垄断内容并不是“天赋人权”，而只能是公权力特别授予的**“法定权利”**。由此，知识产权和物权的区别，其实质根源是法定权利和自然权利的先天属性差异所造成的不同。

第二，知识产权的本质是一种**禁止权**，即公权力授予民事主体禁止他人从事智力成果经营活动的特权。① 作为一种法定权利，同时是一种私权，如果依然按照民事权利的体系划分，认为知识产权是一项支配权、绝对权，那么权利人依据知识产权所支配的，并不是智力成果本身，而是智力成果所指向的市场经营份额；其他不特定的义务人所尊重的，也不是权利人对于某项智力成果的任意使用权和处分权，而是对权利人所拥有的市场资源垄断地位的认可。

按照这一逻辑延伸，知识产权的实质其实并不是对智力成果的使用、收益和处分的自由，而是对他人利用智力成果获得市场收益行为的禁止，即权利人基于公权力所授予的特权，有权禁止任何人利用特定智力成果在市场环境中获利，他人若想合法地从事相关行为，只能去向权利人寻求准入市场垄断领域的许可。可见，知识产权禁止权的本质，是由其法定权利的基本属性和作用于垄断市场份额的运行方式决定的，而整个知识产权制度，则是围绕该权利本质构建起来的。

第三，保护知识产权之上的个人财产权益，是知识产权法的直接操作方式；但实现相应的公共政策目标，才是知识产权法的根本制度目的。从伽利略的小故事中，我们可以看到，虽然威尼斯国王会同意伽利略的请求，其他国家的政府和王室一般也都会同意针对发明或图书出版向特定主体颁发行政特许，但公权力给予特定人以专门的市场垄断地位，在渊源上并非旨在保护个人的私有财产权，而是希望通过让那些从事创造性脑力劳动的人获得一定财产收益的方式，表彰其精神财富创造行为和科技创新行为，并以此作为鼓励和刺激社会民众积极投身创作活动和创造活动的示范和样板，以期实现国家文化繁荣和科技进步的最终目标。

第四，知识产权法的根本目的，在于实现一国的文化繁荣和科技进步，因此，虽然现代知识产权法将知识产权作为民事主体的私有财产进行理解并加以保护，但权利的行政特许本质和实现公共政策的根本目的并没有改变，不能仅凭类似的私权

---

① 参见王迁著：《知识产权法教程》（第四版），中国人民大学出版社 2014 年版，第 9 ~ 10 页。

外观就将知识产权和物权等传统民事权利的价值取向简单等同起来。

第五，在国家公权力和民事私权主体的眼中，知识产权制度所要达到的法律效果是不一样的，但由于二者在通常情况下的利益方向是一致的，给予权利人最充分的知识产权垄断保护，自然能够实现双方的利益共赢。但是，在特定条件下，如果出现了知识产权人的私权利益与国家公共政策目的之间的冲突，那么知识产权制度一定要以公共政策的实现作为优先的价值取向，而让权利人作出适当的让渡，并给知识产权施加适当的限制。

第六，从制度设计的价值取向来看，通过鼓励和刺激发明创造所取得的转化性成果，还要能尽快惠及民众，以满足民众日常的物质文化生活需要。正因如此，知识产权制度的规则设计，始终都在追求公权力主体、私权主体和社会公众之间的利益平衡，而在接下来具体的制度解读中，将会清晰地看到这种动态的平衡状态。

总之，上述对知识产权权利性质和知识产权制度原理的透彻分析，有助于我们深入理解制度目的和规则背后的基本道理。在之后系统的制度学习中，时刻思考这些原理，对我们掌握相关的知识将大有裨益。

第四节　知识产权的权利特征

在充分讨论了知识产权的权利本质以及知识产权法的根本目的之后，再回顾比较知识产权和物权，二者之间的差异一目了然，知识产权的整体面貌也更为立体清晰。沿着前述已经整理好的思路，以物权等财产权作为参照，我们可以分析得出，知识产权与其他民事权利相比，具有以下几个特点。

一、客体的非物质性

传统的知识产权包括著作权、专利权和商标权，它们的客体分别是文学艺术作品、发明、实用新型、外观设计和商誉等。同时，随着科学技术的发展和社会的进步，又不断有新的知识产权类型在实践中应运而生，如集成电路布图设计权、植物新品种权、地理标志权、商业秘密权等，这些权利又分别对应着前缀名词所描述的客体类型。综合上述客体类型可以发现，知识产权的所有客体都是非物质的，即所有的权利类型指向的都是基于自然人脑力劳动或其他行为所生成的非物质成果。

由于客体具有这一属性，对于权利的行使和保护来说，知识产权的客体不可能像物那样通过占有和公示来展示权利的主体归属。而客观占有知识产权客体的物质载体，只能公示这一物质载体归谁所有，而无法通过这一占有外观对知识产权的主体归属进行认定。例如，对一本书的占有，并不能证明或推定这本书的著作权就归书的占有人所有。由于无法占有知识产权客体，也不能通过占有而进行自力保护，给知识产权的保护和侵权认定带来了很大困难，这就需要通过立法技术加以解决。

二、专有性

针对这一特性，可能会产生这样的疑问：对于物权来说，其内涵也是对于物之客体的专有性权利，既然都有“专有”的意思，为何还要将专有性作为知识产权区别于其他权利的典型特征？其实，只要领悟了知识产权的权利来源和权利属性，这一疑惑就会迎刃而解。根据前文可知，知识产权的本质是公权力授予私人以市场垄断地位的行政特许，而知识产权的权能是一种禁止权，即权利人有权禁止他人从事“利用智力成果等客体获得市场收益”的行为。因此，知识产权专有性的实质内涵，就在于体现知识产权法定权利的本质，即其专有的对象并不是那些先天应当归于个人所有的私有财产，而是公权力基于智力成果等客体所划定的市场范围。

由此可知，所谓知识产权的专有性，可以被理解为“非经知识产权人许可或法律特别规定，他人不得实施受知识产权专有权利控制的行为，否则，构成侵权”。[①] 这一内涵意味着，专有性的特征使知识产权的权利人获得了排斥他人进入特定市场垄断区域的合法依据。换言之，在特定知识产权的市场控制范围之内，如果没有权利人的授权许可，或是法律给予的特别宽限，任何人都不能进入权利人所垄断的领域，并对其所指向的智力成果加以利用。

三、地域性

知识产权的地域性，意味着知识产权的效力并非没有边界，一般其效力仅

---

① 参见王迁著:《知识产权法教程》(第四版)，中国人民大学出版社 2014 年版，第 7 页。

限于本国境内，超出这一范围，权利人所拥有的权利将丧失垄断效力。这一特征，是由知识产权的法定权利本质及其服务于国家公共政策的价值取向所决定的。超出了一国的法域，他国便没有义务为本国的公共政策提供便利。所以，知识产权的效力范围取决于本国的行政效力边界，只要知识产权行政特许的本质不发生变化，其地域性的特征也就无法消除。

但是，地域性的特征毕竟给权利人行使权利带来了诸多不便。一方面，权利人想要进一步扩大垄断的市场范围，必须分别在不同国家获得不同的授权，其难度和成本可想而知；另一方面，随着科技的进步，知识产权的侵权手段更加多样，波及面也更广，针对同一客体的侵权行为往往会在世界各国同时发生，单凭权利人一己之力，很难与侵权行为相抗衡。因此，为了确保知识产权的鼓励与刺激功能，国家会努力通过国际条约、双边或多边协定等方式，与其他各国一道努力，尝试在某些领域打破国界的限制，淡化知识产权的地域性特征，以增强知识产权的利益转化能力，维护知识产权制度的政策性目的。

四、时间性

所谓知识产权的时间性，是指知识产权一般都是有时间限制的，一旦超过了法律所规定的保护期限，权利人就丧失了禁止他人使用智力成果或从事市场交换的合法依据。从制度原理来考察，知识产权具有时间性的原理如下：公权力赋予权利人智力成果的市场垄断地位，在于让权利人获得因其创作或创造行为而应得的市场回报。一旦权利人的财产利益得到满足，奖励和表彰的目的就已经实现，这时如果继续让权利人独占市场，反而会破坏市场经济规律，钳制他人创作和创造的自由，限制公众充分利用智力成果的可能，这与公权力鼓励创造、刺激创新的初衷相违背。因此，知识产权的时间性是公共政策、权利人权益和公众利益三方平衡下的产物。知识产权制度会根据政策的实际需要，针对不同的权利内容设定不同的保护期限，以确保利益之间的平衡状态。

第二编

著作权法

第一章 著作权法律制度概述

重点问题

- 著作权的内涵和外延
- 著作权和版权的关系
- 著作权制度发展的主要历史阶段
- 我国《著作权法》的立法进程

关键术语

行政特许 著作人身权 著作财产权 邻接权 版权 保护文学和艺术作品伯尔尼公约 世界版权公约

作为知识产权中典型的法定权利，著作权是民事主体依法基于作品及相关客体所享有的专有权利。在学习著作权的相关内容之前，需要先厘清理论和实践中经常使用的术语和概念。

首先，在理论上和立法实践中，"著作权"这一概念有广义和狭义之分。狭义的著作权仅指著作财产权，即那些按照行政特许模式所设立的，由权利人所享有的垄断市场并禁止他人利用作品获得财产收益的专有权利；广义的著作权，则是在著作财产权的基础上，增加了著作人身权和邻接权的内容，前者保护的是作品之上作者的精神利益，后者则是对于那些未达到作品的创作高度要求的智力成果，也按照著作权原理加以保护所设定的权利。由于历史渊源的不同，有的国家的著作权法只规定了著作财产权，有的国家在著作权法中同时规定了著作财产权和著作人身权，还有的国家则将著作人身权、著作财产权和邻接权囊括在一部法律规范之中。我国的著作权法采取的是第三种立法模式。

其次，对于“著作权”这一术语，有时还用“版权”作为替换词使用。针对这两个概念是否存在差异的问题，我国《著作权法》明确规定，本法所称的著作权即版权。[①]也就是说，二者在我国当前的语境下，没有任何内涵上的差别。但是，在历史上，这两个术语的生成背景并不相同。“版权”（copyright）一词来源于英美法系，其本意就是复制权，即通过权利阻止那些未经许可复制作品、损害权利人经济利益的行为。也就是说，版权的内涵侧重于强调通过保护权利人的市场利益来达到鼓励、刺激创作作品这一公共目的的政策本质。与此相对应的，“著作权”的概念源于大陆法系的“作者权”（author's right）一词。在大陆法系著作权法看来，作品的本质在于作者独立人格在其创作的智力成果之上的延伸，其反映了作者的精神世界，所以除了财产利益的保护之外，还应注重保护作者的精神利益。随着著作权制度的发展，两大法系的主要国家先后都加入了《保护文学和艺术作品伯尔尼公约》[②]，加之两大法系之间在著作权法领域的相互借鉴，“著作权”和“版权”概念上的差别也在不断缩小。我国《著作权法》的制定起步较晚，制度形成之时，两大法系之间的著作权制度已有了较大程度的融合，我国在制定著作权法时，同时借鉴和移植了两大法系的相关规则，所以，在我国使用这两个名词时，不再刻意区分二者词源上的差异，其所指代的是完全相同的内涵。

在明确了著作权的词源和内涵之后，需进一步考察相关法律制度发展的历史脉络。与其他财产权制度相比，著作权保护的历史非常短暂，从制度发展的进程来看，可以分为以下三个历史阶段。

第一个阶段为行政特许时期。这一时期体现了著作权制度生成的历史动因。当时，在图书出版领域，造纸术和印刷术的成熟让图书成为可供书商赚取可观利润的商品，但印刷成本的降低也让盗印书籍的行为变得极为容易，进而威胁

---

① 1990年颁布的《著作权法》第51条规定：“本法所称的著作权与版权系同义语。”《著作权法》在2001年第一次修正时，附则部分第56条规定：“本法所称的著作权即版权。”《著作权法》2010年和2020年的两次修正，均沿袭了这一表述。但无论采取哪种表述，根据法律规定，著作权和版权在我国的法律实践中是可以替换使用的。

② 《保护文学和艺术作品伯尔尼公约》(Berne Convention for the Protection of Literary and Artistic Works)，因1886年9月9日缔结于瑞士伯尔尼而得名。以下称《伯尔尼公约》。

了书商的利益。于是，考虑到国家政策的需要，自15世纪开始，西方各国陆续出现了由公权力代表向书商颁布印刷、出版图书的行政特许，以确立其市场的垄断地位。[①] 这一阶段虽然没有形成体系化的著作权制度，但其特权形态反映出了知识产权的禁止权属性和法定权利的权源。

第二个阶段为著作权立法时期。与前一个阶段相比，其重要标志在于制度从保护书商的利益转向保护作者的利益，以及行政特许转化为民事私权。学术界的通说认为，英国议会于1709年通过的《安娜女王法》是人类历史上第一部现代意义的版权法。[②] 该部法律明确指出，版权法的立法目的是鼓励创作，所以赋予作者对其作品印刷、重印的权利，权利的保护期为14年。这些规定标志着现代版权法的雏形已经形成。随后，欧洲各国也陆续建立了各自的著作权制度，但与英国的版权法相比，其更加看重对作者精神利益的保护，因而制度体系也有较大的不同。

第三个阶段为著作权的国际法保护时期。随着各国著作权制度的日趋完善，新的权利类型和内容随着科技的发展日益丰富。为了更加充分地保护著作权人的利益，弱化著作权的地域性壁垒，各国开始谋求国际间的制度协调，以促成国家之间著作权保护的协助和相对统一的著作权立法制度。例如，世界上第一个著作权国际公约——《伯尔尼公约》，其要求成员国之间给予彼此国民的作品与本国国民同等的保护。同时，还要求所有成员国立法给予著作权人的保护水平不低于公约所规定的标准；此外，公约还专门设置了一些要求成员国国内法予以贯彻和落实的具体规定。这样一来，各成员国在公约的统一协调下，著作权的保护力度得到了显著提升，权利的效力范围也被极大拓宽。

在上述历史进程中，我国的著作权立法起步相对较晚。中华人民共和国成立后，于1990年正式颁布了《著作权法》，并在随后一年颁布了配套的《著作权法实施条例》。1992年，中国加入了《伯尔尼公约》和《世界版权公约》。从发展进

---

① 参见黄海峰著：《知识产权的话语与现实——版权、专利与商标史论》，华中科技大学出版社2011年版，第7页。

② 参见吴汉东等著：《知识产权基本问题研究》，中国人民大学出版社2005年版，第168页。

程来看，我国能在很短的时间内就建立较为完整的著作权法律体系，这一成就在世界范围内是极为突出的；从制度内容来看，面对制度起点低、但著作权保护需求迫切的现实矛盾，我国著作权制度的建立，主要采取借鉴各国既有立法的法律移植方式，以大陆法系著作权立法为基础，同时引入了大量英美版权法的相关制度。这样的方式对于我国著作权制度体系的快速构建大有帮助，但提升和完善制度内部的协调性、科学性以及本土化过程，仍然需要一个较长的时期，即便我国在 2001 年和 2010 年两次修正了《著作权法》，相关的制度内容仍然还有很大的进步空间。

随着近些年著作权理论研究的不断深化和著作权保护经验的进一步累积，著作权立法也再一次取得了阶段性成果。第十三届全国人大常委会第二十三次会议于 2020 年 11 月 11 日通过并公布了第三次修正的《著作权法》，该法自 2021 年 6 月 1 日起正式施行。通过第三次修正，我国《著作权法》在完善网络环境下的权利保护机制、提升权利保护力度、降低著作权维权成本、增加监管部门执法手段和监管力度等方面都有了显著的进步。

第二章　著作权的客体

重点问题

- 作品的概念和本质
- 作品的层级性结构以及各个层级的制度功能
- 作品独创性的内涵和作用
- 不适用《著作权法》保护的客体类型
- 我国《著作权法》所列举的作品类型

关键术语

作品　表达　综合理念　独创性　单纯事实消息　通用数表　通用表格
文字作品　口述作品　音乐作品　戏剧作品　舞蹈作品　曲艺作品
杂技艺术作品　美术作品　建筑作品　摄影作品　视听作品　图形作品
模型作品　计算机软件

第一节　著作权客体的认定及其层级性结构

著作权的客体，即权利所指向的具体智力成果，我国的著作权制度将其称为“作品”。根据我国《著作权法实施条例》第 2 条的规定，著作权法所称作品，是指文学、艺术和科学领域内具有独创性并能以某种有形形式复制的智力成果。对该定义可以从以下三个方面进行理解。

第一，作品必须是自然人智力创作的结果。按照这一认定，凡是非通过自然人脑力劳动创造出的产物就不可能是作品。例如，天空的云朵有各种形状，或排列成各种图案，即便再美丽也不是著作权的客体，因为它是大自然的“创作”，非人为创作形成；但是，如果有人通过角度的选择、光影的把握、焦距的设定而拍摄了云朵，所形成的照片是由自然人的智力劳动创作形成的，因而照片可以被认定为作品，拍摄照片的人可以基于此获得著作权。

第二，既然作品来源于自然人的创作，那么认定作品的核心就在于如何理解创作。与其他脑力劳动的差别在于，创作的本质，就是通过特定符号的选择和组合过程，将个人内心世界的思想情感表达于外，能够为他人欣赏和感知的特定行为。

具体来说，每个自然人都有自己的情感、观点、立场和方法，而这些属于人们的精神领域，若要将精神世界展现于外为他人感知，则必须借助特定的符号，如文字、线条、音符和肢体动作等，再将选定的符号按照一定的方式组合起来。通过符号的组合，能够以此为载体传递个人精神层面的思想情感，而符号的组合过程，就是自然人的创作过程，基于此脑力劳动所形成的符号的组合结果，就是著作权法上的“作品”。

例如，一部小说，其内容体现了作者主观的综合理念，而这些理念是通过文字符号的组合传递出来的，其中，文字符号的组合过程，就是作者的创作过程，最终所形成的就是著作权法意义上的文字作品；又如，一幅画，其内容也体现了作者的综合理念，而这些理念是通过线条、色彩的组合传递出来的，那么基于这些符号组合的创作过程，最终形成了著作权法意义上的美术作品。

第三，作品必须是能够被他人客观感知的外在表达。对于作品的认定来说，仅有创作的前提还不够，其符号组合结果必须表达出来为他人感知，否则不能认为形成了作品。换句话说，即便一个自然人已经在心中将所筛选的符号组合完成，并可以承载一定的综合理念，但如果他没有将这一结果表达于外，被他人所感知，就不能认为存在著作权法意义上的“作品”。这是因为，作为沟通作者内心世界和客观外部世界的桥梁，作品不被社会公众欣赏或感知，就失去了鼓励创作、实现文化繁荣的基础，也就不存在通过复制或传播行为在市场上流通所取得的交换价值，因而没有被著作权法保护的必要。

综合上述论断，我们对于作品的本质有了初步的认识，接下来围绕作品的客观表现形式及其基本结构进行探讨。对于已经在实践中被认定为“作品”的智力成果来说，其虽然是一个完整的有机体，但为了分清作品的每一层次所起到的制度价值和社会价值，根据承载与被承载的关系，我们可以将一个完整的作品划分为三个层级。

第一层是作品的载体。首先要说明，作品载体并不是作品的组成部分，但在信息的传递过程中，作品载体往往是和作品作为一个整体被他人接触和感知的。如果将二者分开理解的话，一篇文章的载体可以是书籍，一幅画的载体可以是纸张，一首歌的载体可以是歌手的演唱行为，一段舞蹈的载体可以是舞蹈者的肢体动作。在观念上将作品和作品载体刻意区分开来，一方面，是为了强调载体对于作品和著作权制度的实际价值和功能，即作品只有通过载体方可被他人感知，而作品的市场交换价值往往也是通过对载体的再现和传播来实现的；另一方面，作品载体本身又有可能成为其他民事权利的客体，进而出现权利效力的划分和权利冲突问题。

例如，对于一个根雕作品来说，作品载体是经过加工的树根，作为有形的物，它既是作品的载体，又是物权的客体，如果没有这一载体，创作者在雕塑中创作的线条组合就无法被他人感知，市场价值交换也就无从体现；同时，根雕的买卖只能引起物权的变动，而不能引起著作权的让与，如果该根雕被复制了 1000 份，就产生了 1000 个物，其所有权可以分属 1000 个人，但其上的作品只有一个，著作权仍然属于作品的创作者。

第二层是作品的表达。这里所说的表达，特指每个作品根据所选定的符号，由作者通过脑力劳动所形成的符号组合结果。对于立法来说，作品的表达才是著作权法保护的真正对象，著作权法鼓励和刺激的是作者为作品表达所付出的脑力劳动。表达的形式为权利人所垄断，未经许可，他人不得利用由作者创作而成的符号组合方式，否则构成侵权。

第三层是作品的综合理念，即作品所蕴含的思想、思路、观念、理论、构思、创意、概念、工艺、系统、操作方法、技术方案等内容。作品的综合理念由作品的表达来承载，作品是由表达和综合理念所形成的有机统一体。因此，严格来讲，作品的表达和综合理念在实践中是难以真正区分开来的。之所以要将二者分开来理解，原因有二：其一，著作权法只保护表达而不能保护综合理念，创作者只能垄断自己的创作，却不能阻止他人用新的原创表达承载相同的理念，因为不能钳制他人的思想；其二，作品的综合理念虽然不受保护，但它却是评估作品市场价值的一般标准。对于公众来说，其希望感知的是作品所传递的综合理念，而感知作品的公众基础和迫切程度，则在一定程度上决定了作品潜在的市场价值，以及作者通过著作权垄断所能得到的市场回报。因此，虽然所有的作品都平等地受到著作权法的保护，但作者利用著作权所获得的财产收益的差异，在很多情况下是由作品的综合理念决定的。

第二节 作品的独创性及其制度价值

上一节解读了作品的本质，以及作品所表现出的层级性结构。但应注意的是，并不能就此认定，凡由自然人智力创作而成的，能为他人客观感知的外在表达，就一定能构成著作权法意义上的“作品”。对此，著作权法设置了“作品”与其他人类劳动成果的关键区分标准——“独创性”，即只有具备了“独创性”的外在表达，才能成为著作权法意义上的作品。因此，以下将专门探讨独创性的内涵及其对于著作权制度的重要意义。

作为我国《著作权法》中的专业术语，“独创性”标准译自英语 originality，其旨在表明，作品不是对已有表达形式的复制，也不是依照既定原理的推导，而是作者对符号选择、取舍、安排、设计的结果。为了透彻地理解这一内涵，有必要对与其近似的概念加以区分。

一方面，“独创性”并不是“新颖性”，即著作权法并不要求作者的表达必须是首创的，或者是独一无二的。例如，两人同时眺望远方的群山，又分别用相机记录下了眼前的美景。即便二人拍出的照片在构图上极为相似，甚至完全一样；即便在此之前，已经有很多人在同样的角度拍下了类似的照片，但只要二人的照片都是各自独立设计完成的，并未直接使用他人已有的表达，那么他们对于其各自所创作的作品分别享有著作权。

另一方面，“独创性”并不是“艺术性”，即著作权法不要求作者的表达具有艺术上的价值。艺术家创作的乐曲或绘画可以受著作权保护，并不是因为这些作品具有较高的艺术性；相反，普通人的作曲和画作，即便没有艺术性，甚至从表达手法上来看完全没有入门，但只要具备了独创性，就可以被认为是著作权法上的作品。因此，对于著作权法来说，不管作品是否具有艺术性，都平等地受到著作权法的保护，而艺术性只是作品市场交换价值的决定因素之一。

在厘清了相关概念的区别之后，根据 originality 的词源，如果直接分析“独创性”的内涵，至少应从两个层面解构其含义。

第一，“独创性”表明，作品应是源于作者本人的独立创作，即作品当中存在对于符号的筛选组合，其表达结果是由付出相应智力劳动的作者完成的。换句话说，“独创性”中关于强调作品“起源”的内涵，搭建了作者的“创作行为”与“作品”之间贯通的桥梁。从作者的角度来看，如果其脑海中的符号组合构思被外化出来，就可以认定其独立的创作行为构成了客观的表达结果；从作品的角度来看，如果其中特定的符合组合是客观存在的，且能确定这一表达结果是由谁创作的，就可以认定这是谁的作品。

所以，在实践中，对于一个作品来说，哪部分是作者独创性的表达，作者著作权的保护就及于哪里。如果一个作品中的所有表达都是由作者一人，而非基于他人的智力劳动独立完成的，那么其著作权的效力就及于作品的全部表达；如果一个作品是在他人已有表达基础上的再创作，那么对于该作者来说，其著作权的效力就及于其独立创作表达的部分。

例如，甲将他人的诗作汇编在一起，给每首诗作创作了独立的诗评后以诗集的形式出版。从独创性的角度来看，甲的独创性表达包括自己的诗评以及对所有诗作的顺序安排或分类方法。其中，他人的诗作不属于甲的著作权效力范围，仍由每首诗作者的著作权分别调整。如果有人引用了诗集中的一首诗，并不侵犯甲的著作权，但如果使用了甲创作的诗评，或是再现了诗作之间的顺序安排，就进入了甲的著作权的调整范围。

第二，“独创性”本身含有“创造”的意思，即作者的智力创造活动要达到一定的水准或高度。但是，对于这一高度的标准要求，各国规定并不一致，主要有两种立法例。

一种是以英美法系版权法为代表的“额头流汗”原则。按照这一规则，作者只要付出了非常简单的脑力劳动，甚至是单纯的体力劳动，也认为作者创作了具有独创性的作品。[1] 例如，某人利用自己的手机拍照，即便没有用心地构图、设计角度、

① 参见王迁著:《知识产权法教程》(第四版)，中国人民大学出版社 2014 年版，第 32 页。

选择光影，而是随意地按下快门键，其拍成的照片也能被认为是具有独创性的作品。据此，“额头流汗”原则对于独创性高度的标准要求是极低的。

另一种以大陆法系国家立法为代表，其“独创性”的内涵要求作品具有一定程度的“智力创造性”，即作品要体现出作者独特的智力判断与选择，展示作者的个性并达到一定创作高度要求。按照这一标准，对于日常生活中抓拍的照片来说，由于其难以反映拍摄者独具匠心的符号选择过程，其智力创造程度较低，因而不能被认为是著作权法上的“作品”。因此，基于不同的独创性高度标准，英美法系国家一些被视为作品受到保护的客体，在大陆法系国家有可能无法作为作品受到著作权保护。

我国对于作品的“独创性”究竟采用何种标准，相关的立法没有作出任何规定。按理来说，我国《著作权法》的制定以大陆法系的立法框架为基础，似乎应该对作品有一定的独创性高度要求；但同时，我国也移植了一些并不强调独创性高度的英美法版权制度。因此，在我国立法没有设定明确标准的情况下，容易造成实践中司法判断尺度无法统一的局面，从而给个案中作品的认定带来很大的困难。

从上述独创性的两层内涵中可以发现，独创性标准在整个著作权制度原理中居于核心地位。在制度层面，独创性标准可以决定特定的表达是否构成作品，作品之上的著作权归于何人，以及作品之上著作权的效力范围和著作权之间的边界；在原理层面，独创性标准体现的是立法鼓励和刺激创作的宗旨，因而著作权法的许多具体规则都是以该原理为基础构建起来的。因此，透彻领悟独创性的内涵，对于今后理解、分析著作权制度都会有很大的帮助，需要反复体会和思考。

第三节　不受著作权法保护的对象

根据独创性原理，可以分析得出哪些智力成果可以作为著作权法上的作品，受到法律的保护；反之，某些智力成果则可能由于达不到立法的独创性标准要求，或是出于其他政策性目的的考虑，而不能得到著作权法的保护。对此，我国《著作权法》主要采用具体列举的方式，在特定条款中描述了几种不适用著作权法保护的情形。接下来将对这些情形进行逐一分析，以期在探寻制度原理和立法本意的同时，利用从中所提炼出的共性原理，对不受权利保护的具体类型范围作尝试性的延伸。具体来说，不适用著作权法保护的对象包括以下几类。

一、法律、法规，国家机关的决议、决定、命令和其他具有立法、行政、司法性质的文件，及其官方正式译文

对于这一类情形，应从以下几个方面把握：

其一，这些文件本身其实都是符合作品的独创性等相关认定要件的。

其二，之所以这些文件不适用著作权法调整，是因为它们出于特定的目的，需要被最大限度地传播给广大公众，并为广大公众所知晓和利用，一旦通过制度给这些文件设置了市场垄断的权利外观，就会阻碍上述目的的实现。因此，在立法价值冲突的情况下，基于政策目的的取舍，立法最终决定将这些文件排除在著作权法保护之外。

其三，在条文适用时，应注意这类文件的范围限定。我国《著作权法》将这些文件限定为立法、司法、行政机关发布的法律、法规、决议、决定、命令等公文及其官方正式译文，那么个人出于爱好或其他原因，将这些文件翻译成外文，或者某学者以自己的名义撰写的某部法律的草案建议稿，并非作为官方正式文件向社会公众提供，这些依然是著作权法上的作品，应受到著作权法的保护。

二、单纯事实消息

在第三次立法修正之前，我国《著作权法》将“单纯事实消息”表述为“时事新闻”。按照原先的表述来理解，那些通过报纸、期刊、广播电台、电视台等媒体报道的与时事有关的新闻内容是不受著作权法保护的。虽然在内涵上，“时事新闻”和“单纯事实消息”所指向的对象完全一致，但显然，后者的表述更加精准，避免了很多不必要的歧义。

著作权法之所以不保护单纯的事实消息，本身不是出于最大化地促进新闻内容的广泛传播的目的，而是因为消息内容原本就不是自然人创造的智力成果，是不能被垄断的。同时，如果承载事实的语言表达极为简单，其语言的组合未能达到独创性的高度要求，那么该表达也是无法得到著作权法的保护的。

由此，我们可以反推，假如有媒体在报道事实消息时还加入了该媒体或有关人士对于事实消息的评论或者观点的阐发，那么承载这些综合理念的、具有独创性的表达仍然属于著作权法上的“作品”，应受到著作权法的保护。

三、历法、通用数表、通用表格和公式

我国《著作权法》虽然将这些情形放在同一项中列举出来，但从原理上看，上述情形不受保护的原因不尽相同，需要分别探讨。

（一）历法

所谓历法，是为了配合人们日常生活的需要，根据天象而制定的计算时间的方法，如阳历、阴历、干支历等。历法之所以不受著作权法保护，原因在于，著作权法所保护的是具有独创性的表达，但历法纪年作为一种计算时间的方法，属于综合理念的层级范畴，不是著作权法的调整对象；基于此种方法所生成的日历表，只是对于时间规律的总结与外化，在这一过程中没有体现出自然人自主的符号组合行为，因而没有独创性，也就不能被著作权法所保护。

（二）通用数表、通用表格

关于通用数表和通用表格，法律所指的是那些人们在日常生活、工作中使用的一般数表和表格。这些表格无疑是由自然人创造的，也属于表达的范畴，但这些具体的符号组合方式已经流传、使用多年，以至于成为全社会或某一行业所使用的标准数表和表格。由于这些表达已经进入了公有领域，不能再为任何人所垄断，也就不能受著作权法保护。因此，对于数表和表格是否适用著作权法，其关键在“通用”二字上，假如某人所设计的数表和表格并不是公众通常使用的，且在形式上具有独创性，那么依然可以受著作权法保护。

（三）公式

所谓公式，是指自然科学中用数学符号表示几个量之间关系的式子。在原理上，公式不受著作权法调整的原因和历法是一样的，即数学符号之上所承载的自然规律属于综合理念，且公式所表现出的数学符号的组合关系完全是对客观自然规律的总

结，其中没有自然人具有独创性的符号组合过程，所以公式的内容和形式都不可能被特定的人以著作权的理由所垄断。

通过对以上情形的分析可以看出，我国立法条文的相关规定基本上是遵循著作权法原理来设计的。但从立法技术的层面看，这种零散的类型列举方式，并不能穷尽实践中的所有情形，也未能充分体现制度背后的逻辑脉络。在此，根据现行规定，结合之前所学知识，我们可以尝试性地提炼出判断客体是否受著作权法保护的操作思路。在实践中，分析某客体是否适用著作权法，可以按照以下步骤层层推进：

第一，属于综合理念范畴的部分原本就不是著作权法所调整的客体，当然被排除在著作权法的保护范围之外，如作者的思想、技术工艺、操作方法、技术方案、客观事实本身等内容，均不受著作权法的调整。

第二，由符号组合而形成的客观表达一般应属于著作权法的调整范围，但如果这种表达本身已经在实践中无法归属于任何个人，又或是表达本身的独创性较低，没有达到立法的高度要求，那么也不能受著作权法保护，如已经进入公有领域的作品、未达到独创性高度要求的表达，都属于这一情况。

第三，对于已经达到独创性要求的表达，虽然属于著作权法语境下的“作品”，但法律可能为了其他立法价值的实现而排除对这些作品的保护，如对官方正式文件的特别规定，就是出于这方面的考虑。

总之，利用上述分析思路，有助于我们在实践中对著作权法的保护范围作出正确的判断，而具体的分析过程也是我们透彻理解著作权法原理的绝佳契机。

第四节 我国《著作权法》所规定的具体客体类型

对于那些已经达到作品标准的智力成果，人们通常会根据某些标准对作品进行类型化的区分，以实现某种特定的目的。我国《著作权法》以表达的形式差异为基础，结合多种立法价值取向，对法律所保护的作品类型进行了明确的列举。从法律适用的角度来看，这种分类的现实意义主要表现在以下两个方面。

其一，针对不同类别的作品，其著作权人所享有的专有权利内容可能有所差别。例如，作品的出租权，只有视听作品和计算机软件这两类作品的著作权人才能享有；

再如，作品的展览权，也只有在美术作品和摄影作品这两种类型中才有所涉及；又如，放映权，在我国则专属于视听作品、摄影作品和美术作品这三种类型。

其二，针对不同类型的作品，著作权的权利归属和行使规则也不尽相同。例如，对于图形作品和计算机软件这两类作品来说，如果符合特殊职务作品的构成要件，那么其上的著作权基本上由单位享有，创作者仅享有署名权；而对于视听作品来说，其上的著作权是由制作者享有，这与其他类型作品的权利归属原理是不同的。

基于上述原因，划分作品类型并对每种类型的作品特性作专门研究，在实践中具有较强的现实意义。接下来将基于当前立法的规定对每种作品类型进行解读。

一、文字作品

按照《著作权法实施条例》的定义，[①]《著作权法》中所述文字作品，是指小说、诗词、散文、论文等以文字形式表现的作品。由此可知，对于文字作品来说，与其他作品的本质区别在于，其用来表达的符号是表意的文字，而符号的组合方式是将文字的字意连接起来，并用以承载其上的综合理念。也就是说，如果有人将某种文字的字义按照一定的方式组合起来，所形成的外化的表达达到了独创性的标准，该作品就属于文字作品。对于文字作品的认定，应注意以下几点：

其一，构成文字作品的基本符号包括我们平常使用或接触到的汉字、英文、日文、法文等各国的语言文字，甚至包括数字、盲文或任何能够表意的符号。按照这一标准，构成计算机软件的源代码其实也是程序员能够理解其意的语言文字，因而国际上通常认为，计算机软件也属于文字作品，只不过基于权利内容和权利归属等特殊规则的考虑，我国立法将其作为独立的作品形态。

其二，对于文字作品的表达来说，其具有独创性的组合过程在于连接文字的字意，而非连接文字的其他表征。举例来说，如果某人的独创性体现为排列每个文字以及文字之间的间架结构，或者是注重文字笔画的书写方式，那么其实际上完成的是一幅书法作品，由于这种创作行为所连接的符号实际上是不同形状的线条，所以

① 我国《著作权法》只是在条文中对各类作品进行了简单的列举，并未对各个作品类型的内涵作出明确的界定。对此，《著作权法实施条例》进行了必要的补充，在第 4 条中对每种典型的作品类型作出了确切的定义。

书法作品一般被归于美术作品一类。

其三，在文字作品的实践认定中，应特别注意，文字作品不是文学作品。换言之，按照作品的构成要件，法律所关注的是作品的独创性，而不考虑作品的艺术性。由此，不论是何种体裁的文字作品，即便没有达到文学水准，也可以受到著作权法的保护；反之，即使作品具有极高的文学价值，也不会因此得到任何保护上的倾斜。

二、口述作品

所谓口述作品，《著作权法实施条例》将其描述为“即兴的演说、授课、法庭辩论等以口头语言形式表现的作品”。口述作品和文字作品相比，这两类作品的共性在于它们所呈现出的表达都是语言符号的组合，差别在于文字作品以字形作为基本的符号表征，口述作品以字音作为基本的符号表征。《著作权法实施条例》之所以在定义中特别列举演说、授课、法庭辩论等具体的口述作品形式，是想通过典型的例证说明判断该类表达是否具有独创性而能达到作品要求的依据。

虽然立法明确规定了口述作品的类型，但并不意味着凡是日常的口头表达都能被认定为口述作品。多数情况下，人们许多日常交流的口头表述，要么是公有领域的范畴，即那些源于社会生活中长期使用的重复性表达，要么这些表达的形式较为简短或简单，无法达到独创性的要求。显然，上述情况所作的口头表达都不能认定为口述作品，而那些演说、授课、法庭辩论等场合下的表达，由于其达到了一定的长度和复杂度，能够充分体现作者具有独创性的语言组合过程，因而被认定为口述作品。

此外，是否所有达到独创性的演说、授课、法庭辩论都是口述作品？也不尽然。在实践中，如果在演说或授课之前，人们已经将口头表述的内容形成文字，而口述过程只是对这些事先准备好的讲稿的宣讲，那么应当认定为先前准备好的讲稿是具有独创性的文字作品，而按照讲稿进行宣讲属于对文字作品的表演。这是因为，在宣讲过程中，宣讲者并没有体现出独创性的表达，其中所有具有独创性的内容都是在行文时形成的。因此，区分文字作品和口述作品的关键，就在于演说、授课、法庭辩论之前的“即兴”二字，也就是说，口述作品是在演说等活动中被即兴创作出来的，在此之前作品并不存在。

但是，也正是由于口述作品具有“即兴”“口头表达”等特征，如果没有通过记录等方式对作品加以固定，在现实中很难得到切实有效的保护，对于他人的侵权行为也较难认定。正因如此，许多国家在其著作权立法中规定，口述作品如果没有以速记、录音、录像等方式固定在有形的物质载体之上，就不对其加以保护。[①] 我国立法虽然没有类似的表述，但基于口述作品的实际特点，如果口述作品未经固定，寻求法律保护的难度较大。

三、音乐作品

在《著作权法实施条例》中，音乐作品被定义为“歌曲、交响乐等能够演唱或演奏的带词或不带词的作品”。据此，构成音乐作品的基础符号是音符，其独创性的表达体现为音符等要素所构成的旋律。所以，对于音乐作品来说，其著作权的效力是围绕旋律、节奏等独创性表达来划定的。而从公众感知的角度来看，音乐作品可以由乐谱来承载，也可以由表演者的表演行为来承载，权利人依据著作权对这些感知方式均得加以垄断。

在实践中，对于歌曲这种带词的音乐作品来说，其符号基础既包含了音符，也包含了文字，因而与文字作品存在一定的交叉。对于歌曲的作品类型，应区分如下：首先，歌曲由音符和文字的组合共同构成，其本身属于一个完整的音乐作品；其次，歌曲又可以被拆分为乐曲和歌词两个单独的作品，前者是独立的音乐作品，后者是独立的文字作品。按照这样的理解，当歌曲的词曲作者并非一人时，歌词的著作权由词作者行使，乐曲的著作权由曲作者行使，歌曲的著作权则由二人共同行使。同时，由于歌曲是音乐作品，所以应按照音乐作品的特定规则来行使权利，权利的效力及于歌曲的文字部分。

四、戏剧作品

《著作权法实施条例》针对戏剧作品，列举了话剧、歌剧、地方戏等典型代表，并特别强调这些作品供舞台演出。所以，在表现形式上，除了剧本这种文本的载体之外，戏剧作品的主要感知方式就是演员的表演行为。因而实践当中，对于其权利的侵犯，往往在表演方面较为突出。而从作品表达的符号基础来看，戏剧作品与文

---

① 例如，《美国版权法》在第 102 条（a）款中明确规定，作品受版权法保护的前提条件，在于该作品已经被固定在了任何有形的媒介之上。

字作品和音乐作品相比，似乎并无特别之处，其剧本可以被看作文字作品，其中的音乐可以被看作音乐作品，那么专门划分戏剧作品的意义究竟是什么呢？实际上，在许多国家，立法专门列举戏剧作品，原因在于法律对该类作品的保护力度要高于文字和音乐作品。[①]我国虽然在立法上移植了这种分类方式，但在保护力度上，戏剧作品与文字作品、音乐作品相比并无特别不同之处。所以，在我国法律实践中刻意区分戏剧作品，其价值和意义并不显著。

五、舞蹈作品

所谓舞蹈作品，是指通过人体连续的动作、姿势、表情等表现思想、情感的作品。由此定义可知，在表达的基础符号方面，舞蹈作品与前述作品类型有很大不同，其选择的符号是人的躯体动作，而这些符号的组合过程，本质上是对各种动作的设计以及对这些动作的连接。因此，认定舞蹈作品是否具有独创性，所考察的对象是对人体动作的设计，如果其中的舞步、造型、动作、顺序已经属于公有领域或独创性高度不够，就不能受到著作权法保护。

在作品的载体方面，针对舞蹈动作的设计，可以通过文字描述、动作标记、绘图示意的方法加以体现，也可以通过表演者的表演行为或对其录制再现出来。在上述利用特定载体感知作品的过程中，载体自身可能在展现作品时生成独立的权利，[②]所以在舞蹈作品的著作权认定上，要时刻认清权利的保护对象，并对众多权利可能出现的重叠关系进行区分。

六、曲艺作品

按照《著作权法实施条例》的规定，曲艺作品包括相声、快书、大鼓、评书等形式。从这类作品的创作和展示方式来看，它们一般先通过书面方式被创作出来，再由演员在舞台上进行表演，其符号的独创性组合结果同样以文字或音符为基础。

---

① 例如，《美国版权法》在设置复制作品的法定许可、使用自动点唱机播放音乐的法定许可、广播的法定许可时，针对的都是一般的音乐作品，并不适用于作为戏剧作品组成部分的音乐。参见《美国版权法》第115条、第116条、第118条的相关规定。

② 如《著作权法》所规定的各类邻接权。

由此，对于立法专门设置曲艺作品的必要性产生了一定的疑问——如果所谓的“曲艺作品”被创作了出来，其无非是形成了文字上或音符上的组合，那么文字作品和音乐作品的内涵足以涵盖此类表达结果，演员的演出则可以看作是对文字作品或音乐作品的表演；而如果演员的表演是台上的即兴发挥，那么又可以通过口述作品对其加以保护。

因此，无论从哪个层面来说，曲艺作品都可以被其他作品类型完全覆盖，且我国立法对于曲艺作品并未施以任何特殊的保护，那么这一立法上的分类意义和价值难免会遭受质疑。推测立法者的意图，立法者可能旨在通过对特定作品类型的列举，来宣示本国的传统艺术同样能得到著作权法的有效保护。但是，宣传功能本不应是著作权法所体现的主要价值，而不恰当的分类往往会给司法实践带来诸多难题和不便。

七、杂技艺术作品

根据《著作权法实施条例》的规定可知，我国《著作权法》中的杂技艺术作品，内容十分丰富，主要表现为杂技、魔术、马戏等通过形体动作和技巧表现的作品。但按照著作权的基本原理对这些表现形式进行解读就会发现，立法列举该类作品的必要性也有待商榷。

根据著作权的基本原理，著作权法不能保护杂技等艺术作品中的任何操作方法、技术方案等综合理念，凡是涉及技巧方面的动作和造型都不受著作权法调整。那么，排除这些技巧性的内容，再除去公知领域的表达，杂技、魔术、马戏中与作品有关的要素还有哪些呢？可能只剩下穿插于表演之间的具有独创性的背景音乐和舞蹈了。而这些表达已经有专门分类对其进行保护，再单独设立“杂技艺术作品”其实并无必要，这也正是大多数国家立法未设置这一类型的原因。假如立法者的本意是想通过此种类型的立法设置彰显我国保护传统文化的决心，这一规定反而更容易让人们误以为《著作权法》可以保护技巧性的动作和造型，这既不利于著作权原理的贯彻和推广，也不利于具体纠纷的解决。

八、美术作品、建筑作品

美术作品和建筑作品，是基于审美意义的外观共性而被著作权法置于一类进行调整的两项作品形态。

美术作品，是以线条、色彩或其他方式构成的、具有审美意义的平面或立体的造型艺术作品。据此定义可知，美术作品在形式上不限于平面上的艺术表达，也包括各种立体形式的艺术造型，如绘画、书法、雕塑等。与其他类型的作品相比，美术作品所选择的基础符号是线条或色彩，其独创性表达则体现为创作者对这些要素有意识的组合。因此，在实践中，独创性依然是美术作品的最终判断标准，尽管《著作权法实施条例》强调了美术作品应具有“审美意义”，但这一条件旨在表述创作者在创作时的美学追求，并不是针对美术作品专门设置了艺术性的判断标准。

同时，在实践中，如果创作者同时运用两种作品类型的基础符号作出具有独创性的表达，最终形成了一个完整的作品，那么该作品应同时归属于这两种作品类型。例如，一幅书法作品，从线条组合的角度来看，其属于美术作品，但如果作品中的文字组合也包含了创作者独创性的表达，那么它也属于文字作品。著作权人既有权垄断线条组合的市场份额，也有权垄断文字组合的市场份额。

与美术作品相比，建筑作品虽然也具有审美意义，但其保护的对象主要是建筑物或构筑物之上具有独创性的线条或色彩的组合结果。对建筑作品的著作权保护，实际上是保护建筑物或构筑物之上独立于其实用功能的、具有艺术美感的独创性表达。例如，“鸟巢”体育场、“广州塔”、上海东方明珠塔等，其独特的外形给人以美的享受，因而都是建筑作品的典型代表。

对于建筑作品的认定，应当注意，著作权法不保护技术方案和实用性功能的基本原则在该领域依然适用，如果某建筑独特外形设计的目的在于实现特定的技术效果，无论该外形多么具有艺术观赏性，也不能作为建筑作品受到著作权法的保护。同时，建筑物或构筑物具有美学意义的外形设计也必须达到独创性的高度要求，所以那些按照常规设计建造而成的建筑，往往因为缺乏独创性而不构成建筑作品。

九、摄影作品

《著作权法实施条例》将摄影作品表述为“借助器械在感光材料或者其他介质上记录客观物体形象的艺术作品”。摄影作品的创作与其他作品相比，其特殊性在于必须借助“照相机”这一机械设备。虽然拍摄出的照片主要依赖于照相机才能完成，但拍摄过程中依然存在拍摄者具有独创性的表达空间。具体来说，拍摄者拍摄照片时，可以对角度、距离、光影、明暗等拍摄因素，或者对拍摄对象的构图方式进行个性化的选择，以使照片展现出独特的拍摄结果。当这些选择达到著作权法独创性的高度要求时，就可以认定该照片属于摄影作品。

但实践中的问题在于，人们平时用手机随意拍摄的照片和摄影师精心拍摄的照片，其独创性高度显然是不同的，由于我国《著作权法》并没有对独创性高度设置明确的判断标准，因而无法确定这两种照片是否都能得到著作权法的保护。如果按照英美法系的“额头流汗”原则，两种照片都应受到版权法的保护，但如果按照大陆法系的独创性标准，那么人们随意拍摄的照片并不能形成摄影作品，拍摄的照片之上无法产生著作权，但这些照片可以受到特定邻接权的专门保护。[①]

我国《著作权法》虽然以大陆法系著作权制度为根基，但并未在邻接权中专门规定对无独创性照片的保护，故而导致了以下司法认定难题：如果某个照片的独创性很低，但是又具有一定的市场价值，倘若认为其不是作品，就会导致相应的市场价值无法得到保护。所以，为了避免独创性较低但具有市场价值的照片被他人随意使用，我国的司法认定实际上更倾向于采用英美法系的标准，即将那些独创性较低的照片也纳入摄影作品之中加以保护。

十、视听作品

在《著作权法》第三次修正之前，我国立法对此类作品的表述并非“视听作品”，而是“电影作品和以类似设置电影的方法创作的作品”。根据《著作权法实施条例》的规定，“电影作品”和“类电影作品”，是指“摄制在一定介质上，由

---

① 例如，以德国为代表的大陆法系国家的著作权法认为，人们在日常生活当中的“抓拍”行为，在难以反映拍摄者独特的智力创作、无法达到独创性高度要求的情况下，由此产生的照片是不能作为摄影作品受到保护的。但考虑到很多照片仍然具有商业价值，在实践中有被保护的必要，故而立法对此类照片也施以“类作品”的法律保护。只不过摄影作品在德国的保护期是作者有生之年加死后70年，而不构成摄影作品的照片的保护期一共只有50年，显著低于摄影作品的保护期。

一系列有伴音或者无伴音的画面组成，并且借助适当装置放映或者以其他方式传播的作品”。

立法对于此种作品类型进行名称上的修改，根本原因在于，原先对于此类作品的理解，都是围绕传统电影制作方式为核心展开的，但随着数字技术、材料行业的创新发展，不仅用于生成电影作品和类电影作品的数据文件的存储介质突破了原有认知，产生形态上的变化，且具体的拍摄手法也在不断取得颠覆性的改变。所以，如果在实践中仍然拘泥于传统电影作品的概念解读，那么一些采用非传统手段制作的影视作品，将难以得到充分的法律保护。由此来看，修改原先此种作品类型的名称表述，具有一定的立法预见性，是及时且必要的。

从作品创作的方法和原理来看，视听作品与摄影作品的相似性在于，二者都需要借助机械设备完成创作。不同的是，视听作品在本质上是一系列画面的组合，且画面构图的连贯性能够在放映时给观众带来运动的观感。按照这一特性，视听作品的独创性表达可以体现在多个方面：从编剧的剧情设计到导演的场景安排，从演员的动作神情到摄像的拍摄选择，从后期的特效制作到剪辑的画面编排，都可以体现创作者的美学观点和智力创造，因而视听作品的这些独创性表达理应得到著作权法的保护。

同时应当注意，针对摄影作品和视听作品这类必须借助机械设备方能完成的作品类型，有观点认为，其创作结果基本依赖于特定器械，所以即便达到了立法的独创性高度要求，其独创性与其他类型的作品相比也是偏低的，所以著作权的保护力度应当低于其他作品。由于这一观点在理论上尚存争议，所以各国立法的规定并不一致。按照我国《著作权法》的价值取向，摄影作品和视听作品的著作权保护期理应短于其他类型的作品，而具体的保护期计算方式，将在随后的章节里作专门的解读。

十一、图形作品

我国《著作权法》所列举的图形作品包括工程设计图、产品设计图、地图、示意图等，同时，《著作权法实施条例》将工程设计图和产品设计图限定为“为施工、生产绘制”，又将地图、示意图的作用表述为“反映地理现象、说明事物原理或者结构”。可见，图形作品与美术作品的共性在于，它们都是基于线条或色彩的组合所形成的具有独创性的表达，二者的不同之处在于，美术作品属于艺术领域的作品，其价值在于带给人们美的感受，但图形作品的首要作用在于实现特定的实用功能，如根据工程设计图和产品设计图建造或制造具有实用性的工程或产品，或利用地图和示意图方便公众了解地理现象或事实原理及结构。

前文已经反复强调，著作权法不保护任何技术方案和实用性功能，所以，即便作品类型之中包括了图形作品，也不能就此认为图形作品的相关部分能够受到著作权法的调整。因此，著作权法针对图形作品所保护的，是实用功能表达之外的、体现设计者具有独创性的线条或符号的组合结果。

例如，地图和示意图都能反映一定的事实，而为了体现客观事实所形成的线条或色彩的组合是不具有独创性的，不属于著作权法的保护范围；但是，如果设计者为了增强地图、示意图的艺术性、趣味性和可读性，而对基础符号进行具有独创性的组合，这部分就可以被著作权法所保护。

比如，设计一张中国行政区划图，其中为了反映客观事实的线条组合不能由设计者任意勾画，因而不能承载设计者具有独创性的智力劳动，但设计者可以根据自己的意愿，选择区划图中的信息进行标识或取舍，也可以自由设定区划之间和谐的颜色搭配，还可以在此基础上增加具有艺术性的绘制，而这些都属于著作权法的调整范围。因此，对于图形作品来说，权利人只能凭借著作权禁止他人使用具有独创性的客观表达，但无法阻止他人借鉴和使用能够反映客观事实的符号组合。

十二、模型作品

从原理上看，模型作品与图形作品的著作权保护思路应当是一致的，模型作品中基于客观事实和使用功能所产生的符号组合不能得到著作权法的保护。要在模型作品的领域内寻找创作者独创性表达的存在空间，必须先仔细分析模型作品的基本定义。《著作权法实施条例》规定，所谓模型作品，是为展示、试验或者观测等用途，根据物体的形状和结构，按照一定比例制成的立体作品，如地理沙盘模型、动植物模型和产品模型等。

然而在实践中，如果严格按照该定义认定模型作品，将会给找寻模型作品中的独创性表达带来极大的困扰：

其一，如果模型作品必须“根据物体的形状和结构，按照一定比例制成”，这就意味着模型的制作只能是对原物同比例的再现或按照特定比例的放大、缩小，否则就无法实现“展示、试验、观测”等功能性用途。但是这样一来，创作者在模型之上其实很难有独创性的表达空间，也就不能认定其制作的是“模型作品”。

其二，如果模型制作者在对实物进行缩放或原比例再现时，对实物原有要素之间点、线、面的比例关系进行了人为的改动，导致制作的成品与原物存在显著的差异，那么差异的部分只要达到了独创性的高度，就可以认为生成了新的作品，其独创的部分由著作权法所调整。但是，这样的作品又与《著作权法实施条例》对“模型作品”的定义不符，且这种对于模型审美意义的改动更符合美术作品的认定标准。

因此，从贯彻著作权法原理的层面来看，当前我国立法对“模型作品”的认定在逻辑上并不通畅，需要立法者在技术层面加以解释或修正，否则在实践中将可能引发利益相关者之间的争议与冲突。

十三、计算机软件

随着科学技术的发展，计算机软件这种新的作品类型应运而生。根据我国《计算机软件保护条例》的规定，计算机软件包括计算机程序及其有关文档。其中，程序是指为了得到某种结果而可以由计算机等具有信息处理能力的装置执行的代码化指令序列，或者可以被自动转换成代码化指令序列的符号化指令序列或者符号化语句序列。[①]

用著作权的基本原理解读上述定义，计算机软件之所以能够成为独立的作品类型，关键在于其承载独创性的基础符号及其组合方式与其他作品类型截然不同。对于计算机软件来说，构成作品的基础符号是代码化指令序列，程序员以其为基础所进行的编写过程，体现了个人具有独创性的表达。

在实践中，理解计算机软件的作品属性时应当注意，在人们所使用的软件中，会不可避免地出现文字、图形、音乐等元素。如果用客体“层级性”的结构来解读，这些元素其实都是计算机软件所呈现的内容，而承载这些内容的是由符号化语句序列所形成的表达。所以，软件中所包含的文字、图形、音乐，都不是作为计算机程序受到著作权法保护的。其中的相关内容，可能分别构成“文字作品”“音乐作品”“美术作品”“视听作品”，并依据其各自的符号基础和表达形式分别得到保护。

---

① 参见《计算机软件保护条例》第 2 条、第 3 条的相关规定。

十四、符合作品特征的其他智力成果[①]

我国《著作权法》规定的该种作品类型，属于一种弹性规定和兜底条款。该条款表明，著作权法对于作品的保护范围，绝不限于立法所明确规定的作品类型，只要某项智力成果符合立法对于作品的认定标准，即便其表现形态并不属于前述任何一种作品类型，也可以得到著作权法的保护。

伴随着科学技术的发展，作品的类型也处于动态发展的过程当中，对于那些非典型的作品形态，以及在立法颁布并生效之后才涌现出的新的作品类型，法律同样有保护的必要。立法的弹性规定，为此类作品纳入著作权法的保护范围留下了一定的适用空间。

以上是我国《著作权法》所列举的全部作品类型。通过对这些作品类型原理化的解读，既是对著作权基本理论透彻理解的过程，也是原理运用能力的具体培养过程。在日常的学习和思考中，不断对基本原理进行制度代入式的分析，有助于个人相关思维能力的提升以及问题意识的养成。

---

① 在《著作权法》第三次修正之前，立法对此项的表述为“法律、行政法规规定的其他作品”。相较而言，原先兜底条款的表达更注重描述作品保护范围的空间维度，即除了《著作权法》所列举的作品类型之外，对其他法律法规所规定的作品《著作权法》也加以保护。而新的兜底条款则在原有空间维度的基础上，增加了作品保护范围的时间维度，这意味着即便某些当前难以预见且法律没有规定的作品形态在未来出现，只要其符合作品的特征，就可以得到《著作权法》的有效保护。显然，目前兜底条款的表述方式更为精当，保护范围也更为全面。

第三章 著作权的主体

重点问题

- 著作权归属的基本原则
- 著作权的取得方式
- 在作品上署名的法律效力
- 法人作品的内涵和构成要件
- 委托作品的内涵及著作权归属
- 演绎作品的内涵及著作权归属
- 汇编作品的内涵及著作权归属
- 合作作品的内涵及著作权归属
- 职务作品的类型及各自的著作权归属规则

关键术语

创作行为 著作权自动取得 法定情形 约定情形 层级式叠加
并列式叠加 多价值叠加

第一节 著作权主体制度及著作权归属的基础原理

著作权主体，又称著作权人，指对具体作品享有著作权的民事主体。在私权利的视角下，民事主体获得著作权，主要通过两种方式，一种是基于作品创作完成而取得著作权，另一种是通过赠与、转让、继承等方式从他人处取得著作权。前者被称为著作权的原始取得，后者被称为著作权的继受取得。由于继受取得实际上是在探讨民事主体之间的赠与关系、买卖关系、继承关系，而这些法律关系又分属于不同民事制度的调整范畴，所以它不是著作权主体制度所讨论的重点。著作权主体制度的核心，在于确定著作权的原始主体，即探讨当特定作品完成之后，谁是第一个能够取得相关著作权的民事主体。

基于著作权“法定权利”的本质以及著作权制度政策性的价值取向，立法在设计著作权的归属规则时，也应当与鼓励创作、实现文化繁荣的制度要求相契合。正因如此，为了切实起到鼓励创作的制度效果，对于创作完成的作品应当由谁享有著作权的问题，著作权法确立了**“谁创作作品，谁享有作品的著作权”**的基本原则。

从制度设计的层面来看，这一原则的价值目标，在于将“市场收益奖励创作者”的政策目标落实在具体的规则之上，使得该立法目的在权利归属的确定方面有着具体的可操作性依托。按照这一原则，若要判断著作权的归属，必须首先界定“创作”的内涵。学理上一般认为，所谓“创作”，是指直接产生文学、艺术或者科学作品的智力活动，是自然人运用其智慧，将文字、数字、符号、色彩、光线、音符、图形等要素按照一定的规律、规则和顺序有机组合起来，以表达其思想、情感、观点、立场、方法等综合理念之形式的活动。为他人创作进行组织、协调，提供咨询意见、物质条件，或进行其他辅助工作，均不视为创作。

根据该定义的表述，结合“独创性”的内容——“创作”与“独创性”在原理上是相通的，“独创性”中关于强调作品“起源”的内涵，搭建了作者的“创作行为”与“作品”之间贯通的桥梁：从主体的角度来看，如果认定人从事了具体的创作行为，那么该行为一定会产生相应的具有独创性的作品；而从客体的角度来看，如果认定作品具有独创性的表达，就说明人从事了相应的创作行为。据此，判断著作权归属的首要标准仍然是“独创性”原理，当确定某作品中存在独创性的表达，那么该表达源于谁的创作行为，其上所形成的著作权就应当归谁所有。

由此，在整个著作权归属制度当中，依据创作来源认定权利的原始主体是该制度体系下所应遵循的根本性准则，但也存在为满足其他价值追求而设置例外规则的情形，后文将予以详述。此外，围绕前述分析，还有以下两个具体规则需详细探讨。

其一，著作权的取得方式问题。我国《著作权法》对于创作者何时取得著作权，贯彻的是《伯尔尼公约》的自动取得制度。按照公约的规定，作者自作品创作完成之时自动取得著作权，而无须履行加注版权标记和登记手续。对此，应当注意的是，著作权自动取得制度并没有否认著作权的法定权利属性，其权利的取得依然来自公权力的特许授权，只不过这种授权是通过立法预先设置的，当某作品完成之时，该作品即获得著作权法的保护，而不论创作者是否向行政机关申请登记，也不论该作品是否通过发表被公之于众。即便我国当前也配套提供了著作权行政登记服务，由此所取得的登记证书也只起到证明著作权取得时间和作者身份等信息的作用，它并不是创作者取得著作权的前提。[①] 同时，这里所说的“创作完成”，并不能当然理解为作品的全部完成，在实践中，即使创作者只完成了预期作品的其中一部分，但只要已完成的部分达到了独创性的要求，该部分在完成之后即可获得著作权法的保护。

其二，关于在作品之上署名的法律效力问题。通常情况下，在各类作品之上都会看到作者的署名，署名的方式则会根据作品的种类、作品展现形式的差异而有所不同。由著作权的权利内容可知，署名权归著作权原始主体所有，作品上的署名体现了创作者与作品之间的关系，创作者可以用任意的署名方式来标记或表述这一关系：不论创作者决定署真名、假名、笔名、艺名，还是决定匿名，甚至署他人的姓名，都为著作权法所允许。

基于署名权的上述特征，实践中可能出现两种结果：一种是署名的信息与作品创作者的真实身份完全一致，署名内容准确反映了作品的创作来源，可以根据作品之上的作者署名直接认定该作品著作权的原始主体；另一种情况是作品署名标注的作者与实际创作者并不一致，如作品创作者在作品上标注其他人的姓名，或者某人擅自将自己的姓名标注在他人作品之上。在第二种情况下，著作权原始主体应如何认定呢？对此，我国《著作权法》第 12 条第 1 款规定，在作品上署名的自然人、法人或者非法人组织为作者，且该作品上存在相应权利，但有相反证明的除外。由此可知，作品上的署名起到的是著作权归属的推定作用。即使作品实际的创作者与作品之上显示的署名作者并非一人，他人依然可以通过署名的外观，认定该署名所

---

① 第三次修正的《著作权法》在第 12 条第 2 款增加规定了“作者等著作权人可以向国家著作权主管部门认定的登记机构办理作品登记”。

指向的主体原始取得了作品的著作权。但是，如果有相反的证据能够证明署名的人并不是创作者，或者真正的创作者并未署名，那么就可以推翻“署名者是作者”的结论，并根据相关证据来认定作品的实际创作者。

第二节 著作权归属原则的例外——法定情形和约定情形

在确立了著作权归属的基本判断准则之后，本节主要讨论原则适用的两种例外情形，即根据法律的直接规定确定著作权的原始主体（法定情形），以及基于当事人的真实意愿任意设定著作权的原始主体（约定情形）。从法律原理的角度来看，这两种例外情形相较于基本判断准则优先适用，符合立法的价值取向。其中，法定情形是立法者为了实现特殊的立法目的，在制度中设置相应的法定条件，当条件全部满足时，直接按照法律规定确定著作权的归属。而约定情形本质上是根据民事主体的真实意愿，由当事人任意处分自己的利益，如果双方当事人约定了某一方所创作的作品著作权由对方原始取得，那么法律将认可和尊重该约定。

一、法定情形——法人或非法人组织为作者

根据我国《著作权法》，著作权归属的法定情形，是指当所有的法定条件均满足时，法人或非法人组织可以被直接认定为作品的作者。因此，该法定情形又被称为“视为作者的情形”或“拟制作者的情形”，而相关作品则被称为“法人作品”。

我国《著作权法》规定了这一法定情形，意味着我国立法承认那些不能进行思考和创作的法人或非法人组织可以成为作品的“作者”。根据著作权原理中“创作”和“独创性”的内涵可知，由符号的选择和组合所形成的表达，只有具有思维能力的自然人通过脑力劳动才能完成，而法人或非法人组织等民事主体是不可能自己创作出作品的。既然如此，为什么法律要在某些情况下将法人或非法人组织看作是作品的作者呢？

这是由于，其一，我国《著作权法》这一立法借鉴的是英美法系版权法当中“视法人为作者”的情形，而英美法系版权法一般将作品看作纯粹的财产，因而相关规

则并不关注作品是由谁创作的，而只关心其上的版权应该归谁所有；其二，认为法人或非法人组织可以成为作者，主要是考虑到，相较于某些作品之上自然人的“独创性”表达，法人或非法人组织的投资或意志对于作品的价值更具有决定性作用，所以应该由法人或非法人组织获得作品之上的权利回报。

正是由于上述原因，我国《著作权法》规定，当同时满足下列情形时，法人或非法人组织被视为作品的作者：（1）法人或非法人组织是创作作品的组织者，该作品的创作由法人或非法人组织主持；（2）创作者所创作的作品须代表法人或非法人组织的意志；（3）作品之上所产生的法律责任由法人或非法人组织承担。

从以上要件可以看出，对于法人作品来说，生成作品的动因和作品的综合理念都是由法人等组织的意志决定的，而该作品所传递的内容也完全由法人等组织负责。只是因为组织自己无法创作出承载其综合理念的表达，才借助自然人的思维能力来外化组织的思想和意志。对自然人而言，引导其从事符号组合工作的，并非其个人的思想，而是法人等组织的综合理念。自然人只是严格按照法人等组织的要求，将法人等组织的综合理念通过自己创作的形式表达出来而已。

根据著作权原理，作品的市场价值主要体现在内容上，而不是表达形式上，所以法人等组织理应获得作品的市场收益；此外，作品所承载的人格利益也是法人的人格利益，而非自然人的人格利益。因此，根据法律的规定，法人作品之上的著作权全部归法人等组织享有，法人被法律拟制为作品的作者，成为著作权的原始主体，实际创作作品的自然人则不享有任何著作权法意义上的权利。

例如，某单位所发布的通知、单位年底的总结报告等都是典型的法人作品。但同时也要注意，由于当前我国立法对于法人作品的要件没有形成统一的解释标准，且法人作品与立法所规定的其他情形的界限不甚明确，因而实践中造成了诸多纠纷和争议，有待深入研究和分析。

二、约定情形——委托他人完成作品

在现实生活中常见某个民事主体基于自己的实际需要，委托他人为其创作相应的作品的情形。比如，某大型赛事的主办方邀请音乐家创作主题曲、邀请艺术家创作会徽，某人前往影楼希望摄影师为其拍摄艺术照等。这种由受托人根据委托人的委托而创作的作品被称为“委托作品”。

委托作品的产生基础是双方当事人所签订的委托合同，对于委托作品来说，无论是作品的使用还是著作权的归属和行使，都应该符合合同的订立目的，且不能违背当事人的真实意愿。因此，我国《著作权法》第 19 条前半段规定，受委托创作的作品，著作权的归属由委托人和受托人通过合同约定。这就表明，合同双方当事人基于个人的自由意志共同确定作品的著作权归属的，法律应当尊重并保护该约定。据此，在确定著作权归属时，对于合同约定的适用要优先于基本判断准则的适用。

但同时，实践中也可能出现委托合同中只约定由受托人创作作品，但未约定作品的著作权应当归谁所有的情形。对此，如果没有出现约定的例外情况，那么著作权归属依然应当适用“创作者享有著作权”的基本判断准则。所以，我国《著作权法》第19条后半段进一步规定，合同未作明确约定或者没有订立合同的，著作权属于受托人。同时，根据相关司法解释，如果委托作品的著作权归属于受托人，为了实现委托合同的目的，委托人在约定的使用范围内享有使用作品的权利，即便双方没有约定使用作品的范围，委托人也可以在委托创作的特定目的范围内免费使用该作品。[①]

还应注意的是，基于委托合同取得作品的著作权，依然是著作权的原始取得，而非继受取得。双方订立的合同，并不是在当事人之间转让已经存在的著作权，而是旨在约定作品完成、著作权产生时，谁才是作品的原始权利人。因此，虽然法律规定作品的人身权不能在当事人之间相互转让，但在技术操作层面，可以通过在委托合同中直接约定由非创作者原始取得作品的全部著作人身权实现著作人身权与实际创作者相分离的客观效果。

第三节　著作权归属原则的特殊适用——作品中的独创性叠加

由上文可知，当出现法定情形或约定情形时，“创作者享有著作权”的规则会被排除适用，但当不存在例外情形时，则依然按照这一基本判断准则确定著作权归属。本节将探讨一种特殊情况——当某作品中的独创性表达来源于多个创作者时，

① 参见《最高人民法院关于审理著作权民事纠纷案件适用法律若干问题的解释》第 12 条。

著作权应归属于谁？这种多个来源的独创性表达聚集在一个作品的情形，可以称为“独创性叠加”，在叠加的方式上，实践中有“层级式叠加”和“并列式叠加”两种模式。以这种分类方式为基础，下文将分别探讨立法中关于著作权归属的特殊规则。

一、独创性的层级式叠加

所谓层级式叠加，是指创作者在他人已有的作品之上进行符号组合的表达而形成新作品的过程。从独创性的视角来看，在创作者从事创作行为之前，他人已经形成了具有独创性的表达结果，而之后的创作者又在已有表达的基础上加入了自己新的独创性表达。这种由独创性层层叠加而成的新作品，当中既包含原作者的脑力劳动，也包含新作者的脑力劳动，其著作权的分配相较于独创性单一来源的作品而言，也更为复杂。

在我国《著作权法》中，利用独创性的层级式叠加所形成的作品有两类，分别是演绎作品和汇编作品，立法对这两类作品的著作权归属都作了明确的规定。

演绎作品，是在保持原有作品基本表达的基础上，对原表达加以发展，并使新表达与原表达融为一体而形成的新作品。我国《著作权法》所列举的演绎方式包括改编、翻译、注释、整理等。相较而言，翻译和改编的演绎方式在实践中较为常见。例如，将英文小说翻译成中文，将小说改编成电视剧等。

对于原作的演绎，只有当演绎行为达到了独创性高度要求时才能形成演绎作品，即演绎者必须在原作品的基础上进行独立的创作。此时，在演绎作品之中，原作的独创性表达和演绎行为的独创性表达分别来自不同的创作主体，因而权利的分配应根据这一结构进行明晰的划分。按照“创作者享有著作权”的准则要求，一方面，演绎者在以他人作品为基础进行创作时，投入了创造性的智力劳动，其对演绎作品理应享有著作权，且权利的范围应及于其全部独创性的表达；另一方面，演绎作品融入了原作品的基本表达，因而原作品的著作权也体现在演绎作品之中，其权利范围则由原作者的独创性表达范围所决定。

因此，当演绎作品形成之后，其上同时包含了原作者和演绎作者的两重著作权，因而他人在利用该演绎作品时，应同时得到演绎作品著作权人和原作品著作权人的双重许可，且演绎者不能因为其创作了演绎作品，就代替原作品作者行使著作权。根据上述原理，我国《著作权法》第 13 条明确规定，改编、翻译、注释、整理已有作品而产生的作品，其著作权由改编、翻译、注释、整理人享有，但行使著作权时不得侵犯原作品的著作权。例如，某人将英文小说翻译成中文，其对翻译而成的作品享有著作权，但是，未经原作者许可，其不得出版小说的中文版，出版社想要合法出版发行中文版小说，必须同时获得原作著作权人和翻译作品著作权人的许可。

在独创性的层级性叠加模式下，汇编作品与演绎作品的原理是相通的，因而汇编作品著作权归属的结论亦不难推理。根据《著作权法》第 15 条的规定，汇编作品，是指汇编若干作品、作品的片段或不构成作品的资料或者其他材料，对其内容的选择或者编排体现独创性的作品。构成汇编作品的关键，在于对被汇编材料的选择和编排达到了独创性的要求，而达到这一标准之后，当被汇编的材料本身就是作品时，该汇编作品中也存在两重的著作权。据此，我国《著作权法》第 15 条规定，汇编作品的著作权由汇编人享有，但行使著作权时，不得侵犯原作品的著作权。①

二、独创性的并列式叠加

所谓并列式叠加，是指在创作作品时，该作品中的独创性表达同时来自两个或两个以上的创作者，且这些表达全部凝聚在一件作品之中的情形。由这种模式所形成的作品，我国《著作权法》称为合作作品，它所强调的是两个以上创作者对于一个作品的共同创作行为。

学理上通常认为，构成合作作品应满足以下四个要件：

其一，合作作品的创作者须为两个或两个以上的人，该要件决定了合作作品的独创性不是单一来源，在结构上存在独创性叠加的可能性。

其二，创作者之间须有共同创作作品的合意，他们在创作时应当意识到自己是

① 针对演绎作品和汇编作品共同具有的“两重著作权”的原理，在第三次修正《著作权法》中，立法增加了第 16 条的内容，该条明确规定：“使用改编、翻译、注释、整理、汇编已有作品而产生的作品进行出版、演出和制作录音录像制品，应当取得该作品的著作权人和原作品的著作权人许可，并支付报酬。”显然，新增内容是对“两重著作权”权利结构的全面贯彻和具体适用。

在与他人共同创作作品，若无此合意，即便各自的表达被汇编到一部作品中，他们各自的作品和之上的权利也是彼此独立的。

其三，创作者各自的表达均须达到作品独创性的认定标准，如果参与创作的人没有对作品作出独创性的贡献，在原理上则丧失了获得著作权的依据。

其四，各创作者的贡献最终形成了一部完整的作品，而只有当多个来源的表达聚合在单一客体之上时，才涉及著作权的归属和分配问题。

根据“创作者享有著作权”的基本准则，既然合作作品是两个或两个以上的人合作创作的，那么其著作权就应由各合作作者共同享有，我国《著作权法》的规定肯定了这一结论。同时，对于该类作品著作权的行使方式，《著作权法》又根据合作作品是否可以被分割使用，分两种情况加以规定——其一，如果合作作品可以被分割使用，那么在分割使用时，创作者对各自创作的部分可以单独享有著作权，但行使著作权时不得侵犯合作作品整体的著作权；其二，如果合作作品不可以被分割使用，或是没有被分割使用时，著作权的行使应由合作作者协商一致，不能协商一致，又无正当理由的，任何一方不得阻止他方行使除转让、许可他人专有使用、出质外的其他权利，但是所得收益应当合理分配给所有合作作者。[①]

可见，《著作权法》的上述规定符合著作权原理的基本价值取向，也符合民事权利的行使原理。为了切实领会制度本意，熟练运用相关规则，在学习过程中可以经常反复做如下练习：一首歌曲的创作者为多人时，著作权的归属可能是怎样的？在对外行使相关权利时，不同的情况又可能产生哪些结果？通过这样反复的训练，有助于我们对相关制度及其背后的原理产生更加深刻的理解。

---

① 对于合作作品的权利行使方式，第三次修正前的《著作权法》第 13 条中并没有明确规定合作作品在不可分割的情况下应当如何行使权利，相应的内容体现在《著作权法实施条例》第 9 条中，该条规定：“合作作品不可以分割使用的，其著作权由各合作作者共同享有，通过协商一致行使；不能协商一致，又无正当理由的，任何一方不得阻止他方行使除转让以外的其他权利，但是所得收益应当合理分配给所有合作作者。”第三次修正的《著作权法》第 14 条正式吸纳了这一规定，并在原有基础上进一步明确，除了权利转让之外，合作作品著作权的专有许可使用权和权利出质也必须经合作作者协商一致之后方能行使。

第四节 著作权归属原则的特殊适用
——作品中的多价值叠加

在著作权归属的规则体系下，除了独创性叠加这一类特殊情形之外，还有另外一种情况值得特别关注。对于某些作品来说，它虽然包含了承载创作者综合理念的独创性表达，但在作品价值的评价体系中，创作者的表达及综合理念可能并不是该作品潜在市场价值的全部来源，甚至不是作品价值的主要来源。例如，机构的组织工作、投资行为或者物质支出，都可能对作品市场价值的提升起到辅助或决定性的作用。

正因如此，为了维护利益的平衡，实现立法的多种价值目标，在著作权归属方面，这些因素就成为对此类作品进行权利分配时应当考量的具体内容。由于这些价值因素与作品的独创性一道，共同构成了此类作品权利归属的评判标准，因而可以将这种特殊情形称为“**作品的多价值叠加**”，并通过立法的具体制度加以印证。

在我国的法律实践中，最能反映这种多价值叠加的典型例证就是《著作权法》所规定的**职务作品**。根据相关条文，所谓职务作品，是自然人为完成法人或者非法人组织工作任务所创作的作品。在实践中，构成职务作品，必须满足两个要件：

其一，创作作品的自然人必须是法人或非法人组织等单位的工作人员，与单位之间存在劳动或雇佣关系；

其二，自然人创作作品的动因在于履行自己的职务，即通过创作行为来完成单位业务范围内的职责或单位专门交办的工作任务。

由上述要件可知，著作权法特别设置职务作品的著作权归属规则，在于兼顾单位和创作者两方利益。一方面，创作者的智力劳动应当得到立法的保护；另一方面，立法也肯定了单位的组织工作和物质投入给作品所带来的实际作用。因此，职务作品所产生的权利，需要在单位和受雇的创作者之间进行分配，而根据著作权归属方案的差别，又可以将职务作品分为**特殊职务作品**和**普通职务作品**。

对于特殊职务作品，我国《著作权法》规定了两种情形。

其一，主要是利用法人或非法人组织的物质技术条件创作，并由法人或非法人组织承担责任的工程设计图、产品设计图、地图、示意图、计算机软件等职务作品。[①]从该定义中所列举的几种作品类型来看，这些作品的共性在于，它们都很难依靠自然人本人的力量单独完成，其完成必须借助单位专门提供的资金、设备和资料。所以，对于这些作品来说，其市场交换价值的重要来源就在于单位所提供的强大的物力支持。既然单位对于作品的完成起到了决定性的作用，也投入了较大的成本，那么将作品之上的著作权分配给单位，使其获得对应财产利益的回报，实现利益的平衡，在逻辑上亦应成立。

同时，前文提及，对于工程设计图、产品设计图、地图、示意图、计算机软件等作品来说，创作者的创作空间往往较小，且创作者的综合理念与作品的实用功能或技术方案相比，其市场价值显然较低。所以，虽然《著作权法》在特殊职务作品的相关规则中仍然强调了创作者独创性表达的必要作用，但单位的物质投入无疑才是这些作品市场交换价值的根本来源和基础保障。据此，针对特殊职务作品中“单位投入”与“独创性表达”的多价值叠加，我国立法将著作权的归属利益更多地向单位倾斜。按照《著作权法》的规定，对于特殊职务作品，创作者只享有著作人身权中用来表明其与作品之间创作关系的署名权，以及要求单位给予一定奖励的请求权，除此之外的著作权都由单位享有。

需要注意的是，在适用特殊职务作品的这一规则时，立法对于单位的物质投入表述为：**“主要利用单位的物质技术条件创作”**。这表明，构成特殊职务作品单位只有物质支出是不够的，该表述强调单位所提供的物质技术条件应当与作品的创作直接相关，在作品的生成过程中起主要作用，且这些物质条件无法从其他地方轻易获得。例如，自然人在单位进行创作时，难免会用到单位的桌椅、电脑、纸笔、水电等随处可得的物质材料，自然人换个单位甚至自己在家创作，也能轻易获得这些物质材料。所以，即使单位拨专款购买这些通用设备，也不能就此认定相关作品是特殊职务作品。

其二，2020年第三次修正后的《著作权法》又专门增设了一类特殊职务作品的情形，即报社、期刊社、通讯社、广播电台、电视台的工作人员创作的职务作品。

在职务作品的体系中，特殊职务作品之外的其他职务作品就是普通职务作品。

---

① 第三次修正后的《著作权法》增加了“示意图”这一作品类型。

普通职务作品中依然存在单位与创作者多价值叠加的情形，但并不需要单位为此专门投入特定的物质技术条件，而只强调单位作为雇主所起到的组织作用。因此，对于普通职务作品来说，决定作品市场交换价值的依然是由创作者独创性表达所承载的综合理念，而单位的组织工作在作品的生成和价值承载方面起到的作用相对有限。

正因如此，针对普通职务作品，在单位和创作者之间分配著作权利益时，立法基本向创作者倾斜。我国《著作权法》规定，普通职务作品的著作权全部由创作者享有，但其所在单位有权在业务范围内优先使用该作品。作品完成两年内，未经单位同意，作者不得许可第三人以与单位使用的相同方式使用该作品。

例如，某高校教师按照学校的工作要求撰写本专业的教科书，作为学校系列教材的一部分。撰写教科书是该教师的工作职责所在，因而所完成的书稿符合职务作品的构成要件。但无论是稿件的具体表达还是稿件的内容，都源自该教师个人的创作行为，所属高校的投入非常有限。所以，按照普通职务作品的权利归属规则，书稿的著作权完全由该教师享有，高校作为用人单位，凭借其组织作用对该书稿有两年的优先使用权，并有权禁止该教师将书稿提供给其他高校按照相同的方式使用。而如果高校和该教师均同意将稿件交由他人以与高校相同的方式使用，所获得的报酬应由教师与高校按照约定的比例进行分配。

综上所述，作品中多价值叠加的模式将独创性表达以外的因素引入著作权归属的衡量标准之中，它体现了著作权法全面平衡作品利益关系的立法动因。在法律实践中，除了职务作品之外，还有很多情况也体现了这种多价值叠加的原理，需要立法多加关注，并设计出精细合理的利益分配方案。①

---

① 例如，我国立法中视听作品的著作权归属规则也属于多价值叠加的原理范畴。对此，第三次修正后的《著作权法》较原法的规定更为明确具体，《著作权法》第17条规定："视听作品中的电影作品、电视剧作品的著作权由制作者享有，但编剧、导演、摄影、作词、作曲等作者享有署名权，并有权按照与制作者签订的合同获得报酬。前款规定以外的视听作品的著作权归属由当事人约定；没有约定或者约定不明确的，由制作者享有，但作者享有署名权和获得报酬的权利。视听作品中的剧本、音乐等可以单独使用的作品的作者有权单独行使其著作权。"

第四章　著作权的内容——著作人身权

重点问题

- 著作人身权的概念和特点
- 著作人身权体系的构建思路
- 我国《著作权法》关于著作人身权的具体内容

关键术语

精神权利　发表权　公之于众　署名权　保护作品完整权　修改权

第一节　著作人身权的一般原理及其权利体系

按照当前大陆法系国家的分类方法，著作权的权利体系由著作人身权和著作财产权两部分构成。如果按照此种分类方式来定位著作人身权，需要明确的是，尽管在先前章节的论证中得出了“知识产权是法定权利”“著作权是法定权利”的结论，但这一表述的基础，是根据知识产权的历史起源对著作权在狭义标准上所作的认定。换言之，在大陆法系广义的著作权概念中，著作财产权是当然的法定权利，但著作人身权却不在“行政特许”的历史发展脉络之中，而是作为自然权利的表现形式，在制度发展到某一历史阶段时被纳入著作权的语境下，进而成为当前著作权体系中极为重要的权利类别。因此，若要理解著作人身权的自然权利属性，仍然要从这类权利的历史起源加以探究。

根据“著作权制度概述”一节梳理的制度发展阶段，著作人身权大致萌发于18世纪后期。彼时，欧洲大陆各国继英国之后也开始陆续建立各自的著作权制度，这一过程深受当时启蒙运动的影响，使得立法者对于作品的本质有了新的认识。自法国大革命后，著作权被提升至人权的高度，甚至《人权宣言》直接表明：**自由交流思想和意见是最珍贵的人格之一**。因此，所有公民除了在法律规定的情况下对滥用自由应负责外，可以自由地发表言论、写作和出版。基于这种认识，启蒙思想家们认为，作品的本质并不仅是一种财产的表现形态，其首先应当是作者人格的延伸和精神的反映，而这种人格层面的精神利益需要通过著作权加以确认和保护。自此，大陆法系的著作权法在制度构建方面走上了和英美法系国家完全不同的道路，相应的著作人身权体系在之后的发展进程中也逐渐完善起来。

在学理上，著作人身权作为一种精神权利，是指那些作者对在作品中所体现出的自身人格、思想、意识、情感等精神状态所享有的权利。按照这种理解，著作人身权所保护的对象，实际上是创作者作为民事主体在作品上的人格利益，其本质应看作是民法中的人格权在著作权领域内的延伸。据此，著作人身权与民法中的人格权一样，都是由民事主体专属享有的，以人格利益为客体，为维护其独立人格所必备的固有权利。作为一种典型的自然权利，著作人身权的某些特性与民法中的人格权一致，与著作财产权的特征显著不同：其一，既然著作人身权不是由行政特许而得的法定权利，那么该“天赋人权”也就没有地域性和时间性的束缚，无论在何时何地都应该得到绝对的尊重与保护；其二，由于著作人身权是对民事主体特定人格利益的承载，所以这类权利和民法中的人格权一样，不能在民事主体之间转让或继承，只能专属于特定的著作权人。

需要注意的是，著作人身权虽然与民法中的人格权有相同的权利原理，但是在具体的表现形式和运行方式上，著作人身权又展现出了自身独有的特点。

首先，著作人身权与民法中的人格权最大的不同，在于主体与客体在自然关联形态上的差异。对于人格权来说，其所保护的生命、身体、健康、名誉、隐私等人格利益无法与民事主体相分离；但对于著作人身权来说，其所保护的人格精神利益则体现在作者的作品上。作者创作作品的过程，就是表现作者独特的思想、感情、意志和人格的过程，当作品完成之后，作者的精神利益也随即注入作品之中，使得人格利益在表现形态上与主体发生了分离，这给作者相关人格利益的认定和保护带来了全新的要求，而这些需求自然也就成为著作人身权主要关注的内容。

其次，由于作品之上的著作财产权可以在民事主体之间自由流转，著作权人也可以通过许可的方式授权他人使用作品，同时，考虑到作品本身还具有文化传播的功能，所以，著作人身权在行使和保护的过程中，难免会受到著作财产权和相关政策性目的的限制，而这些限制则会在具体的著作人身权立法内容上明确体现出来。

综合上述著作人身权的原理和特征，在正式学习著作权法所规定的著作人身权体系及内容前，可以在理论上对立法内容预先进行逻辑推演。前已述及，著作人身权所指向的内容是民法所保护的人格利益在作品之上的再现，所以，凡是民法人格权已经确认保护的精神利益，著作人身权无须重复规定。需要著作人身权专门规定的，应当是基于作品之上的人格利益与作者相分离的客观事实所设计的具有针对性的人格利益的具体保护方案。按照这一思路，结合实践中的客观需求，著作人身权体系在理论上应当包含以下三个方面的内涵：

其一，著作人身权应体现作者是否愿意将其综合理念公之于众的自由。作品完成之后，作品的综合理念自然承载其中，虽然这些精神利益体现在物质载体上，且与作者的人身相分离，但该理念是否可以为公众所感知，应由作者自主决定，任何人无权干涉。

其二，著作人身权应体现作者自主设置自身与作品综合理念之间连接关系的自由。由于作品之上的精神利益在客观上与作者的人身是分离的，所以在没有特别标记的情况下，公众难以知晓作品到底是由谁创作的。因此，作品的作者应当有权决定是否通过特定的行为让他人了解作品之上人格利益的真正享有者究竟是谁，任何人无权对该项意愿加以阻碍或干扰。

其三，著作人身权应确保作者通过作品所传递的综合理念不被他人歪曲。在作者精神利益与作者人身分离的情况下，他人有可能通过对作品表达的篡改来扭曲作者的综合理念，一旦从事了相关行为，作者于作品之上的人格利益将受到侵害。所以，作者有权禁止他人从事歪曲作品综合理念的行为，并要求他人就歪曲行为承担法律后果。

为了贯彻上述内涵，我国《著作权法》在著作人身权体系中设置了四项具体的权利内容，分别是发表权、署名权、修改权和保护作品完整权。

第二节 著作人身权的具体权利内容

前已述及，著作人身权是保护作者精神利益的自然权利，其内涵包括是否将综合理念为公众感知的自由以及是否将综合理念与作者人格加以连接和绑定的自由、是否禁止他人歪曲或篡改综合理念的自由。与此相对应的，我国《著作权法》设置了四项具体权利来承接上述价值追求。以下对每项权利的内涵和作用进行具体分析。

一、发表权

按照学理通常的理解，所谓发表权，是指作者决定是否将其作品公之于众，于何时、何处公之于众，以何种形式公之于众的权利。由此定义可知，发表权所承载的是作者是否将作品综合理念为公众感知的自由。作品作为作者综合理念的反映，是否发表应当由作者自己决定，作品完成后，作者不想发表，或希望在特定时刻、特定场合、通过特定方式发表，其意愿都应得到充分尊重，任何人不得违背作者意愿擅自发表作品。

对于发表权行使的认定，关键在于如何理解“公之于众”的内涵。在发表权的语境下，公之于众是指以任意方式将作品置于为不特定多数人知悉的可能性状态之中。实践中，若要把握这一概念，应注意以下三点：首先，公之于众的基本判断标准在于作品是否已经向不特定的多数人公开，如果感知作品的人数是特定且可控的，那么该作品就尚未发表；其次，公之于众强调的是公众知悉作品内容的可能性，如果作者将作品置于面向公众开放的平台上，不论公众是否已经实际知悉或关注了该作品，该作品也已经被发表；最后，公之于众是一种不可逆的状态，作者一旦发表作品，就不可能再次发表同一作品，同理，他人未经许可将作品公之于众，发表权也只能被侵犯一次，而不能被侵犯两次。

在现实生活中，发表权与著作财产权的关系极为密切，为了防止发表权与作品的经济利益发生冲突，立法通常会对发表权进行适当的限制。例如，如果作者转让或许可他人行使未发表作品的著作财产权，那么可以推定作者已经许可发表该作品，否则著作财产权根本无法实现。此外，与其他著作人身权不可转让、不得继承、没有时间限制不同的是，我国《著作权法实施条例》设定了他人可以在不违背作者生前意愿的情况下发表作品的情形，根据第 17 条的规定，作者死亡后 50 年内，对于其未表示是否发表的未发表作品，其发表权由继承人或受遗赠人行使，无继承人或受遗赠人的，由作品原件所有人行使。

二、署名权

在著作人身权体系中，署名权是其中的核心权利。作者在作品上署名，目的在于向外界展示作者与作品之间天然的密切联系，体现了作者希望向公众表明自己为作品创作者这一身份的真实意愿。作者享有署名权，意味着他人应当尊重作者在作品与自身之间所设置的任意联系方式。

按照相关立法的规定，作者享有署名权意味着：其一，作者有权署真名来彰显作品的表达形式与思想内容来自于己；其二，作者有权署笔名或艺名来为作品设置特定的作者形象，并弱化个人的现实人格；其三，作者有权署假名或用匿名的方式让公众无法得知作品独创性的实际来源。同时，作者即便在作品发表之初暂不署名，也不意味着作者放弃了署名权，其随后可以在任意时间以任意方式披露自己的身份，他人也必须尊重作者的上述全部意愿，而不能根据自己的想法，擅自删除作者的署名、增加未参与创作者的署名，或是擅自改变作者的署名方式，否则就构成了对作者署名权的侵犯。

例如，在实践中，如果某人并未参与某作品的创作，但强行要求在该作品上加上自己的名字，或者用抄袭或巧取豪夺等方式将作品据为己有，这种未按作者意志、混淆作品与作者之间关系的行为就侵犯了作者的署名权；又如，作者在向报社或杂志社投稿时采用了笔名或假名，编辑必须尊重作者的此种行为，而不能擅自在作品上标注作者的真名，否则同样构成对署名权的侵犯。

三、保护作品完整权

所谓保护作品完整权，即保护作品不受歪曲、篡改的权利。作者拥有此项权利，意味着他人不能运用各种手段对作者所创作的作品进行形式或内容上的改动，从而使感知作品的人曲解或误解作者所传递的综合理念。作品的综合理念承载了作者的精神利益，一旦作品被他人任意改动，导致作品表现出的综合理念与作者原本期望传递的价值观念不符，使公众误认为该综合理念是由作者发出的，容易给作者的声誉造成不利影响，使其遭受精神上的损害，所以保护作品的完整本质上是为了确保作者相关的人格利益不受侵害。正因如此，多数国家的立法都认为，认定保护作品完整权是否被侵害，必须判断作品的改动是否可能造成作者声誉受损的后果，如果改动不足以影响作者的声誉，那么就不构成对于作品的歪曲或篡改，也就没有侵犯保护作品完整权。

同时还要注意，在实践中，基于合理利用作品的需要，保护作品完整权的行使也会受到一定程度的限制。例如，在建筑作品领域，如果出于对完成建筑的实际需要而对原设计进行必要的改动，并不构成侵犯原设计者的保护作品完整权。又如，在视听作品领域，如果电影的拍摄涉及对原作小说的重大修改，只要没有从根本上改变作者的原意，就不视为对保护作品完整权的侵犯。但“必要改动”“未改变原意”应作何解释，需要在个案中进行具体分析。

四、修改权

根据我国《著作权法》的规定，修改权是指作者自己修改或者授权他人修改作品的权利，未经许可，他人不得对作品内容作局部的变更以及文字、用语的修正。

从立法目的来看，我国之所以规定修改权，主要考虑到作者的观念可能会随着时间的推移而变化，对作品的修改能更好地反映作者的意志，但这一理由在逻辑上和效果上均存在疑问。一方面，作为“天赋人权”，法律即便不设置修改权，作者也有任意修改自己作品的自由，在立法上特意强调作者可以修改自己的作品殊无必要；另一方面，从利益受侵犯的角度来看，如果他人未经作者许可将原作品改编为新的作品，那么侵害的是作者的财产利益，应由著作财产权中的改编权来调整，而如果他人未经许可改动了作品的表达，其精神利益的侵害结果完全在保护作品完整权的规制范围之内，利用修改权来防止他人侵害作者利益，在逻辑上略显多余。有鉴于此，修改权的设置能否达到立法者最初所构想的社会效果，根据著作人身权体系的内涵引导，有待进一步商榷。

第五章　著作权的内容——著作财产权

重点问题

- 著作财产权体系的建构思路和体系类型
- 复制类权利的具体内容
- 复制行为的认定要件及表现形式
- 发行行为的内涵及表现形式
- 发行权一次用尽原则的内涵及正当性依据
- 传播类权利的具体内容
- 表演权和其他传播类权利的关系
- 演绎类权利的具体内容

关键术语

复制权　发行权　出租权　表演权　现场表演　机械表演　广播权
信息网络传播权　交互式传播　放映权　展览权　摄制权　改编权
翻译权　汇编权

第一节　著作财产权的一般原理及其权利体系

如果说著作人身权保护的是作者的精神利益，其权利原理在本质上是民法自然权利在著作权领域的延伸，那么著作财产权则是最能体现著作权制度原理的典型权利形态，它既表明了作为法定权利，对市场垄断份额的划分和保护模式，也展示了著作权制度政策性目的的具体实现方案，因而是学习和透彻理解著作权制度的重中之重。在对著作财产权的具体内容作透彻的分析之前，先借助已经掌握的制度原理，对著作财产权的基本运行方式和体系化构建进行框架性的解读。

根据知识产权的基本权利属性可知，著作财产权是禁止权，是公权力授予创作者禁止他人利用其作品从事市场经营活动的特权。法律之所以要给予创作者这种财产性的特许，在于创作者通过对作品的利用所获得的市场回报，能够鼓励和刺激更多的人积极投身到作品的创作活动之中，进而实现促进优秀作品创作和传播的根本目的。因此，著作权法制度效果的关键，就在于立法对著作财产权具体权利内容的设置，能否确保创作者垄断其作品之上全部的市场收益。以此为基础，以下重点探讨，以维护作者之于作品的市场垄断地位为导向，著作权立法应如何构建完善的著作财产权体系，以及其中具体的权利内容应当如何选择和安排。

根据作品的层级性结构，特定作品的市场价值在一定程度上取决于公众对于感知和利用该作品的需求度。社会公众希望感知某个作品综合理念的人数越多、感知的需求越迫切，该作品潜在的市场价值就越大。然而，让公众实际感知作品综合理念，并由此获得相应的市场回报，则必须借助具体的载体，即承载作品的物质载体和承载综合理念的符号组合方可实现。

借助作品层级性结构的模型可以清晰地看到，作者对于作品的市场垄断，实际上是对综合理念之下所有载体的有效控制，而著作财产权的禁止性内涵，就在于禁止他人从事作品综合理念的载体再现行为。换言之，著作财产权的设置，希望能达到这样一种效果——所有能够让公众感知作品的行为都要由著作权人所掌控，由此所产生的收益都要由著作权人所享有；他人未经著作权人许可利用各层载体再现作品综合理念的行为，著作权人均有权制止，他人由此种行为所得的收益，本该由著作权人获得的，也应归于权利人。

由此可见，立法对于著作财产权的设置，必须囊括可以由公众感知作品综合理念的全部载体再现行为；著作权法所列举的财产权内容，也必须杜绝由他人再现作品而从公众处获益的任何可能性。否则，遗漏任何一种利用作品营利的情形，将会使法律为权利人垄断作品财产收益的一切努力付之东流。

正因如此，在设置著作财产权的具体内容时，应当以作品综合理念的再现方式为切入点，以穷尽作品一切营利手段为目标，将公众感知作品的具体情形类型化，据此匹配相应的禁止权权项，并以此查找潜在的权利保护漏洞。按照这一思路，结合实践中所积累的经验，以载体的作品再现形式为分类标准，学理上目前将著作财产权分为复制类权利、传播类权利和演绎类权利三大项，并在各自的权利体系内设立具体的权利内容，从而确保所有的利用作品营利的行为都在权利人的控制之下。

按照上述分类方式，复制类权利是指某项作品承载于稳定的物质载体之上，可以在单位时间内供有限的公众感知，但如果通过各种手段将该物质载体制作多份并在市场上交换流通时，那些体现在每个物质载体之上的作品内容也就随着众多载体的市场交换过程为更多的公众所了解，公众向物质载体的提供者提供相应的对价。

例如，对于文字作品、美术作品来说，一本小说或一幅画的内容可能体现在一本书或一张纸上，为了克服单个文本传播范围有限的问题，人们会选择将书本或纸张复制多份，再将所有的复制文本提供给公众。而公众购买文本的动因，就在于感知作品的内容，因而通过文本发行所获得的收益，理应归作品的创作者所有。根据这一结论，著作权法为著作权人设置了针对物质载体的复制和发行行为的禁止权，即未经著作权人同意，任何人不得通过制作物质载体方式再现作品，也不得将这些载体投入市场，否则就侵犯了特定的著作财产权，并须承担相应的法律责任。

与复制类权利不同，传播类权利则描述了另外一种利用作品营利的操作手段。在实践中，某些作品在为公众感知时，依托的并不是有形固定的物质载体，而是自然人特定的行为。例如，音乐作品通过演唱或演奏行为再现，舞蹈作品通过人的肢体动作再现，视听作品通过对音像的放映行为再现，美术作品通过公开场合的展览再现等。

与文本等物质载体的承载方式所不同的是，利用特定行为让公众感知作品，其作品的承载状态并非是持续稳定的，而是随着行为的起始而存在，随着行为的终止而消失。例如，如果作品承载在书本上，不论作者是否去感知，其承载状态是一直存在的；但如果作品是承载在特定的表演行为之上，只有在表演者表演时，公众才能感知作品，一旦表演停止，感知的途径也就被截断了。

除了载体的不稳定状态之外，这种利用特定行为承载作品的方式还具有以下两个特点：其一，行为载体的感知面较文本载体更广，例如，演唱歌曲可以在同一时刻让多人同时感知，而以曲谱形式表现出的歌曲单个文本在特定时段内只能让个别人阅读；其二，随着科技的不断进步，行为载体可以通过电磁波信号、互联网等技术手段，将特定行为的传播范围在时间和空间维度上进一步扩大。鉴于对上述因素的考量，立法者认为，通过特定行为再现作品的手段理应在著作权人的控制之下，同时，权利人也应有权制止他人运用一切科技手段传播特定行为进而让公众感知作品。而这一立场，正体现了著作权法设置具体传播类权利的基本思路。

与复制类权利和传播类权利均不同的是，演绎类权利则将垄断作品利益的重心放在综合理念的表达方式之上。当某作品形成之后，其综合理念是由作者的独创性表达所承载的，但如果有人保留了作品的表达结构，仅替换了表达的符号以及符号的组合方式，那么公众依然可以通过新的符号组合来感知原作品的表达结构及其之上的综合理念。例如，将英文小说翻译成中文、将小说改编成戏剧、将剧本拍摄成电影，都属于这类情形。由于在此类方式下，原作品同样能被公众所感知，因此原作的权利人应当有权控制此类演绎行为，而演绎类权利中的禁止权权项则必须穷尽实践中所有的作品演绎方式。

以上便是著作权理论基于财产权原理所搭建的基本权利架构，当理解了这种立法思路之后，以下将对每个禁止权权项作深入系统的解读。

虽然学理上对著作财产权进行了复制类权利、传播类权利和演绎类权利这种框架性区分，但我国《著作权法》却并未充分体现这种权利分类标准，而是将所有的著作权具体权项（包括著作人身权和著作财产权）及其概念在第 10 条中一并列举出来。对于初学者来说，这样的罗列方式并不利于相关知识的理解和记忆；而对于研究者来说，弱化权利设立的理论逻辑，也会给立法内容的合理性考察带来很大的困难。因此，在对著作财产权进行分析的过程中，将继续按照学理上的分类标准，将所有的著作财产权项按照复制、传播、演绎的表现形式加以归类，并进行分别探讨。

第二节　著作财产权中的复制类权利

上一节提到，复制类权利所针对的是利用稳定物质载体所进行的作品再现和载体的市场交换行为。按照这一内涵，我国《著作权法》中的复制权、发行权和出租权应当归于此类。

一、复制权

根据法条的界定，所谓复制权，是指著作权人禁止或许可他人以印刷、复印、拓印、录音、录像、翻录、翻拍、数字化等方式将作品制作一份或多份的权利。由此定义可知，立法设置复制权，意在制止他人未经许可制作作品物质载体的行为。尽管该复制行为在实践中的表现形式十分多样，立法即便详细列举也无法穷尽，但以“让公众感知作品”为标准，复制权所控制的“复制行为”应包含两个要件。

其一，对于作品的再现应当通过该行为所制作的物质载体来实现。在有形的物质载体之上再现作品，是复制行为与其他再现作品行为的根本区别，如果并未借助有形的物质载体再现作品，那么就不构成著作权法上的复制行为。例如，将音乐作品制成 CD，将建筑作品制成小工艺品，将石碑上的文字做成拓片，将 U 盘中的电影拷贝到电脑硬盘中等，都属于典型的复制行为。但是，朗诵诗歌或演唱歌曲等作品再现方式，由于承载作品的载体并非有形物质，而是人的精神活动和具体行为，就不属于复制权所调整的对象。

其二，作品于物质载体之上的再现应当是稳定且持久的。对于复制行为来说，其最终目的在于通过载体的市场交换获得作品的财产性回报，如果作品不能稳定持久地存在于物质载体之上，该有形物质的市场交换价值势必会受到影响。例如，人们愿意出价购买图书，是希望通过阅读固定的文本来感知作品，而不是获得纸张的所有权。据此，印刷书籍的行为应当属于典型的复制行为，因为其上的文字或图画，只要不是有意去除或破坏，是可以长久存在于纸张之上的。反之，假如有人用清水在地上抄写他人的文字作品，虽然地板属于有形物质，但其上的文字只能暂时再现，很快就会随着水汽的蒸发而消失，那么就不构成对于作品的复制。

实践中，只要满足了复制行为的构成要件，再现作品的行为就应当由复制权加以控制。而在对复制行为进行认定的过程中，还应注意，复制行为并不要求作品原先具有物质载体，也不要求新的物质载体与作品的原物质载体在属性或形态上一致，甚至不要求载体在空间结构上的趋同。

具体来说，将没有物质载体的作品固定于特定物质载体之上，就形成了作品的有形复制件，该行为本身就由复制权调整。在此之后，作品可以是“从平面到平面”

的复制，如复印书本、翻拍照片、精确临摹画作、扫描传真等，也可以是“从立体到立体”的复制，如将三维的雕塑制作成同比例或不同比例的立体摆件等。

此外，即便是在平面和立体结构之间的物质载体转化，也构成著作权法上的“复制”。例如，用相机将雕塑或建筑作品拍成照片，属于“从立体到平面”的复制；将平面的美术作品制作成立体的模型玩具，则属于从“平面到立体”的复制。

同时，随着技术的发展，基于数字技术的新型数字化复制行为，也开始被解读为复制行为的具体表现形式，因而之前所说的“有形物质载体”也被赋予了更加宽泛的内涵。[①] 比如，将作品固定在磁盘、U 盘、芯片等媒介上，将作品上传至网络服务器，将作品从网络服务器下载到本地计算机，通过网络在计算机之间传送作品等，均属于数字环境中的复制，从而进入了复制权的调整范围。

二、发行权

根据我国《著作权法》的规定，发行权是指著作权人禁止或许可他人以出售或者赠与方式向公众提供作品的原件或者复制件的权利。

由这一定义可知，发行权所控制的是向公众提供作品的发行行为，而在作品载体的市场交换活动中，复制和发行是一整套连贯的行为过程。二者的关系在于，复制以发行为目的，之所以将某一作品承载于多个有形物质载体之上，就在于要将每个复制件投入市场以换取对价；而发行以复制为前提，只有先将作品放置在每个具体的稳定载体之上，才能生成可以面向公众发行的特定交换商品。

因此，复制行为和发行行为共同构建了一整套利用作品获得市场回报的具体方案，即行为人先将作品固定在多个有形的物质载体之上，再将这些载体分别提供给不同的主体，供其欣赏或感知。其中，作品的固定行为由复制权所控制，载体的提供行为由发行权所控制，如果未经著作权人许可将作品固定在有形的物质载体之上，就侵犯了权利人的复制权；如果未经著作权人许可将有形载体提供给公众，就侵犯了权利人的发行权。

基于上述理解，对发行权所控制的发行行为，应作如下理解。

---

① 第三次修正后的《著作权法》在“复制权”的概念中新增了“数字化”这一复制方式。这一改动迎合了技术的发展趋势，属于该次修正的一个亮点。

其一，针对作品载体的市场发行是一种面向不特定公众的行为。在著作权的语境下，发行行为的对象是不特定的民事主体，如果向特定主体提供作品文本，就不构成发行行为。例如，音像店出售唱片、CD，出版社公开出版小说，拍卖会上公开拍卖画作，都属于典型的发行行为。但是，如果某画家将其绘制的作品文本提供给自己的某个好友，这种非公开性的载体流转便不构成发行行为。

其二，发行行为的效果在于实现作品有形物质载体的所有权转移。通过发行行为，可以达到公众对作品的感知目的，但这种感知是以公众获得作品有形物质载体的所有权为前提的，如果公众在感知作品的过程中并未发生载体的权利移转，同样不能认为存在发行行为。例如，演唱歌曲、放映电影、展览画作，都能让公众感知作品，但公众并未在此过程中获得作品的有形载体，所以这些行为都不是作品的发行；而如果将演唱的歌曲录制下来、将电影拷贝多份、将画作翻印数版，再将这些文本提供给希望感知上述作品的公众，就进入了发行权的调整范畴。在实践中，发行的意义就在于让公众获得可以稳定持久再现作品的特定文本，以便其能够随时、反复地感知作品内容，著作权人则可以凭借自己或授权他人向公众提供的每个物质载体，要求获得作品文本所有权的人支付相应的对价，要求被许可发行的人支付许可费用，并以此达到利用作品实现经济收益的目的。

针对发行权，还应特别注意，著作权人行使该权利时，存在一定的权利效力边界，而划定这一边界的原则，学理上称之为“发行权一次用尽原则”，或称为“首次销售原则”“权利穷竭原则”。

这一原则是指，虽然将作品每个具体物质载体的所有权移转给公众的行为只能由著作权人本人或其授权的主体完成，但如果这些作品的载体是著作权人自己或授权他人制成的，且经合法的发行行为投入市场，那么当他人因此而获得了作品原件或某个复制件的所有权后，著作权人就不能以发行权为由控制该原件或复制件的再次流转，合法获得该作品原件或复制件所有权的人可以不经作品著作权人的许可，将作品文本出售或赠与他人。换句话说，作品发行权的效力只能及于作品载体的首次市场流转，一旦合法地进入市场，作品载体就不再受发行权的控制，可以基于文本所有权人的意志在民事主体之间任意流转。反之，若这一过程有任何一个环节未得到著作权人授权，就不能适用“权利穷竭原则”，文本的转售与转赠依然受发行权控制。

例如，某小说作者授权某出版社出版发行该小说 5000 本。该授权意味着，出版社获得了制作 5000 份作品载体的复制许可，以及将这 5000 份载体提供给公众的发行许可。当出版社将这 5000 本小说提供给公众后，其发行行为宣告完成，而 5000 本中的每一本小说都脱离了发行权的控制范围，小说文本的所有权人将书本转售或转赠他人的行为都与著作权人无关。但是，假如出版社在作者不知情的情况下擅自加印了 1000 本小说并销售，那么出版社就侵犯了著作权人对该 1000 份文本享有的复制权和发行权，若此时有书店购得了这 1000 本小说，再将这些小说出售，这种未经授权而进入市场的情况就不适用“发行权一次用尽原则”，书店出售图书的行为，以及随后购买者再次向公众转售或转赠图书的行为，均侵犯了著作权人的发行权。

立法之所以规定“首次销售原则”，主要基于两个方面的考虑：

其一，为作品制作有形载体并提供给公众，其目的就在于让公众通过特定的文本感知作品，而权利人则凭借文本的移转有权要求对方支付感知作品的对价。如果某一个文本的发行是经过著作权人授权的，那么发行行为完成之后，权利人就取得了该文本的等价利益，该文本的市场功能便已实现。假若这一文本随后的所有市场交换均须得到权利人同意，或再向其支付报酬，那么权利人所得财产收益显然已经超出了利用该特定载体应当获得的市场交换价值。

其二，著作权法规定发行权的主要目的，在于防止他人出售作品的非法复制件。若著作权人已经同意作品原件或某个复制件在市场上公开流通，再对买受人的转售行为加以限制，就偏离了设置发行权的立法本意。况且，法律如若授权著作权人干涉他人合法财产的自由流转，势必严重损害市场经济赖以存在的商品流通自由。据此，将发行权的效力限定在合法载体的首次销售环节，符合基本的秩序要求和价值追求。

三、出租权

除了复制权和发行权之外，我国现行《著作权法》在复制类权利中还规定了针对作品有形载体的出租权，即未经作者同意，作品载体的所有权人不得有偿许可他人利用该文本感知或使用视听作品、计算机软件的原件或者复制件的权利。[①]

通过对出租权定义的解读，也许会产生如下疑问：前述“发行权一次用尽原则”专门强调著作权人不能干涉合法取得作品有形载体的人处分其财产的自由，而法律却又规定了出租权，明确禁止拥有合法载体的人在未经著作权人同意的情况下将作品文本租给他人使用，这是否为立法的自相矛盾？

对此，应注意，法律之所以专门设置出租权，主要是因为某些作品类型在公众利用有形载体感知其作品内容的过程中，存在需要立法加以关注的特殊问题。以文字作品和视听作品相比较为例，如果公众希望感知某小说的内容，通常的做法是购买小说的文本，即便有人采用的是借阅或租赁等临时占有文本的方式感知作品，但只要渴望感知作品的公众数量足够大，作品文本的发行量并不会受到实质性的影响。但对于电影等视听作品来说，其面临的市场局面和文字作品完全不同。视听作品的制作往往需要耗费巨大的成本，所以除了在影院放映赚取票房之外，制作并发行录像带、VCD、DVD 等有形载体，也是著作权人非常重视的市场收益方式。但大多数公众在感知视听作品时，一般很少有重复欣赏的需求，缺乏购买作品复制件的欲望。因此，如果有人提供了作品复制件的商业出租服务，必将严重影响作品的发行市场。正是出于上述考虑，我国《著作权法》认为有必要对存在类似问题的视听作品和计算机软件的著作权人授予出租权，以防止未经许可的出租行为影响到这类作品的市场发行。

所以，在解读我国《著作权法》关于出租权的规定时，应当注意以下三点：

第一，出租权在原理上属于“发行权一次用尽原则”的例外情形，在视听作品和计算机软件领域，著作权人将文本投入市场之后，依然可以凭借出租权控制这些作品的复制件。

第二，受出租权调控的作品类型应严格遵照法律的规定。我国目前立法只规定视听作品和计算机软件的著作权人享有出租权，所以将其他类型作品的合法有形载体在市场上出租的行为，著作权人无权禁止。

第三，我国立法对于计算机软件的出租还有特别的规定。如果某个计算机软件

① 在《著作权法》第三次修正之前，立法对于出租权的表述为“有偿许可他人临时使用电影作品和以类似摄制电影的方法创作的作品、计算机软件的权利”，修正之后的表述为“有偿许可他人临时使用视听作品、计算机软件的原件或者复制件的权利”。

只是某个出租物上的次要附属，并不是出租行为的主要标的，那么该出租行为并不侵犯软件著作权人的出租权。例如，某人向公众出租安装了导航软件的汽车，但其中的软件系统并不是出租的主要标的，该出租行为并不会影响软件载体的发行量，因而并未侵犯权利人的出租权。

以上是我国《著作权法》中复制类财产权利的全部内容。其中，复制权和发行权明确分工，相互配合，实现了著作权人对于作品载体制作并将其投入市场的财产收益的完全控制。而出租权则是针对特定类型作品载体的出租行为的垄断，用以维护相关载体发行的市场收益效果。在相关原理的学习中，我们应以作品的文本感知模式的市场垄断效果为标准，深入理解复制类权利的运行方式，并分析我国当前相关立法在规则上是否合理，以及是否还有进一步改进的空间。

第三节　著作财产权中的传播类权利

在著作财产权体系中，传播类权利与复制类权利所控制的作品市场收益模式各不相同。其中，传播类权利所垄断的，是在不移转作品载体的情况下，由自然人特定的行为承载作品，并为公众欣赏或使用的收益方式。在作品通过特定行为进行公开传播的基本模式下，各国立法均会按照一定的标准，对不同的传播形式分别列举，并配以相应的禁止权项加以垄断性的控制。但由于形式方面的分类标准并不统一，因而各国所规定的传播类禁止权项也各不相同。我国当前《著作权法》列举了 5 种禁止权项，包括表演权、广播权、信息网络传播权、展览权、放映权。表面上看，传播类权利体系内部结构略显松散，这些权利之间也缺乏明显的关联，但实际上，根据传播行为的共性特点，结合实践中作品具体的传播方式，依然可以从权利内涵中提炼出各权利之间的逻辑联系，并以此为线索，探寻每项禁止权背后的制度设计原理。

一、表演权

表演权是在传播类权利领域内首先要探讨的基础性权利。根据我国《著作权法》的定义，它是指著作权人禁止或许可他人公开表演作品以及用各种手段公开播送作品的表演的权利。

如要理解表演权的内涵，必须先解读什么是“表演”。从历史的角度看，“表演行为”应该是与“复制发行行为”一道，在著作权产生初期就予以确认的，由权利人向公众提供作品并换取收益的最基本方式之一。这是由于当时的技术条件所限，一个作品若想为公众感知并从中获益，无非采取两种方式，要么将作品固定在稳定的文本之上并将文本出售，要么通过演员的表演行为直接展示作品的内容并收取他人欣赏作品的费用。而从理论层面解构，其中用以展示作品的表演行为，是指利用自然人的特定行为承载并再现作品表达符号的结构和组合顺序，并使公众感知作品内容的过程。

按照这一界定方式，实践中表演行为的外延非常广泛。例如，朗诵文字作品、演奏或演唱音乐作品、利用肢体动作再现舞蹈作品、演出戏剧作品等，都属于著作权法意义上的表演。前已述及，与通过复制发行行为让公众感知作品不同的是，利用表演行为所承载的作品，公众对该作品的感知不是持续的，但可能出现多人同时感知同一作品的情形。所以，权利人在利用表演行为换取市场收益时，所关注的通常是作品向公众表演展示的次数以及每次表演的受众人数。

基于上述认识，重新探究我国《著作权法》对于表演权的定义就会发现，为了让权利人能够垄断所有凭借表演行为让公众感知作品的渠道，并确保一切通过表演行为感知作品的市场对价全部收归权利人，我国立法针对当前技术迅猛发展、作品再现手段多样化的事实，对表演权的效力范围作了进一步的拓宽。权利人除了可以控制他人公开从事表演行为之外，还有权禁止或许可他人利用各类技术手段公开播送作品。在学理上，一般将前一种作品再现方式称为**现场表演**，将后一种方式称为**机械表演**。

其中，所谓现场表演，是作品表演行为的最基本形式，是指在不借助其他技术手段的情况下，由公众通过表演者的行为直接感知作品的过程。例如，公众在戏院观看戏剧、在音乐厅欣赏交响乐、在剧场观赏舞蹈时，所感知到的用以承载和再现作品的表演都是现场表演。对于著作权人来说，其拥有表演权，意味着作品的现场表演行为及所获收益，均应在其控制之下。一方面，如果是作品的著作权人自己从事表演行为，那么其有权要求每个现场观看表演的人支付感知作品的对价；另一方面，如果是其他的表演者希望现场公开表演著作权人的作品，那么其必须得到著作权人的授权许可，而双方所协商的许可费用，应综合考虑作品的市场需求程度、授权表演的期限或次数、每次现场表演的潜在人数等因素来加以确定。反之，如果他人未经许可或未支付对价，去现场观赏了著作权人的表演行为，或擅自面向公众从事了表演行为，那么著作权人便可以以侵犯表演权为由要求对方停止相关行为，并根据现场表演的市场对价要求对方予以补偿。

虽然对于现场表演行为的控制在逻辑上是周延的，但随着科技的发展，如果仍将表演权的效力限定在现场表演的领域，则必然会给权利人的财产收益带来难以估量的损失。首先，凭借当前的科技水平，个人录制他人的表演并且播放供公众欣赏是轻而易举的事情，如果法律不给予著作权人控制此类行为的正当依据，就意味着权利人丧失了对感知作品的受众人数的把控，且由播送表演行为所获得的收益也就会由播送者独占。其次，如果利用技术手段所固定下来的作品表演具有较高的视听品质，甚至其效果可以和现场表演相媲美，那么公开播放必然会在客观上造成前往现场观看作品表演的观众的流失，从而大大降低著作权人基于现场表演行为所获得的财产收益额。

因此，为了避免上述情况的出现，维护著作权人对于作品的市场垄断地位，法律将那些“利用技术手段所固定下来的表演公开予以播放”的行为也认定为表演行为，并为了与传统表演方式加以区分，而将其称为机械表演。根据这一立法设定可知，如果有人想要将作品的现场表演固定在某载体上，并面向公众予以播放，其必须得到著作权人的许可。按照载体形态的差异进行解析，其中，将现场表演固定在稳定载体之上的行为属于复制行为，而将载体上的作品公开播放的行为则属于机械表演行为。

换言之，如果有人未经许可，在观看现场表演的同时又将表演录制下来，那么他侵犯的是著作权人的复制权；如果此人又将其录制下来的内容公开播放供他人欣赏，那么该机械表演行为侵犯了著作权人的表演权。按照这一结论，可以推出，实践中，对于那些购买正版音乐 CD，并将其中的音乐作为背景，在商场、超市、餐馆、酒店、夜总会、歌舞厅等经营场所播放的行为，就属于典型的机械表演行为，若此举并未得到作品著作权人的许可，该行为就侵犯了著作权人的表演权。

以上是对于表演权内涵及认定方式的解读。在整个传播类权利体系之中，表演权作为基础性权利，处于该权利体系的核心地位。而该体系中其他具体的权利内容，均是按照表演权的基本原理所进行的制度延伸。沿着机械表演的思路继续进行推理，并按照作品的层级性结构进行分析就会发现，机械表演的本质实际上是作品载体层面的载体累加结果。

例如，某音乐作品通过“表演行为”这一载体展现作品之后，作品内容便可为公众所感知。随后，为了克服“表演行为”不稳定的缺陷，可以运用技术手段将作品连同其表演一并固定在磁带、录像带、光盘、软盘、硬盘、网络服务器等稳定的载体之上，再通过公开播放这些载体之上作品及表演的传播行为来让更多人得以接触作品的内容。因此，与现场表演相比，利用机械表演再现的作品，是三个层次的载体共同作用的结果：（1）表演者的表演行为；（2）利用技术手段制成的物质载体；（3）载体的公开运行并播放的行为。而正是这种“行为 + 物质载体 + 行为”的作品承载模式，让市场上欣赏作品表演的受众人数呈指数式翻倍。

由此可以看出，用以固定作品及表演行为的具体载体形态其实并不会对机械表演的认定带来实质性的影响，构成机械表演的关键在于“现场表演”与“机械传播”这两个行为的二重叠加。按照这一论断，在现实生活中，机械表演所指向的传播形态其实非常宽泛。正因如此，美国等国家的版权法就认为，通过广播电台、电视台广播作品以及在电影院放映电影等行为都属于机械表演，因而应当受到表演权的控制。但是，实践中，还存在另外一种立法例，认为这些行为虽然在本质上属于机械表演，但在表演形态上存在一定的特殊性，故应针对这些传播行为设置专门的禁止权项。我国《著作权法》采用的是后一种观点，所以，立法在传播类权利体系中除了规定表演权之外，还另外设置了广播权、信息网络传播权、放映权等权利内容，并由这些权利分别控制特定的作品传播行为。

二、广播权

根据我国《著作权法》的规定，所谓广播权，是指著作权人禁止或许可他人以有线或者无线方式公开传播或者转播作品，以及通过扩音器或者其他传送符号、声音、图像的类似工具向公众传播广播的作品的权利。[①] 根据传播类权利的基本原理

---

① 《著作权法》在第三次修正之后对广播权的定义进行了重新界定，修正前的表述为：以无线方式公开广播或者传播作品，以有线传播或者转播的方式向公众传播广播的作品，以及通过扩音器或者其他传送符号、声音、图像的类似工具向公众传播广播的作品的权利。

可以推知，广播权所控制的是将作品提供给公众的广播行为。抛开繁复多样的技术手段不谈，若要正确理解广播行为，我们所要明确的是，该行为的特殊性，在于将已经固定在稳定载体之上的作品及其表演行为转化成为电磁波信号，并通过专门的信号发射装置传送，再由信号的接收装置还原并予以播放。

据此，广播行为的本质可以从两个方面加以解读。首先，广播行为在表现形态上依然体现了“通过载体固定表演行为，再通过传播行为再现表演行为”的过程，因而其在原理上属于广义的机械表演；其次，与传统机械表演所不同的是，其中承载作品及表演的传播行为并不是在现场直接面向公众完成的，而要借助电磁波信号来实现信息的传递。换言之，立法之所以要专门设定权利来控制广播行为，就在于它在作品的传播过程中增加了电磁波信号制作和传递的技术需求。由此可见，《著作权法》利用广播权来专门控制广播行为，实际上就是允许权利人垄断能够承载作品及其表演行为的电磁波信号的制作和传递行为，未经著作权人同意，任何人不得将作品的文字、声音或图像转化成电磁波，也不得将该信号还原之后再公开播放出来。

在揭示了广播行为和广播权的本质之后就会发现，著作权人借助广播权，所垄断和控制的是以下两类行为。

其一，是为作品制作电磁波信号的行为。现实生活中，具备制作信号条件的主体通常是广播电台、电视台等机构，这些机构可以利用相关设备将稳定载体固定下来的作品及其表演行为转化成电磁波，而这使得作品可以借助信号发射装置和接收装置进行远距离的传递。以垄断作品财产收益为目标，作品的著作权人应当有权禁止他人制作相关的信号。

其二，是利用电磁波信号传播作品的行为。如果载有作品的电磁波信号被传递出去，并经接收装置还原后予以公开播放，那么该作品现场表演行为的受众范围就会借此被大大拓宽；如果该传播行为未经著作权人的许可，就意味着电磁波信号传播作品的受众群体超出了著作权人原先的预期，且公众在这一过程中为感知作品所支付的对价则往往被信号的制作传播机构“截取”。据此，著作权人也应当凭借广播权控制信号的传播行为。按照这一标准，在实践中，无论是传播自己制作的信号，如电视台在节目中展示他人作品，还是将接收到的由他人制作的信号转播出去，如某电视台转播其他电视台的节目内容，又或是利用扩音器、电视机等机械设备将接收到的信号向现场公众播放，如商场利用大屏幕电视让顾客观赏电视台节目，都属于作品广播权的控制范围。

三、信息网络传播权

从广播权的基本原理之中可以看出，我国立法希望在机械表演的基础之上，将那些利用专门技术手段传播作品的行为都由专门的禁止权项加以保护。按照这一推论，立法设置“信息网络传播权”实际上与设立“广播权”出于同一目的。

2001 年，我国《著作权法》为了应对互联网给著作权保护带来的新挑战，第一次规定了该项权利。从技术的角度来看，互联网与传统技术性传播模式最大的区别，在于实现了“交互式传播”，即受众可以在网络平台自主选择作品以及观看作品的时间和地点。例如，随着各类作品被上传至面向公众开放的网络服务器之后，当服务器保持开机和联网状态时，任何人都可以利用世界上任何一台联网的计算机在任意时段在线选择观看服务器中的作品。显然，通过这一技术传播作品的行为也应由著作权人所控制。

据此，《著作权法》将这种“交互式网络传播行为”定义为“以有线或者无线方式向公众提供作品，使公众可以在其个人选定的时间和地点获得作品的行为”。① 与广播行为相同的是，交互式传播行为也体现了作品在面向公众传播时的技术要求，而作为信息网络传播权的调控对象，著作权人有权控制交互式传播行为，即只要有人未经许可，将作品放置在联网的服务器上，使得公众有机会自由选择在线欣赏作品的时间和地点，就是对信息网络传播权的侵犯。比如，某视频网站将作品上

---

① “交互式传播”手段的出现给作品的传播模式带来了革命性的变化，它给传统传播类权利内容带来的冲击在于，《伯尔尼公约》原本所规定的四种传播类权利——表演权、朗诵权、放映权、广播和相关权所分别控制的“表演”“广播”“传播”等行为，均是使作品的欣赏者在指定的时间或地点被动接受作品传播的“单向”行为，故而这种“交互式”的传播方式，难以被传统的传播类权利直接吸纳。为此，世界知识产权组织于 1996 年在日内瓦召开会议，主持缔结了《世界知识产权组织版权公约》和《世界知识产权组织表演和录音制品公约》，分别赋予作者、表演者和录音制品制作者以交互式传播的专有权利。自此，通过网络传播作品的“交互式传播”行为就被正式纳入了著作权人专有权利的控制范围，而我国于 2001 年第一次修正《著作权法》时增加了信息网络传播权，正是出于加入这两个国际条约的现实目的。

传至服务器，再向公众提供专门的手机 APP，让公众利用手机软件在线自主选择观看服务器中的作品，就是典型的“交互式网络传播”。[①] 相反，即便利用了互联网平台，但网站向公众提供的是按照预定的节目表在这一时刻的特定节目，公众无法自行选择，这种定时传播就不在信息网络传播权的调整范围之内，而要由其他禁止权项加以控制。

由先前的论述可知，广播权和信息网络传播权所控制的行为，都是作品的机械表演在传播方式环节的特定技术性延伸。但我国《著作权法》中所列举的其他传播类权利却不是按照这两项权利的内在逻辑而衍生出的禁止权项，而是立法针对特定的实践情形所专门设计的具体权利外观。以下将对传播类权利余下的两项禁止权——放映权和展览权作专门的解读，虽然立法在列举这两项权利时弱化了权利之间的逻辑关系，但依然可以在权利内容的解读过程中，尝试性地提炼出我国著作权传播类权利体系的逻辑架构。

四、放映权

按照《著作权法》的定义，所谓放映权，应当是著作权人禁止或许可他人通过放映机、幻灯机等技术设备公开再现美术作品、摄影作品和视听作品等的权利。

放映行为就作品的传播方式而言，其本质依然属于广义上的机械表演，但在具体的表现形式上，又与狭义的机械表演行为、广播行为和交互式网络传播行为存在一定的差异。一方面，放映行为与广播行为和交互式传播行为的差别在于，放映行为是在现场向公众传播作品的行为，但后两种传播行为的作品受众的所在地与传播行为的最初发生地并不一致，其传播行为并不是在现场完成的。另一方面，放映行为与表演权中的机械表演行为也有所不同。在我国，机械表演仅指将对作品的表演通过机器设备予以公开播放的行为，其中包含了现场表演行为和机械传播行为的二重叠加，但对于放映行为来说，其放映的美术作品、摄影作品和视听作品，除了放

---

① 对于“电磁波信号”和“交互式传播”的明确界定和区分，是清晰划分广播权和信息网络传播权权利边界的关键。对此，第三次修正后的《著作权法》在定义广播权的内涵时专门强调，广播权的内涵绝不包含信息网络传播权，后者是一项独立的财产权利。具体参见《著作权法》第 10 条第 1 款第 11 项、第 12 项。

映这一传播行为之外，并没有独立的、专门为了再现作品的现场表演行为。

正是由于放映行为与其他传播行为之间既有相同的部分，也存在差异之处，各国对于放映行为的权利控制方式也有所不同。有的国家直接认定公开放映行为就是机械表演的一种，有的国家则专门设立放映权来控制特定作品的公开放映行为。我国《著作权法》采取的是后一种立法模式。

从放映权的内容来看，放映权意味着公开播放美术作品、摄影作品和视听作品时，应当经过著作权人的许可并支付报酬。例如，在商场、餐厅、宾馆等公开场所，在机关、工厂、学校等半公开场所，如果未经著作权人许可，利用放映机公开放映电影，侵犯的就是电影著作权人的放映权，权利人有权要求从事放映行为的人停止该行为，并支付许可费用或赔偿相应的损失。

五、展览权

根据我国《著作权法》的规定，展览权是著作权人禁止或许可他人公开陈列美术作品、摄影作品的原件或者复制件的权利。据此定义，可以进行以下两个方面的解析。

首先，展览权所控制的是作品的公开陈列行为。按照传播类权利的基本原理，之所以陈列行为也属于传播类权利控制的对象，在于该行为的本质是将稳定的作品载体放置在公开的场合，并让公众因此得以同时感知载体之上作品的过程。而与其他传播行为相比，作品载体的公开陈列行为是一种现场的作品传播行为，但同时，该行为“陈列作品稳定载体”的方式，与同为现场传播作品的“现场表演行为”和“放映行为”在表现形态上具有显著的差异，因而立法有专门针对这一行为设置禁止权项的必要性。

其次，根据我国立法的规定，只有美术作品和摄影作品这两类作品的著作权人才享有展览作品的专有权利。这意味着，在我国，文字作品、音乐作品、舞蹈作品、建筑作品等作品类型，都在展览权的保护范围之外。换言之，如果有人未经许可公开展览了一张照片（摄影作品），著作权人有权禁止其行为；但如果有人未经著作权人许可，将其已经发表的诗集手稿（文字作品）予以公开展览，并不构成对展览权的侵犯。对于作品类型的限制，使得我国立法中的展览权的保护范围远远窄于其他国家，而目前的保护范围是否恰当，需要根据实践的保护需求和保护效果进行综合分析。

另外，还需注意的是，我国《著作权法》对于展览权设置了一项例外规定。在通常情况下，承载作品的有形物质载体在市场上流转时，仅发生载体的所有权变动，而作品的著作权并不因此而发生移转。但是，我国《著作权法》第 20 条专门规定，美术、摄影作品原件的展览权由原件所有人享有。即美术、摄影作品的原件归谁所有，谁就拥有该原件的展览权，而著作权人在丧失作品原件的所有权后，也就失去公开陈列作品原件的专有权利。①

法律之所以这样规定，主要是考虑到现实生活中美术、摄影作品的原件和复制件在市场价值方面往往相去甚远，他人购买美术、摄影作品原件，往往不仅在于满足个人的欣赏愿望，也会出于炫耀或择机出售的目的，希望能够向世人展示自己的艺术收藏。如果美术、摄影作品的展览权始终由作者控制，作者有权阻止原件的所有人向公众展示作品，势必会严重影响原件购买者的利益。因此，《著作权法》对展览权作出的限制，是基于美术、摄影作品原件价值特殊性的一种特别规定。

以上是我国《著作权法》所规定的五项传播类财产权利。结合前述分析，可以提炼出传播类权利各具体权项之间的若干内在联系：从作品的传播方式来看，围绕表演行为及其机械传播手段，可以将表演权、放映权、广播权、信息网络传播权视为一类，将控制陈列行为的展览权单独视为一类；从公众感知作品的场所来看，可以将控制作品现场传播行为的表演权、放映权和展览权视为一类，将控制作品非现场传播行为的广播权和信息网络传播权视为一类。

尽管这些松散的逻辑衔接方式能够帮助我们理解立法在传播类权利体系内设置上述禁止权项的动因，但以“垄断一切利用作品获得市场收益的途径”为目标，当前这五项禁止性权利能否满足这一要求，现有禁止权项的分工是否合理且周延，既是在研究著作权制度时应当反复思考的问题，也是立法未来基于现实需要增减传播

---

① 由于美术作品和摄影作品的展览权可以为原件的所有权人享有，在实践中，此类作品之上的发表权和展览权就有潜在的冲突风险。对此，第三次修正后的《著作权法》在第 20 条中增加了第 2 款的内容——作者将未发表的美术、摄影作品的原件所有权转让给他人，受让人展览该原件不构成对作者发表权的侵犯。按照此规定，美术作品或摄影作品的作者在作品未发表的情况下将作品原件转让给他人，应视为其同意原件的所有权人发表该作品。

类禁止权项的评价依据。

第四节　著作财产权中的演绎类权利

在整个著作财产权当中，演绎类权利是继复制类权利、传播类权利之外第三大权利体系类别。前已论及，这三类权利体系的划分依据，在于让公众感知作品并换取市场对价时的手段差异。按照这一标准，由演绎类权利所控制的感知作品的方式，并不像复制类权利和传播类权利所调控的对象那样，利用稳定或不稳定的载体再现作品，而是将目标集中在作品的表达层面，即通过保留原作品的表达结构，同时替换表达的符号及符号组合，来实现作品再现的效果。运用这种方式，公众依然可以凭借原作品所形成的表达结构以及新的符号组合来感知原作品的综合理念，因此，法律理应赋予原作品的著作权人控制一切演绎作品行为的垄断地位。任何人想要利用原作的表达结构，并替换原作品的表达符号，必须得到作品著作权人的许可，否则即构成对权利人财产利益的侵犯。

根据这一思路可知，即便他人替换掉了原作品的符号及符号组合，并为其注入了新的具有独创性的表达方式，但只要原作品的表达结构依然存在，即便新的符号组合方式足以形成新的作品，这种对于原作品的演绎行为仍然在原著作权人的权利控制范围之内。对于立法者来说，其应基于这一目标为著作权人设定相应的禁止权项。就我国《著作权法》的权利内容来看，当前演绎类权利体系下禁止权项的内容实际上是结合作品独创性的层级性叠加原理，并按照实践中演绎行为的具体表现方式差异所作的分别列举，具体而言，包括摄制权、改编权、翻译权和汇编权。

一、摄制权

所谓摄制权，是指著作权人禁止或许可他人以摄制视听作品的方法将作品固定在载体上的权利。该项权利表明，凡是将某个作品，如小说、戏剧等，拍摄成电影、电视剧等影视作品，必须得到原作著作权人的同意，并按照著作权人的意愿，经协商之后，向其支付相应的费用。在摄制的过程中，原作品用以承载综合理念的符号及其组合被替换，但保留了原作者表达故事的基本结构，随后，又用连续的画面组合，填充了原作的结构框架，进而向公众再现了原作的结构和内容。但凡未经原作著作权人许可从事了这一行为，应当认定其侵犯了摄制权，并应承担相应的后果。

二、改编权

根据《著作权法》的界定，所谓改编权，是著作权人禁止或许可他人“改变作品，创作出具有独创性的新作品的权利”。而法条中所说的“改变作品”，实际上就是保留原作基本表达结构，但替换了原作表达符号及组合方式的过程。这一行为是否受改编权控制，不在于他人所填充的符号组合能否达到生成新作品的独创性标准要求，而在于原作的表达结构在新作中是否继续予以运用和保留。例如，将长篇小说改编成电视剧剧本，将抒情歌曲改编成重金属摇滚乐，将话剧改编成歌剧或舞剧，虽然当中的新作品之于原作品来说都存在表达符号及其组合的增删或替换，但整体的表达框架依然延续了原作品的基本结构，因而这些改编行为都应由原作著作权人的改编权所控制，他人从事相关行为均应获得权利人的许可。

三、翻译权

我国《著作权法》所规定的翻译权，是指著作权人禁止或许可他人将作品从一种语言文字转换成另一种语言文字的权利。由此定义可知，翻译作为一种作品的演绎行为，主要体现在文字作品领域。在翻译的过程中，原文字作品所选用的语言符号被替换，同时翻译者又选用了新的语言来表达原作品的主要内容。在实践中，这样的翻译过程往往能够使原作品的著作权人在其他国家、地区或各民族之间实现受众群体的进一步拓宽，进而获得新的经济利益。因此，翻译权理应控制那些诸如将中文小说翻译成英语等其他语言的行为，而未经许可进行的翻译，当然侵犯了著作权人的翻译权。

四、汇编权

所谓汇编权，是指著作权人禁止或许可他人汇编自己作品的权利。根据在著作权主体归属的章节中所提到的“汇编作品”的内涵进行推理可以得出，汇编行为，是指汇编若干作品、作品的片段或不构成作品的资料或者其他材料，对其内容的选择或者编排的过程。按照这一界定，汇编行为在本质上与演绎行为截然不同。其中，演绎行为以表达符号的替换为其典型表征，而汇编行为只是将他人的表达全部或部分放置在自己的作品之中，这一过程并不涉及对于原作品的表达符号进行替换的问题。因此，在对行为性质进行界定时，一定不能将汇编行为看作演绎行为的一种具体形式。值得说明的是，之所以此处仍然将控制汇编行为的汇编权看作演绎类权利的一部分，是因为与复制、传播等行为相比，汇编行为和演绎行为一样，均是对作品表达层面的利用，进而实现再现作品的目的。有鉴于此，姑且“粗糙地”将汇编权放置在演绎类权利体系中，以方便对著作财产权的三大体系作直观的比照和解析。

但是，就汇编权本身而言，学界有很多学者认为，我国《著作权法》设置汇编权其实并无必要。这是因为，汇编权所控制的汇编行为，无非利用他人的作品形成汇编作品，并在后续加以利用。但在这一过程中，无论怎样展现汇编作品，都必须依托各类稳定或不稳定的载体加以承载。假如汇编行为未得到原作品著作权人的许可，那么根据作品的载体形式，一定可以在复制或传播类权利中找到对应的禁止权项对这一行为加以控制。例如，汇编作品未经许可出版发行，侵犯的是被汇编作品的复制权和发行权；将汇编作品上传至服务器供他人上网自主选择并感知，侵犯的又是信息网络传播权。可见，汇编权的设置与其他禁止权项在保护范围方面存在重叠，立法中是否应予保留有待商榷。

以上是对我国《著作权法》所规定的每一个具名的著作财产权的逐一分析。还需注意的是，《著作权法》在条文中还规定了一项额外的禁止权，即“应当由著作权人享有的其他权利”。对于这一项中的“其他权利”，应作如下解读：按照学理上的建构，著作财产权中的禁止权项应当能够让著作权人垄断一切可因作品的市场交换而获利的行为，但基于现有的具体禁止权项，并不能确保当前立法一定可以达致这一目标。同时，随着技术手段的不断丰富，新的作品再现方式又将会给成文法的跟进带来极大的挑战。因此，立法用“其他权利”这一“兜底条款”，将著作财产权有必要控制但无法归类于当下各禁止权项的行为交由该条款来调整，既填补了当前可能存在的立法漏洞，也为将来新情况的解决提供了制度的适用空间。

第六章 邻接权

重点问题

- 邻接权制度的产生原因
- 我国邻接权体系的构建思路
- 表演者权的法律关系结构及其权利体系
- 录制者权的法律关系结构及其权利体系
- 广播组织权的法律关系结构及其权利体系
- 版式设计权的法律关系结构及其权利体系

关键术语

表演行为 表明表演者身份权 保护表演形象不受歪曲权 现场直播权
首次固定权 职务表演 许可电视台播放权 转播权

第一节 邻接权制度的生成原因及我国的邻接权体系

前文述及，狭义的著作权，特指法律所设置的著作财产权，但在广义著作权的语境下，它还包括了著作人身权和邻接权的内容。自本节起，后文将专门针对“邻接权”这一概念作全面而细致的解读。

若要准确理解邻接权的内涵，必须明确以下几个问题：邻接权所保护的客体是什么？著作权法为什么要设立邻接权？邻接权和狭义著作权之间又是怎样的关系？为了回答上述问题，首先需探讨邻接权产生的主要原因。

在著作权制度的发展过程中，随着著作权理论和立法框架的建立，制度在实践的运用过程中逐渐产生了困惑：著作权所调整的对象是具有独创性的作品，这就表明，只要是没有达到独创性高度要求的智力劳动成果，是不能得到狭义著作权保护的。但是，就某些独创性不足的智力劳动成果而言，它可能又具有一定的市场价值，若将其排除在著作权的保护范围之外，对从事相关劳动的主体来说并不公平。有鉴于此，为了弥补著作权制度在智力成果保护范围方面的不足，立法专门设置了邻接权体系，用以保护那些未能体现创作者个性或创造性高度不够的智力劳动成果。

举例来说，在表演活动领域，从作品的层面来理解，表演者所从事的表演行为属于再现作品的载体形态之一。而就该行为本身来说，在这一过程中，表演者虽然也可以对作品表达出自己独到的理解，并且有可能展现出特别的艺术感染效果和较高的艺术价值，但本质上，表演行为本身并不是在创造作品，表演者只是严格按照作品的要求将作品内容通过自己的行为加以呈现，即便其再现作品的行为充分展现了专属于个人的激情、表演特点和艺术价值，但在独创性理论的视角下，表演者在这种作品的展现过程中所进行的艺术性发挥，相对于作者对作品的创作而言，其独创性程度是很低的，因而大多数国家都认为，由表演者表演而生成的智力成果不是作品，不能得到狭义著作权的保护。

显然，如果没有其他制度加以弥补，这样的结论在实践中可能会造成严重的利益失衡。对于感知作品的公众来说，其在观赏表演者表演作品的行为时，所关注的或迫切希望欣赏到的，有时未必是作品，而恰恰是表演者独一无二的表演技艺和不可替代的艺术价值。但假如因为表演行为没有达到独创性高度而不给予其相应的权利保护，就意味着他人可以不经表演者的许可，通过技术手段录制并向其他公众传播其表演行为。由于表演者无权限制他人对表演行为的录制和传播，就会导致愿意购票亲临现场观赏表演的人数减少，表演者的收入可能因此而锐减，表演行为的录制传播者却有机会获得可观的收益。因此，为了在不打破原有制度体系的情况下，以较小的立法成本解决实践中所存在的利益失衡问题，多数国家选择为表演者专门新设相关的权利，以对其劳动成果加以有效的保护。

从这一具体的示例中可知，著作权制度中所设立的邻接权，是专门用于保护那些独创性程度不高但又与作品有一定联系的劳动成果的权利。根据此类权利的生成原因及产生过程，邻接权与传统的著作权既有联系又有区别：一方面，邻接权的制度设计参照了传统著作权的基本架构，二者在权益保护的原理方面相互贯通，可以直接根据著作权的基本理论来理解邻接权的权利内容；但另一方面，邻接权的客体相较于作品来说独创性不足，其所保护的智力劳动成果的独创性高度要低于作品，因而其受到的保护水平也就相对较低，具体而言，邻接权的权利保护范围要窄于著作权，其受法律保护的时间也较著作权而言更短。

在理解了邻接权的产生原因及其与著作权的关系之后，接下来的问题就在于立法究竟规定了哪些邻接权，即哪些未构成作品的智力成果需要得到著作权法的专门保护。对此，出于制度原理和政策目的的差异，各国所设置的邻接权内容不尽相同。就我国立法而言，目前，《著作权法》共规定了四项邻接权，即表演者权、录音录像制作者权、广播组织权、版式设计权，分别用来保护表演者的表演活动、录音录像制作者所制作的录音录像制品、广播组织制作并传送的广播信号、出版者对于出版物的版式设计。就现有的这些邻接权类型而言，结合基本的权利原理，对我国的邻接权体系产生应作如下理解。

首先，邻接权的设立，是立法对特定非作品智力成果是否加以保护的评判和筛选过程。与狭义著作权相同的是，邻接权的本质也属于法定权利的范畴，其权利类型的设置及保护对象的确立，是以国家公共政策目的为价值取向的。为了实现本国的文化繁荣，鼓励民众积极投身文化创作活动，立法者在认为有必要时，对非作品的智力成果设定专门的法定权利外观，以确保此类智力成果的创造者能够获得相应的物质奖励。目前，我国《著作权法》只规定了四项具体的邻接权类型，这就表明，在我国只有这四类邻接权所调整的非作品智力成果能够得到《著作权法》的保护。除此之外，只要智力成果没有达到独创性高度要求，就不在广义著作权的调控范围之内。

其次，邻接权的运行方式，在于帮助权利人垄断非作品智力成果的市场交换价值，以确保所得财产利益归智力成果创造者所有。与著作财产权一样，邻接权也主要呈现出禁止权的形态，即未经权利人许可，他人不得利用权利所指向的智力成果在市场中获益。而在具体的权利内容方面，每种类型的邻接权所控制的都是实践中利用特定智力成果获利的惯常方式，且立法为每种获利方式都配备了相应的禁止权项，以维护权利人的市场垄断地位，并确保其对法定市场份额的有效控制。

最后，我国《著作权法》将邻接权的保护对象集中在作品的传播行为上。在立法已经规定的四类邻接权中，除了保护出版物版式设计的权利之外，其他三类邻接权所保护的均是作品的各种传播行为，而主体均为作品的传播者。例如，表演者向公众表演作品，录制者将表演活动固定在有形载体上并提供给公众，广播电台、电视台将作品制成电磁波信号发送出去，都属于作品典型的传播方式。立法者认为，上述行为除了可以让公众感知作品之外，其自身也具有独立的市场价值，因而在其独创性不足的情况下，有通过设立邻接权对其加以保护的必要。这也就是有学者将我国的邻接权又称为传播者权的原因。[①] 以下将按照传播行为的逻辑脉络，对每一种邻接权类型作系统的解读。

第二节　表演者权的制度架构及其权利内容

作为著作权制度当中一项非常重要的邻接权，表演者权是指表演者对其表演行为所享有的专有权利。前文已经解读了立法为表演者专门设立邻接权保护其利益的必要性，也明确了表演者权与传统著作权具有相同的权利属性和权利运行方式。参照传统著作权的制度结构，以下就权利客体、权利主体和权利内容等方面，对我国《著作权法》中的表演者权规则加以分析。

一、表演者权的客体

表演者权的客体就是表演者的表演行为，即表演者根据自己对作品的理解和阐释，以自己的声音、动作、表情或借助乐器等道具再现作品表达与理念的过程。虽然该行为的结果不能产生达到作品独创性高度要求的表达，但由于表演行为本身具有一定的市场价值，因而立法针对该行为划定了专门的市场垄断份额，并基于此为表演者设定了具体的禁止权内容。

按照这一设定，在实践中，未经权利人许可，固定并传播他人的表演，都将

---

① 无论是“邻接权”还是“传播者权”，本身都是学理上的概念，我国的《著作权法》在条文中并没有采用这些名称。第三次修正前的《著作权法》将规定邻接权内容的章节命名为“出版、表演、录音录像、播放”，修正后的章节名则为“与著作权有关的权利”，而立法内容主要都是各类具体邻接权的相关规定。

被视为侵犯表演者市场垄断性收益的行为，权利人有权加以制止。同时还应注意，如果表演者就某一作品从事了多次表演再现行为，不论每次表演所呈现的表演特点和艺术价值是否相同，其每次表演都是一项具体的劳动成果，因而表演者对每一次表演行为都享有独立的表演者权。例如，某歌唱家在广州表演了一首歌曲后，又在上海进行了相同作品的表演，那么该歌唱家对这两次表演行为分别享有表演者权。如果该歌唱家在广州表演时授权他人直播或录制自己的表演，并不代表他人就此可以直播或录制该歌唱家在上海的表演。

二、表演者权的主体

与客体相对应，表演者权的主体就是从事表演行为的人，即表演文学、艺术作品的演员、歌唱家、音乐家、舞蹈家等表演者。按照这一理论认定，享有表演者权的表演者，必须是通过自己的表演行为再现作品的人。这就意味着，如果被“表演”的对象不是著作权法意义上的作品，那么从事此类活动的人就不是著作权法意义上的“表演者”，也就不享有表演者权。

比方说，两个乒乓球运动员为观众带来了一场乒乓球“表演赛”，虽然二人不是在争夺比赛的胜利，而是在表演和展现他们高超的球技，但由于体育赛事本身并不是作品，所以运动员并不是邻接权视野下的表演者，也就不能基于“表演赛”生成相应的表演者权。

反之，如果通过表演行为再现了符合著作权法所定义的“作品”，那么从事该行为的人就属于表演者权的主体范畴，而不论该作品是否已过保护期，或曾经受到过著作权法的保护。例如，某人当众深情朗诵唐诗或宋词，尽管这些诗作是著作权法出现之前就创作完成的作品，从来没有受到过著作权法的保护，其创作者也从未获得过其上的著作权，但这些诗词显然符合著作权法关于“作品”的定义，因而通过朗诵再现诗词内容的人就属于著作权法中所规定的表演者，能够基于其表演作品的行为获得表演者权。

三、表演者权的权利内容

前文述及，邻接权的权利内容均是参照著作权的设置原理构建起来的，而作为邻接权体系中的典型权利代表，表演者权的权利体系与传统著作权的基本架构较之于其他邻接权而言更为接近。一方面，表演者权当中保护表演者财产利益的禁止权项，也是根据“利用智力成果获取市场交换价值”的具体手段进行设定的；另一方面，表演者权是唯一与传统著作权一样，对表演者精神利益加以保护的邻接权。之所以表演者权同时包含人身权利和财产权利，主要原因在于表演行为与表演者个人对作品独特的艺术理解和表达方式紧密相连，所以在某种程度上，也可以将表演行为看作表演者人格的延伸。基于这一认知，可以对表演者权的内容从人身权和财产权两个方面分别解读。

首先，对于表演者的人身权而言，它是保护表演者精神利益的自然权利。目前，我国《著作权法》为表演者设置了两项具体的人身权项，分别是**“表明表演者身份权”**和**“保护表演形象不受歪曲权”**。其中，“表明表演者身份权”在内涵上比照的是著作人身权中的署名权，即表演者向公众公开自己身份的权利。在实践中，主持人播报节目表演者的身份，在节目单上印制表演者的姓名，在音像制品中列出表演者的名单，都是对表演者相关精神利益的尊重。“保护表演形象不受歪曲权”，是指表演者有权禁止他人对其在表演活动中所表现出的艺术形象加以歪曲和篡改，防止对表演者的声誉和声望造成损害，其在内涵上参照的是著作人身权中的保护作品完整权。例如，某表演者深情演唱的抒情歌曲，其录音被他人通过技术处理，做成了搞笑滑稽的音效，使得原有的表演艺术效果完全丧失，就是对这一权利的侵犯。

其次，对于表演者的财产权而言，它是维护表演者财产利益的法定权利。目前，根据实践中表演者利用其表演行为获利的具体方式，我国《著作权法》共规定了四项具体的禁止权。

（一）现场直播权

所谓“现场直播权”，即表演者有权禁止或许可他人以无线方式传送表演活动的信号，使远端公众借此感受表演活动的权利。如果立法没有规定该项权利，则意味着他人可以随意将表演者的表演活动通过技术手段向现场之外的公众直播，而表演者却无法在这一过程中得到任何财产收益，这势必会严重损害表演者的经济利益。

（二）首次固定权

所谓“首次固定权”，是指表演者有权禁止或许可他人将其表演行为固定在录音录像制品之上的权利。在对特定的表演行为进行录音或录像之前，该表演行为并不存在稳定的物质载体，但经录音录像之后，表演行为被首次固定在有形的复制件上。通过这种方式，该表演行为可以通过录音录像制品的播放行为而为公众随时感知，对表演者的利益会产生重大影响，因而有授权表演者对该权利加以控制的必要。

（三）复制、发行、出租权

这是指表演者有权禁止或许可他人复制、发行、出租录有其表演行为的录音录像制品的权利。[①] 与狭义著作权中的复制权和发行权的原理相同，当表演行为被固定在有形的载体之上后，将该载体复制并面向公众发行或出租，会让大批公众有机会在表演现场之外的场所随时感知表演行为，而为了避免表演者的利益因此遭受损失，立法专门规定这一禁止权项。

（四）信息网络传播权

这是指表演者有权禁止或许可他人将录有表演行为的音像制品上传至网络，供公众选时选地欣赏的权利。与狭义著作权中的同名权利相同，该权利在于控制“交互式”的网络传播行为，以确保表演行为在这一传播过程中的市场收益能够为表演者所控制。

四、职务表演行为中的表演者权归属

根据我国《著作权法实施条例》，表演者，是指演员、演出单位或者其他表演文学、艺术作品的人。[②] 从表演行为的具体内涵进行分析，这样的认定在逻辑上其实是存在问题的。具体而言，表演的本质是用人的特定行为来承载作品，而该行为只能由自然人来完成，演出单位只能是表演行为的组织者，而不可能是表演行为的具体实施者。按照《著作权法实施条例》的这一表述，就意味着法律承认演出单位也有可能成为表演者权的权利主体，这样一来，就可能造成实践中演员和演出单位就表演者身份以及表演者权利归属上产生纷争。

对此，第三次修正的《著作权法》增加了“职务表演”的相关规定。根据规定，

---

① 其中，表演者所享有的出租权为《著作权法》第三次修正后增加的权利内容。

② 参见《著作权法实施条例》第5条第6项。

所谓职务表演，是指演员为完成本演出单位的演出任务所进行的表演。在构成职务表演的情况下，表演者权当中的“表明表演者身份权”和“保护表演形象不受歪曲权”仍然由演员享有，而其他财产性权利的归属则需要演员和演出单位作出约定，在双方没有约定或约定不明确的情况下，这些财产权利由演出单位享有。此外，如果职务表演的财产权利约定由演员享有的，演出单位可以在其业务范围内免费使用该表演。[①]

由此可见，《著作权法》在第三次修正之后，实际上不再承认演出单位可以成为表演者，而对于演员和演出单位之间的权利纷争，则参照职务作品的相关原理，通过引入“职务表演”的概念来实现二者的利益平衡。法律增设相关规定的做法是值得肯定的。

以上便是关于表演者权的主要制度内容。在深入学习的过程中，应当注重该权利与传统著作权在原理和内容方面的比较，以便透彻领会表演者权的制度价值和制度效果。同时，借助对表演者权的系统解构，对理解我国其他邻接权类型也会大有帮助。

第三节 我国邻接权制度中的录制者权、广播组织权和版式设计权

上一节以表演者权为代表，系统阐述了邻接权制度的产生原因和运行方式。本节将分别介绍我国《著作权法》所规定的其余三项邻接权。

一、录音录像制作者权

根据作品传播的基本原理，通过现场表演行为再现作品，其载体结构并不稳定，公众对作品的感知会随着表演的完结而中断。而如果利用技术手段将作品及其表演固定下来，就为作品和表演者的表演提供了稳定的载体形态，从而克服了现场表演不能稳定持续再现作品的弊端。对于作品及其表演进行固定的这一行为而言，狭义

① 参见《著作权法》第 40 条。

著作权与邻接权所关注的重点各不相同：对于作品的创作者来说，作品的固定客观上扩大了作品的受众面，因而从事该行为必须获得著作权人的许可；而对于利用技术手段固定作品及其表演的人来说，将作品及表演固定下来，是注入其劳动的具体结果，虽然该结果并未达到著作权所要求的独创性高度，但在客观上却为公众随时随地欣赏作品提供了相当的便利，具有一定的市场价值，也就产生了通过专门的法定垄断权利加以保护的必要。

正因如此，在邻接权体系中，保护作品及其表演的固定化成果，是立法实践中设置具体邻接权类型的现实动因和必然要求。而针对这种将作品及表演固定在录音、录像制品上的具体操作方式，我国《著作权法》规定了录音录像制作者权，以实现录音录像的制作者对其劳动所产生的预期市场收益的垄断和控制。由此，理论上一般认为，所谓的录音录像制作者权或录制者权，是指录音、录像制品的制作者对其制作的录音、录像制品所享有的禁止或许可他人利用的专有权利。而在该法律关系中，权利主体是首次制作录音、录像制品的人，权利客体是录音制品和录像制品中被制作者固定下来的录音和录像，如磁带、光盘等。

同时，在理解录音和录像制品时应注意，虽然为录音录像设置专门的邻接权类型，其动因在于保护那些将作品及其表演固定下来的劳动行为，但在现实操作中，录音录像制品除了可以固定并承载作品及表演行为之外，即便其固定的声音或画面根本不构成作品，所生成的劳动成果也能得到录制者权的保护。例如，通过技术手段录制的体育赛事，录制的自然界的各种声音，都是录制者权的控制对象。

在权利内容方面，录制者权并不包含主体人身利益的保护，而是同著作财产权原理一样，通过具体的禁止权项控制利用录音录像制品获利的主要手段。按照这一思路，我国《著作权法》的录制者权包括：禁止或许可他人将声音和画面固定在另一载体上的复制权；禁止或许可他人以出售或赠与的方式向公众提供录音、录像制品的发行权；禁止或许可他人将录音录像制品中的内容上传到网络，实现交互式传播的信息网络传播权；禁止或许可他人向公众出租录音、录像制品的出租权。这些权利无论是录音制作者还是录像制作者，均有权行使。除此之外，我国立法还设置了专属于录像制作者的权利——许可电视台播放权，即电视台在播放录像制品之前，应当先取得录像制作者的许可授权。由于录音制作者并没有这项权利，所以电视台播放录音制品前，无须征得录音制作者的同意，但应当向录音制作者支付报酬。

二、广播组织权

在权利的设计原理方面，广播组织权与录制者权基本相同，其保护的对象均是将作品及表演固定下来所产生的劳动成果，二者的不同主要体现在固定作品及表演的技术手段差异。对于广播组织权来说，其关注的是将作品及表演承载于电磁波信号的稳定结果。在这一法律关系当中，权利主体是可以制作电磁波信号的广播电台、电视台等广播组织，而权利客体就是广播组织制作而成的节目信号。由于这些信号具有一定的市场价值，所以立法通过广播组织权的设置，赋予广播组织垄断其节目信号财产利益的特权。同样，在实践操作中，即便广播电台和电视台利用信号所固定下来的内容并不构成作品，信号本身也仍然受广播组织权的调整。

在权利内容方面，广播组织权也不包含对人身权的保护，而是针对具体的利用广播信号获利的方式，授予广播组织禁止他人从事相关行为的权利依据。目前，我国《著作权法》的广播组织权包含三项禁止权内容：其一是转播权，即广播电台、电视台禁止或许可其他广播组织以有线或者无线方式播放其节目信号的权利，而未经许可转播他人制作并播放的节目信号，势必导致他人听众或观众数量的减少和广告收入的降低，从而造成财产利益的损失；其二是录制、复制权，即广播电台、电视台禁止或许可他人将其制作并播放的节目信号录制在音像载体上以及复制音像载体的权利。例如，未经电视台许可将其播放的节目录制下来，并且制作成DVD光盘，侵犯的就是这一权利；其三是信息网络传播权，即广播电台、电视台禁止或许可他人将其制作的节目信号通过互联网的交互式传播向公众播送。[①]

三、版式设计权

我国《著作权法》除了规定与作品传播紧密相关的表演者权、录制者权和广播组织权三类邻接权之外，还专门规定了一项特殊的邻接权——版式设计权。根据《著作权法》的规定，版式设计权是指出版者禁止或许可他人使用其出版的图书、期刊的版式设计的权利。由此定义可知，该权利是为版式设计者所提供的禁止权保

① 其中，针对广播组织所制作的节目信号的信息网络传播权，是《著作权法》第三次修正之后增加的权利。

护。版式设计，是指对图书、期刊等印刷品的版面格式的设计，包括对版心、排式、用字、行距、标点等版面布局因素的安排。不同的出版者即便出版同一部作品，其版式设计也往往是不同的，这些设计成果承载了设计者的脑力劳动。虽然这种设计无法达到作品独创性的高度要求，但放任其他出版社随意使用已经生成的版式设计，对设计者而言并不公平。

有鉴于此，我国《著作权法》认为出版者的这种劳动成果应当得到法律的保护，而其他出版者未经许可，采用了完全相同或基本相同的版式设计，权利人有权加以制止。例如，某出版社出版了一部小说，其发行的文本必然包含了该出版社的版式设计，那么其他出版社随后也想要出版这部小说，就不能采用相同的版式，否则就侵犯了原出版社的版式设计权。

以上就是关于我国《著作权法》中邻接权体系的全部内容。通过对立法规定的四类邻接权的系统梳理可以看出，在著作权立法对作品有独创性高度要求的情况下，邻接权的设置有效弥补了特定领域内智力成果财产利益保护的漏洞，进一步提升了著作权制度在公共政策层面鼓励创作、促进文化繁荣的积极效果。但就我国当前的邻接权立法而言，与其他著作权法律体系较为成熟的国家相比，目前邻接权的保护对象主要集中在作品传播者的劳动成果上，保护范围明显过窄。而稀少的邻接权数量不仅给司法实践带来利益保护方面的困境，也会进一步加剧我国著作权立法独创性标准不统一的问题。因此，为了避免司法实践中为了保护独创性程度较低的劳动成果而随意降低独创性标准的情形，参考其他国家立法，笔者认为，合理增加邻接权种类是我国著作权相关的法律规范未来应当考虑的发展方向。

第七章 广义著作权的权利保护期限

重点问题

- 著作财产权保护期的立法动因和一般规则
- 著作财产权保护期的特殊规则
- 邻接权保护期的基本规则

关键术语

保护期最低标准 有生之年加死后若干年 创作完成 首次发表

著作权的本质和核心是法定权利，其根本目的在于通过划定市场垄断份额来达到鼓励创作的客观效果。所以，为了防止权利人基于其市场垄断地位钳制公众的创作自由，并限制公众对智力成果的充分运用，著作权制度不会允许著作权人永久地独占市场，而必须给其中的法定权利设置相应的保护期限。换言之，著作权一般只在法律规定的保护期之内有效，一旦超过这一期限，权利人便不再享有著作权，在此之后，公众可以不经著作权人的同意，任意地利用智力成果，也不用向权利人支付任何报酬。本章将系统探讨我国《著作权法》对于著作权的保护期限的具体规定。

首先应当明确，著作权分为人身权和财产权两大类。其中，只有作为法定权利的财产权项才存在保护期限的问题，著作人身权反映的是作者与作品之间客观的人格利益联系，这种真实的客观联系不应随着时间的推移有任何改变。由此，我国《著作权法》规定，对作者署名权、修改权、保护作品完整权的保护没有期间限制，只有发表权因其与著作财产权联系紧密，兼之为了促进作品在社会中的传播，才特别参照著作财产权的规则，为其专门设置了保护期间的限制，作品的发表权保护期一般与该作品的财产权保护期保持一致。

对于著作权法中的财产权而言，为其设立保护期，是国家公共政策、权利人权益、公众利益三方平衡下的结果。因此，各国立法最初为著作权设置的保护期限往往各不相同。之后随着《伯尔尼公约》和《世界版权公约》成员国数量的日益增长，以两个公约的要求为基准，各国对著作权保护期的规定趋向一致。我国作为两个公约的成员国，在制定本国著作权法时，参照的是保护期相对更长的《伯尔尼公约》所要求的最低标准，最终形成了我国著作权保护期的一般规则。但需要注意的是，著作权所保护的客体类型多样，不同类型的作品基于不同的情况，法律保护的力度各不相同，具体的保护期规则也就有所差异。同时，在邻接权方面，尽管其参照了狭义著作权的规则原理，但其保护的客体独创性往往较低，法律所给予的保护力度相对较弱，保护期较之于狭义著作权也就更短。因此，在对我国《著作权法》中所有权利的保护期作全面解读时，可以按照“著作财产权保护期的一般规则”、“著作财产权保护期的特殊规则”以及“邻接权保护期规则”这三个层面进行分别列举。

一、著作财产权保护期的一般规则

在通常情况下，各国著作权立法为了鼓励本国民众投身作品创作，对于民众所创作的作品，往往会选择采用著作财产权的保护期为作者有生之年加死后若干年的保护期规则。按照这样的规则，只要作者在世，其作品的著作财产权就不会消灭；而在作者去世之后，在法律规定的特定年限内，作者的继承人或受遗赠人还可以继续行使作品的财产权，超过年限后，著作财产权便不再受到法律的保护。关于作者死后的具体年限，我国《著作权法》根据《伯尔尼公约》的最低要求，规定了 50 年的权利保护时长，将著作财产权的效力截止于作者死亡后第 50 年的 12 月 31 日。按照这一规定，假如某人于 2005 年 4 月 7 日创作了一首诗，那么自创作完成之日起，该作者自动取得了作品的著作权。之后，如果诗歌作者于 2010 年 7 月 6 日死亡，该首诗的著作财产权将会截止于 2060 年的 12 月 31 日。

同时，根据一般规则的原理，需要注意的是，对于合作作品而言，其独创性源于多个作者，为了充分保护最后死亡的作者的权利，遵循国际通例，我国《著作权法》规定，合作作品的著作财产权的保护期，截止于最后死亡作者死亡后第 50 年的 12 月 31 日。合作作者之一死亡后，其对合作作品享有的著作财产权无人继承又无人受遗赠的，由其他合作作者享有。

二、著作财产权保护期的特殊规则

在一般规则的基础上，我国《著作权法》又针对权利主体和权利客体的特殊情况，对权利的保护期作了特别规定。

（一）法人作品和特殊职务作品

由于特殊职务作品除署名权外，其他权利均归单位所有，而法人作品更是将全部著作权划归法人或非法人组织等非自然人主体，此时显然不能以权利主体的自然死亡日期作为50年保护期的起算点，兼之该类作品所承载的自然人的独创性价值相对较低，因而我国《著作权法》规定，法人或非法人组织的作品，著作权（署名权除外）由法人或非法人组织享有的职务作品，发表权的保护期为50年，截止于作品创作完成后第50年的12月31日；著作财产权的保护期为50年，截止于作品首次发表后第50年的12月31日。但是，作品自创作完成后50年内未发表的，著作权法不再保护。

（二）视听作品

由于此类作品必须借助专门的机械设备方可完成创作，较之于其他作品而言，其独创性相对较低，因而立法所规定的保护期一般要短于其他作品类型。我国《著作权法》规定，视听作品的发表权的保护期为50年，截止于作品创作完成后第50年的12月31日，财产权保护期为50年，截止于作品首次发表后第50年的12月31日。[①] 与法人作品一样，若该类作品自创作完成后50年内未发表，则不再受到法律的保护。在此应注意，上述两种情形中的“首次发表”，是指作者自行或同意他人将作品首次公之于众，假如有人未经权利人许可擅自发表作品，那么该事件发生的时间不能作为50年保护期的起算点。

---

① 在《著作权法》第三次修正之前，立法对于电影作品和以类似摄制电影的方法创作的作品、摄影作品的保护期均作出了相同的特别规定，但修正之后，立法仅规定视听作品采用此特别规定，摄影作品则按照一般规定计算其保护期。

（三）作者身份不明的作品

根据《著作权法实施条例》的规定，如果作品的作者在署名时使用的是假名、笔名或是匿名，导致无法确认作者的身份，那么该作品著作财产权的保护期也从作品首次发表之日起保护 50 年，截止于第 50 年的 12 月 31 日。但是，如果作者的身份一旦被确定下来，该作品的保护期则应适用著作权法的一般规则，50 年期间自作者死亡后开始计算。

三、邻接权保护期规则

由于邻接权的设置参照的是传统著作权的基本原理，所以对于具体邻接权的保护期，应结合我国《著作权法》的具体规定，从以下几个方面加以理解和把握：首先，表演者权中的两项人身权利——表明表演者身份权和保护表演形象不受歪曲权，没有保护期间的限制；其次，表演者权中的财产权、录制者权、广播组织权，保护期均为 50 年，分别从表演发生日、录音录像制品首次制作日、广播及电视首次播放日起算，截止于第 50 年的 12 月 31 日。最后，我国《著作权法》所规定的版式设计权的保护期较其他邻接权更短——只有 10 年，截止于使用该版式设计的图书、期刊首次出版后第 10 年的 12 月 31 日。

第八章 对著作权的限制

重点问题

- 立法对著作权施以适当限制的正当性依据
- “三步检验标准”的内容及认定思路
- “合理使用”的基本内涵及主要特点
- 我国立法所列“合理使用”的情形及具体适用
- “法定许可”的基本内涵及主要特点
- 我国立法所列“法定许可”的情形及具体适用

关键术语

三步检验法 个人使用 适当引用 转换性使用 公务性使用 免费表演 报刊转载

第一节 对著作权限制的基本原理及具体类型

若单纯从权利人的利益出发，立法中关于著作权和邻接权的体系设置，以及权利的运行和保护方式，应当可以有效地维护权利人的人身和财产利益，并以此起到鼓励创作的社会效果。而从公众充分利用智力成果的角度来看，如果孤立片面地解读和适用著作权的内容，将会僵化地解读当前立法的权利内涵，由其推理所得出的荒诞结论会给人们的日常生活带来极大的困扰。例如，人们在学校或单位组织的联欢会上不能演唱大家耳熟能详的歌曲，因为未经作者同意会侵犯其表演权；平时走在街头不能同具有著作权的雕塑合影，因为未经许可侵犯了作者的复制权；在学习绘画的过程中不能临摹具有著作权的美术作品，因为每一次临摹都是未经作者同意的复制行为……如若这样理解著作权，权利人的市场垄断地位固然可以得到维护，但却极大限制了公众对作品的利用，不仅会给民众的正常生活带来极大的不便，最终也会反过来损害和降低作品的市场价值。

实际上，上述结论的得出恰恰源自对著作权内涵的误解。著作权制度授予创作者专有权利的根本目的，并非让其占据对作品传播和使用的绝对垄断地位，而是通过赋予创作者有限的垄断权，在奖励创造行为、保障创作者合理经济收入的同时，引导更多的人投身于原创性的智力劳动。反之，当私人利益影响到公共利益的实现时，著作权必须最终服务于更为重要的促进文化繁荣的社会目的。所以，在从事著作权立法工作时，各国均会针对私人权益和公共利益的冲突，通过各种立法上的限制，对著作权的效力边界施以合理的调控，以解决因利益失衡所带来的负面影响。

因此，从原理上看，为著作权规定专门的限制和例外情形，是各国著作权法都必然要面对的课题。对此，《伯尔尼公约》等国际条约为了防止其成员国对其国内的著作权设置不恰当的限制，就各国著作权立法的例外规定作出了宏观的制度安排，即要求国内立法在对著作权进行限制时，应当符合以下三个条件：其一，对于权利的限制只能作为特殊情况而存在；其二，不能与作品的正常使用相冲突；其三，不能不合理地损害著作权人的合法权益。这就是所谓的**“三步检验法”**或**“三步检验标准”**（Three-step Test）。

根据这一标准，各国立法在对著作权施以限制时，应当明确以下三点。

首先，权利限制的情形在范围上必须是有限的，不能出现对限制的任意解释或滥用，应通过国内立法对例外情形作出明确的规定，且这种限制也只能基于适当的公共政策考量，如人类文化的传播与保护、科研教育事业的发展、公民知情权的保障与维护等。

其次，对著作权的限制不得使公众对作品的利用与著作权人的权利行使之间形成竞争关系，不能因为限制而损害作品的市场价值，凡是对于著作权人而言重要的、能够带来较大经济利益的权利内容，都应在权利人的控制范围之内。

最后，任何权利限制措施其实都会给著作权人的利益造成或多或少的减损，因此权利限制所带来的损害应当合理，不能超出为实现公共政策所付出的必要代价。在“三步检验法”的要求下，各成员国在立法时，只能针对特定的情形对著作权施以限制，且对这种限制的解释和适用应当适当、合理，不能引起权利人合法权益的严重损害以及私权与公共利益之间的失衡。

由此，“三步检验法”不仅是各成员国立法的价值引导，也成为各国在适用“权利限制”条文时的最终解释依据。而针对个案是否符合权利限制的具体情形，则必须以“三步检验法”作为最终的判断标准。

我国作为《伯尔尼公约》等国际条约的成员国，遵守“三步检验标准”是必须履行的国际义务。对此，我国具体的履约方式表现为将“三步检验法”的内容转化为国内的立法文件。《著作权法实施条例》第21条明确规定：依照著作权法有关规定，使用可以不经著作权人许可的已经发表的作品的，不得影响该作品的正常使用，也不得不合理地损害著作权人的合法利益。[①] 经此转化之后，“三步检验法”也就成为我国法院在适用“权利限制”条文作出判决时所必须遵守的标准。

而对于著作权具体的限制方式，我国《著作权法》基于大陆法系国家的立法模式，同时参考英美法系国家的相关规定，将对“专有权利”的限制分为两类，一是**“合理使用”**，二是**“法定许可”**。

所谓“合理使用”，是指著作权人以外的人在法律所规定的特别情况下使用作品，即使从事了依法本属于著作权人所控制的行为，该行为的实施可以不经著作权人的许可，也不用向其支付报酬。

严格来说，在立法所列举的“合理使用”的具体情形中，他人的相关行为其实已经进入了著作权人的权利控制领域，构成了对权利人市场垄断地位的侵犯，但立法者在协调社会公众与著作权人之间的利益平衡时，考虑到这些行为在一定的技术发展水平背景下，对著作权人的利益并不会造成损害或者损害不大，却又能方便公众对于作品的合理利用和传播，所以特别认定其不是侵犯著作权的行为。从这一角度讲，著作权法中所规定的“合理使用”情形，在本质上是对某些侵权行为在法律上的“豁免”。

---

① 我国《著作权法》第三次修正之后，该项规定被正式纳入《著作权法》第24条之中。

与此相对应，所谓“法定许可”，又被称为“法定许可证”制度，是指当法律明确规定的情形出现时，他人若想实施某项原本受专有权利控制的行为，只需向著作权人支付相应的报酬，而无须事先征得著作权人的许可。

由此定义可知，“法定许可”这一类型，所限制的是著作权人是否允许他人利用其作品的主观意志。当法定条件满足时，法律会代替著作权人“自动”向行为人“发放”使用作品的许可；同时，法律也坚决维护著作权人因作品被使用而应获得的市场对价。与“合理使用”免于向权利人支付报酬不同，“法定许可”保留了著作权人获得报酬的权利，因而较于“合理使用”对著作权的限制程度相对较弱。而从制度设立的价值取向来看，立法规定“法定许可”的主要目的在于保障特定的公共利益，同时，免去征得权利人许可的环节，可以有效降低作品使用人的时间成本，也可以适当缓解某些行业内的垄断程度，避免权利专有人独霸市场的局面。

综上所述，无论是“合理使用”还是“法定许可”，都是著作权制度为了协调私人权益与公共利益之间利益冲突的必要规则，而维持私益与公益微妙的平衡状态，将有助于鼓励创作、促进作品传播、实现文化繁荣等公共政策目的的达成。为此，在具体的规则适用方面，我国《著作权法》分别就“合理使用”和“法定许可”规定了详细的适用情形，以下将对这两项制度所列举的每种具体情形作详细的阐述。

第二节　我国《著作权法》中“合理使用”的具体情形及适用标准

根据《伯尔尼公约》“三步检验法”的基本要求，结合我国的实际情况和现实需求，《著作权法》第 24 条明确列出了 13 种可能构成“合理使用”的情形，[①] 并且在条文中明确指出，“合理使用”的适用只能针对已经发表的作品，且使用人必须“指明作者姓名

① 第三次修正前的《著作权法》在第 22 条规定了 12 种“合理使用”的情形，修改后的条文则在第 24 条（原第 22 条）最后增加了第 13 种——“法律、行政法规规定的其他情形”。

或者名称、作品名称，并且不得影响该作品的正常使用，也不得不合理地损害著作权人的合法权益”。以下对这 13 种情形作逐一分析。

一、个人使用

作为我国《著作权法》规定的第一种“合理使用”情形，个人使用是指，为个人学习、研究或者欣赏，使用他人已经发表的作品。根据“合理使用”的制度原理，立法“豁免”这种作品的使用情形意在表明，一方面，著作权制度需要维护公众在日常生活中正常感知和利用作品的正当利益；另一方面，纯粹基于个人目的而使用作品，并不会对著作权人的市场利益造成实质性的损害和影响。例如，某学生为了应对期末考试，将教材中重要的表述提炼、整合并打印出来，生成自己的复习资料，就是典型的合理使用，该行为并不侵犯著作权人的复制权，可以不经权利人许可，也不用向其支付报酬。

同时应注意，个人使用的情形要求对于作品的使用不能带有任何商业性的动机，否则就超出了“合理”的范畴，因而对他人作品出版、出租等营业性使用，均不能成为个人使用的豁免理由。所以，在实践中，区分和判断某项行为是否构成个人使用，往往根据其使用范围是否被限定在个人或家庭等私人空间之内，以及作品的来源、复制的方式和数量、传播的范围是否超过个人使用的必要限度等因素加以考量，如果对作品的利用违反了“三步检验法”的要求，那么就不能构成个人使用。

二、适当引用

我国《著作权法》所规定的适当引用，是指为介绍、评论某一作品或者说明某一问题，在作品中适当引用他人已经发表的作品，包括在通过信息网络手段传播的他人作品中适当引用已经发表的作品。在创作评论性的作品或从事研究工作时，引用他人作品进行评论，或借他人作品论证观点、说明问题都是不可避免的情况。按照立法的意图，如果引用他人作品的程度是合理的，既不会给被引用作品的权利人造成实质性的财产损害，同时也有助于新作品的创作，二者之间没有实质上的利益冲突，此种行为便理应被豁免。

而在个案中，判断引用行为是否合理，并不是片面地计算被引用作品的长短和比例，而是应基于介绍、评论或说明的合理需要，来认定引用的必要程度。理论上，判断对原作品的引用程度是否合理，标准在于这种对原作品的利用是否构成“转换性使用”，即对原作品的使用并非为了再现原作品的价值或实现原作品本身的目的与功能，而是通过增加新的内容，使原作品在被引用的情形下产生新的价值或功能，进而在新作品中改变了原作品本身的功能与目的。对原作品的转换性程度越高，则越有可能构成适当引用。例如，写文章评论他人创作的一首 20 字的五言绝句，即便将他人的诗作全文引用，由于原作品在评论文章中的功能与独立的原文相比发生了实质性的转化，故而可以认定是“适当引用”。

三、时事新闻中的使用

根据立法的规定，如果是为报道新闻，在报纸、期刊、广播电台、电视台、互联网等媒体中不可避免地再现或引用已发表的作品，构成合理使用。这意味着，为了保障公民对时事新闻的知情权，媒体可以在进行新闻报道时附带性地复制或广播作品。只要这种行为没有超出报道时事新闻、让公众身临其境了解新闻事件所必需的程度，就可以构成“合理使用”。

例如，电视台报道某歌星举办的演唱会，在新闻中使用现场录制的几个镜头或声音片段作为说明即符合“合理使用”的要求，而借着新闻的名义将某首歌完整播放出来，显然就不是“合理使用”，该行为已经构成侵权。

四、对时事性文章的使用

为了让每个公民充分了解国家当前的政治、经济状况，为公民积极参加国家政治生活、参与民主政治进程提供充分的信息保障，我国《著作权法》规定，各类媒体均可刊登或播放已经在其他媒体上发表的关于政治、经济、宗教问题的时事性文章。立法规定该种“合理使用”的情形，有利于国家在政治、经济、宗教方面的方针、政策能够广泛、迅速地为国内外所了解。

就这一合理使用情形，应注意两个问题，其一，该情形在一定程度上部分保留了著作权人使用和处分作品的意志，如果著作权人明确声明其他媒体不许刊登或播放，那么其他媒体擅自对文章的使用就构成侵权。其二，在具体的个案操作中，我国司法实践目前认为，对于“时事”二字的理解应当作严格的限定，时事性文章的内容，应当具有时效性和重大性，如果评论文章的相关话题并非国内外大事，或是信息的时效性不足，那么就不符合“合理使用”的情形。

五、对公众集会上讲话的使用

与时事性文章的“合理使用”相类似，立法允许他人将公众集会上的讲话通过媒体刊登或播放，也是为了让公众及时了解当前政治生活中的事件与观点，为公民积极参与政治生活创造条件。所以，在实践操作中，不论这种讲话是口述作品，还是构成对文字作品的表演行为，只要符合上述公共政策目的的需要，他人再现该讲话内容的行为便可以基于此种情形被豁免，除非作者明确声明不许刊登、播放。

但以该公共政策为价值导向，应当注意，在对此种“合理使用”的情形进行解释时，理应将作品的范围限定在关于政治、经济、宗教等方面的时事性讲话，而要将学术、文学等领域的讲话排除在外。同时，以“时事信息的即时传播”为标准，假如利用时事讲话的行为未能满足公众迅速知情的需要，如将他人的讲话收录汇编成书籍出版，就不属于合理使用，需要征得权利人的许可。

六、在课堂教学或科学研究中使用

根据我国《著作权法》的规定，如果是为了学校的课堂教学或科学研究，可以翻译、改编、汇编、播放或者少量复制已经发表的作品，供教学和科研人员使用，但不得出版发行。① 由这一规定可知，为满足课堂教学和科研需求而对他人作品所进行的适度利用，如某教师将课本中的文字复制在 PPT 上供课堂展示，某学者将外国学者的研究成果翻译成中文供学术团队研究讨论，都属于“合理使用”的范畴。

同样，这种使用不能超出课堂教学和科学研究的实际需要。以“三步检验法”为标准，如果对作品的翻译、复制行为给著作权人的合法权益造成了实质性的损害，就不构成“合理使用”。例如，学校将从正规途径购得的学术期刊全部扫描上传到校园网上供师生下载学习，虽然学校并未从这种数字环境的复制活动中实际赢

---

① 定义当中的“改编”“汇编”“播放”，是《著作权法》第三次修正后增加的内容。增设这些行为，在客观上扩大了该情形下合理使用的适用范围。

利，但其行为会导致学校师生不再购买正版期刊，从而减损了著作权人潜在的市场收益，应认定构成侵权行为。

七、国家机关的公务性使用

这一种情形是指，国家机关出于执行公务的目的，需要对作品进行使用，在合理的范围内这种使用行为并不侵权，也不须向著作权人支付报酬。例如，法院审理案件时少量复制某些专业书籍的部分片段用作判案参考，公安机关复制传播丢失的名画照片用来破案，均属于对作品公务性的使用。在这种情形下，利用他人的作品是行使公权力之必需，其目的是保障公众、社会和国家利益。

在"公务性使用"这一情形的适用过程中，应当注意以下几点。

首先，对国家机关的范围，不得作扩大化的解释，它是指国家的立法机关、行政机关、司法机关、法律监督机关和军事机关等行使公权力的组织。在我国的审判实践中，国家机关如果授权或委托非国家机关单位执行公务，该单位的行为也可以构成"公务性使用"。

其次，对于作品的使用只限于执行公务、完成国家职能的目的，超出这一范围就不构成"合理使用"。例如，国家机关以节省经费为由，复制购买的书籍或订阅的报刊，并将其分发给机关内的各个部门，不能认为是"合理使用"。

最后，对于作品的使用不能超出执行公务的合理的必要限度，如果违反了"三步检验法"的要求，同样构成侵权行为。

八、公益馆所对馆藏作品的复制

按照我国《著作权法》的规定，对于公益性的图书馆、档案馆、纪念馆、博物馆、美术馆、文化馆[①]等馆所，为了陈列或者保存版本的需要，可以在不经过著作权人许可、也无须支付报酬的情况下复制本馆收藏的作品。显然，立法对这一情形的设置，意在防止上述机构所保存的作品因毁损或丢失而出现文化损失。因此，在对馆藏作品进行复制或备份时，是否具有保存或陈列作品的目的，是判断该种"合

① "文化馆"是《著作权法》第三次修正后增加的馆所类别。

理使用”情形能否成立的基本依据。

例如，在实践中，各类馆所可以自行将自己收藏的、市场上难以购得的、且濒临毁损的作品以数字化的手段加以复制。但是，如果濒临毁损或丢失的作品仍然可以在市场上以正常价格购得，那么复制现有藏品就不是一种保存作品的必要行为。而假如馆所将收藏的作品大量复制，并以文化产品的形态向公众分发或出售，则更是严重损害著作权人市场收益的侵权行为。

九、免费表演

我国立法所规定的免费表演，是指通过表演行为再现已经发表的作品时，表演者在其中未收取任何报酬，公众在感知表演时也未支付任何费用，且表演者的表演不以营利为目的的情形。在实践中，如果表演者与观众之间没有基于作品的感知而发生财产上的交换关系，就意味着该表演行为并未直接影响到作品著作权人的市场收益。同时，考虑到表演各类作品在客观上可以起到文化传播、丰富民众文化生活的社会效果，豁免那些不掺杂财产利益的表演行为，不失为一种双赢的选择。但在适用该项“合理使用”的情形时，应注意，以“三步检验法”为标准，只要在这一过程中存在财产的流转，就意味着从事表演行为的表演者与著作权人之间产生了利益上的冲突，该表演行为就属于侵犯著作权人表演权的行为。

因此，构成“免费表演”的情形，在规则上有严格的条件限制。一方面，即便公众支付了费用但表演者未获得报酬，或者表演者获得了报酬但公众未支付费用，都不构成免费表演；另一方面，这里所说的“费用”和“报酬”，不论以何种名义收取或支付，只要与欣赏或表演作品直接或间接相关，也均不能认定为免费表演。例如，某演出的组织者向表演者支付了出场费、车马费、辛苦费，或是向观众收取了场地费、餐饮费、会员费，又或是向观众募集了慈善捐款，由于其中所涉及的作品的表演行为均在著作权人表演权的控制范围之内，所以不能以“合理使用”为由予以豁免。

需要注意的是，第三次修正后的《著作权法》在原先“未获报酬”和“未支付费用”的基础上，增加了一个新的要件，即表演“不以营利为目的”。这意味着，如果一些表演行为虽然在形式上没有任何财产的交易或往来，但假如表演是为了辅助其他商业活动的开展，那么也不能构成“免费表演”。[①] 显然，增加这一要件之后，我国对于“免费表演”的认定比过去更加严格。

十、对室外艺术品的复制

根据我国立法，对设置或陈列在室外公共场所的雕塑、绘画、书法等艺术作品进行临摹、绘画、摄影、录像，也可以构成“合理使用”。从行为的定性来看，通过临摹、绘画、摄影、录像等方式再现作品，本质上都是对作品的复制，原本应由著作权人的复制权所控制，但考虑到陈列于室外公共场所的艺术作品已经成为公共文化生活的一部分，立法给予公众较多的使用自由，在不违背“三步检验法”的情况下，不构成对复制权的侵犯。

十一、制作少数民族语言文字版本

为了增加少数民族获得信息和受教育的机会，促进少数民族的教育、文化和科学技术的进步，我国《著作权法》通过限制著作权人的部分财产权益，来确保这一公共政策的落实。根据《著作权法》的规定，将中国公民、法人或者非法人组织已经发表的以国家通用语言文字[②] 创作的作品翻译成少数民族语言文字作品在国内出版发行，可以构成“合理使用”。

以该公共政策的实现为导向，在适用相关条文时，应注意：首先，此种“合理

---

① 根据商法理论的相关基本原理，以营利为目的的行为被称为“商行为”，而商行为在学理上又可以被分为基本商行为和辅助商行为。其中，基本商行为是指直接从事营利性经营活动的商行为，这种商行为体现了交易的整体目标和核心目的；而辅助商行为，则是指其行为本身并不直接达到商事企业所要达到的营利目的，却可以对以营利为目的的商行为实现辅助作用。在商法理论中，辅助商行为也是为谋取利益而实施的行为，在具体表现形式上，商人并未因实施辅助商行为而要求对方支付额外费用，但因该行为的附属性，自应解释为辅助商行为也是商行为，也是有偿行为，唯其报酬是通过基本商行为实现的。显然，《著作权法》的立法者认为，有些表演行为虽然表面上没有财产的交易，却仍然有可能以营利为目的，构成辅助商行为，由于此类表演行为的利益通过基本商行为来获得，因而应当将其排除在“免费表演”的适用范围之外。参见叶林、黎建飞主编:《商法学原理与案例教程》，中国人民大学出版社 2006 年版，第 96 ~ 97 页。

② 《著作权法》在第三次修正后，以“国家通用语言文字”替换了“汉语言文字”的表述。

使用”情形，只适用于中国的公民、法人或非法人组织，外国的著作权人并没有服务我国少数民族政策的法律义务；其次，该情形仅适用于将我国通用语言文字作品翻译成我国其他少数民族语言文字作品；最后，翻译作品的出版发行范围限于中国境内。如果不符合上述情况，那么翻译并出版他人作品，均应事先取得著作权人的授权。

十二、以特定方式为阅读障碍者提供已经发表的作品

联合国《残疾人权利公约》规定：缔约国应当采取一切适当步骤，依照国际法的规定，确保保护知识产权的法律不构成不合理或歧视性障碍，阻碍残疾人获得文化材料。由此可知，保障残疾人正常获得文化材料，是国际社会的共识。对此，我国《著作权法》规定，在不以营利为目的的情况下，“以阅读障碍者能够感知的无障碍方式向其提供已经发表的作品”，[①] 可以构成“合理使用”。

根据上述立法规定，在实践中，如果将作品制作成供阅读障碍者用触摸方式感知的，由不同排列的凸出的点表现的版本，或是通过网络向阅读障碍者传播作品的电子版，供阅读障碍者打印后使用，在非营利的情况下，无须征得著作权人许可，也不用向其支付报酬。此外，与“制作少数民族语言文字版本”的情形相比较，制作此类作品版本，既没有将客体限定为中国公民或组织所发表的国家通用语言文字作品，也没有专门规定“在国内出版发行”的限制，因为该种合理使用类型的取向，是为了实现国际层面普适的价值追求。

十三、法律、行政法规规定的其他情形

第三次修正前的《著作权法》根据《伯尔尼公约》规定了 12 种合理使用的情形，但其内容仍然不够全面。实践中，他人一些原本并没有影响到著作权人对于作品的正常使用、也没有损害著作权人合法权益的作品使用行为，却往往由于立法没有规定该种“合理使用”情形，而使得该种行为在名义上被认定为侵害了著作权人

---

① 对于此种“合理使用”情形，《著作权法》第三次修正前的表述为“将已经发表的作品改成盲文出版”。

的著作财产权。[①]针对我国《著作权法》在“合理使用”方面所列举的情形远远少于其他大陆法系国家这一情况，在第三次修正《著作权法》时，立法者专门增加了第13种“合理使用”情形，即如果我国的其他法律或行政法规规定了具体的著作权限制类型，那么在符合“合理使用”认定要件的情况下，《著作权法》将予以承认。

立法者运用这种“兜底条款”的弹性特征，将“合理使用”新类型的设置权限交由其他法律或行政法规进一步行使，此举一方面是希望借此扩大原有的著作权限制范围，另一方面也试图让“合理使用”具体情形的数量增长始终在国家立法的可控范围之内，以防实践中出现对于著作权限制的滥用情况。

然而，需要注意的是，立法的这种做法相当于将“三步检验法”中“由法律明确规定”的要件扩大解释到了《著作权法》之外的其他法律法规。从形式上来看，这一思路似乎可以弥补原先立法“合理使用”类型过少的问题，但该条文的实际效果究竟如何，需要进一步探讨和分析以下几个问题。

其一，在各个法律规范之间还没有统筹协调、预先安排的情况下，其他法律法规目前是否已经有著作权限制的相关规定？如果没有，那么“兜底条款”的价值也就无法体现；如果有，为何不将该种情形直接在《著作权法》当中作专门规定？

其二，在国内的法律法规中，《著作权法》是调整著作权法律关系的核心规范，而其他法律规范基于不同的价值取向，未必会以著作权的保护和限制为出发点来设置“合理使用”的内容，那么在《著作权法》放开对“合理使用”的增设权限之后，其他法律规范所设置的内容能否达到预期的法律效果？所规定的情形能否确保不会和《著作权法》的价值取向相冲突？

其三，“三步检验法”之所以要强调“合理使用”的情形必须由国内立法明确

---

① 例如，一家电视机专卖店为了向消费者展示其电视机的质量，在营业时间将电视打开，接收并播放电视台正在播出的一部电影。如果对立法当中广播权的定义作严格解释，可以认定专卖店的行为在没有得到电影著作权人许可的情况下，将构成对电影作品著作权人广播权的侵犯。但这一认定结论其实是很难令人接受的，因为该种行为其实并不会违反“三步检验法”的后两个要件，电影著作权人也没有因此遭受实质上的权利损害，唯一的问题就在于这一限制情形立法没有规定。相反，认定侵权的结论不仅不能起到保护著作权的作用，还给他人的日常行为带来极大的困扰。参见王迁著：《知识产权法教程》（第四版），中国人民大学出版社2014年版，第236～237页。

规定，就是为了防止立法对“合理使用”的内容进行任意解释，进而反过来损害著作权人的合法权益，那么立法将“合理使用”的设置权限面向其他法律法规放开的做法，能否确保《著作权法》在其中始终居于有效的统筹地位？能否确保其他法律法规不会造成“合理使用”被滥用的情况？

综上所述，立法新增的这一“兜底条款”若想达到最佳的法律效果，单凭该条文自身的内容是远远不够的，需要在《著作权法》的统一协调下对于本法和其他法律法规的相关内容作系统的梳理。而该条最终的实践效果究竟如何，则需要通过一段时间的适用之后方能加以判断。

第三节 我国《著作权法》中“法定许可”的具体情形及适用标准

前已论及，“法定许可”是在特定情况下，当法定条件满足时，他人无须征得著作权人许可，就可以直接通过由“专有权利”控制的行为方式使用作品，但应当在规定的时间内向著作权人支付使用费的制度。根据《著作权法》和《信息网络传播权保护条例》的相关规定，我国立法目前承认的“法定许可”情形包括以下几种。

一、报刊转载

根据《著作权法》的相关规定，著作权人向报社、杂志社投稿的作品刊登后，除著作权人声明不得转载、摘编的外，其他报刊可以转载或者作为文摘、资料刊登，但应当按照规定向著作权人支付报酬。由此条文可知，该种情形是对文字作品复制权的限制形态，其立法目的在于维护著作权人作品财产收益的同时，为优秀作品的广泛传播提供便利。

实践中，在解读该条规定时，应注意以下三点：首先，此种法定许可情形仅适用于报刊之间的相互转载，书籍之间、报刊与书籍之间的相互转载仍然要征得著作权人的同意；其次，从事转载、摘编行为的报刊不能在这一过程中侵犯著作权人的其他人身、财产方面的合法权益；最后，使用他人作品的报刊应当及时向著作权人支付合理的报酬，对此，我国《著作权法实施条例》要求报刊自使用作品之日起 2

个月内向著作权人支付报酬，而国家版权局颁布的《出版文字作品报酬规定》则分情形规定了不同的付酬标准。

二、音乐作品的录制

我国《著作权法》规定，对于已经合法录制为录音制品的音乐作品，其他录音制作者在使用该音乐作品制作录音制品时，可以不经著作权人许可，但应当按照规定支付报酬；著作权人声明不许使用的不得使用。对于这一情形，各国立法都有类似的规定，其目的在于防止音乐制作公司通过与著作权人订立专有使用合同而对音乐作品形成垄断，进而提高录音制品价格，获得不合理的高额利润。基于此种“法定许可”情形，其他音乐制作公司只要发现某音乐作品已经被合法制作为录音制品，那么就可以不经过作品著作权人的许可，将该音乐作品制作成新的录音制品面向市场销售，但需支付相应的报酬。这一规定有利于维持音乐制作公司之间合理的竞争关系，也会使录音制品价格维持在合理的水平，从而维护健康的市场环境，保障消费者的利益。

对于该条文的适用，还应注意的是，只有当音乐作品已经被首次合法录制之后，其他的录制才能适用“法定许可”。而且，“法定许可”的对象是音乐作品，并不包括录音制品本身，所以其他音乐制作公司想要制作适用“法定许可”的音乐作品，需要另请表演者表演作品，并独立录制，如果直接复制他人制作好的录音制品，则可能侵犯相关的邻接权。

三、广播组织的使用

为了促进作品在广播领域更大范围的传播，我国《著作权法》在某些情况下，规定了对著作权人广播权的限制，即在按照规定支付相应报酬的前提下，广播电台、电视台可以不经著作权人的许可，直接播放他人已发表的作品，或是已经出版的录音制品。例如，广播电台、电视台的播音员，可以不经作者的许可，在节目中朗诵其已经发表的散文；而电台、电视台通过广播信号传播承载于录音制品上的作品，也无须征得作品著作权人的同意。需要注意的是，此种“法定许可”类型的适用主体仅限于广播电台、电视台。此外，我国立法还特别规定，电视台播放他人的视听作品，应当取得作品著作权人的许可，因而此类作品在我国并不能适用“法定许可”。

四、特定教科书的编写出版

为了促进九年制义务教育和国家教育规划的实施，我国《著作权法》规定，为实施九年制义务教育和国家教育规划而编写出版教科书，除作者事先声明不许使用的外，可以不经著作权人许可，在教科书中汇编已经发表的作品片段或者短小的文字作品、音乐作品或者单幅的美术作品、摄影作品、图形作品，[①] 但应当按照规定支付报酬，指明作者姓名或名称、作品名称，并且不得侵犯著作权人依照《著作权法》享有的其他权利。同时，这一规定也适用于对出版者、表演者、录音录像制作者、广播电台、电视台的权利的限制。

由此条文可知，适用该“法定许可”的作品类型范围较广，但是，该种情形对作品的使用目的和数量作了严格限制。首先，适用“法定许可”的教科书必须是根据国务院教育行政主管部门或省级人民政府教育行政主管部门制定的课程方案、专业教学指导方案而编写出版的教科书，为国家教育规划之外的职业教育编写的教科书或教科书之外的辅导材料，均不属于“法定许可”的适用情形。其次，《著作权法》针对不同类型的作品，大致描述了在教科书中的篇幅和长度方面的限制要求，但是并未规定明确的操作依据。对此，国家版权局和国家发改委颁布的《教科书法定许可使用作品支付报酬办法》具体落实了每一类作品在篇幅和长度方面的上限要求，并为每种作品的法定许可报酬制定了明确的计算标准。[②]

五、与信息网络传播权相关的法定许可

在《著作权法》规定的几种“法定许可”情形的基础上，我国《信息网络

---

① 图形作品是《著作权法》第三次修正之后增加的适用类型。

② 根据《教科书法定许可使用作品支付报酬办法》的相关规定，第一，“作品片段或者短小的文字作品”，对于九年制义务教育教科书而言，是指其中使用的单篇不超过2000字的文字作品；对于国家教育规划（不含九年制义务教育）教科书而言，是指其中使用的单篇不超过3000字的文字作品。第二，“短小的音乐作品”，是指九年制义务教育和国家教育规划教科书种使用的单篇不超过5页面或时长不超过5分钟的单声部音乐作品，或者乘以相应倍数的多声部音乐作品。第三，教科书汇编者支付法定许可报酬的标准为：文字作品，每千字300元，不足千字的按千字计算；音乐作品，每首300元；美术作品、摄影作品，每幅200元，用于封面或者封底的，每幅400元；在与音乐教科书配套的录音制品教科书中使用的已有录音制品，每首50元。

传播权保护条例》又规定了两种与信息网络传播权有关的“法定许可”情形。

其一，是为实施九年义务教育和国家教育规划而制作的课件，在其中使用他人已经发表的作品的片段或者短小的文字作品、音乐作品或者单幅的美术作品、摄影作品、图形作品，并由制作课件或依法取得课件的远程教育机构，通过信息网络向注册学生提供，可以不经著作权人许可，但应当向其支付报酬。显然，这一规定是编写教材的法定许可在网络环境中的延伸，因而该情形的立法理由与规则原理与教科书的编写情形完全相同。

其二，出于扶贫的目的，《信息网络传播权保护条例》还规定了一种类似于法定许可，但适用条件比其他法定许可更为严格的情形。根据该条规定，通过信息网络向农村地区的公众免费提供中国公民、法人或者其他组织已经发表的种植养殖、防病治病、防灾减灾等与扶助贫困有关的作品和适应基本文化需求的作品，网络服务提供者应当在提供前公告拟提供的作品及其作者、拟支付报酬的标准。自公告之日起 30 日内，著作权人不同意提供的，网络服务提供者不得提供其作品；自公告之日起满 30 日，著作权人没有异议的，网络服务提供者可以提供其作品，并按照公告的标准向著作权人支付报酬。网络服务提供者提供著作权人的作品后，著作权人不同意提供的，网络服务提供者应当立即删除著作权人的作品，并按照公告的标准向著作权人支付提供作品期间的报酬。依照上述规定提供作品的，不得直接或者间接获得经济利益。

第九章　著作权的集体管理制度

重点问题

- 著作权集体管理模式的产生原因
- 著作权集体管理制度的本质
- 著作权集体管理组织的设立
- 著作权集体管理组织的管理结构和职权范围
- 针对著作权集体管理组织的监督保障机制

关键术语

集体管理　集体管理组织　著作权集体管理条例

尽管《著作权法》已经为权利人勾勒了完整的权利类型、权利内容以及权利的效力范围，用以保障著作权人人身利益和财产利益的实现，但是落实到实践层面，人们在著作权的实际行使和维护方面，却难免会产生一连串疑问。如果作者的某一作品大受欢迎，全世界范围内的人们都希望感知和利用这一智力成果，著作权人是否有能力和精力应对和处理每一件著作权授权许可的合同？如果某作品的著作权屡屡遭受侵犯，著作权人是否真要找到每一个侵权人，要求其停止侵害并赔偿损失？如果某电台或电视台因节目播出的需要而大量使用他人的作品，是否只能逐一找寻每一件作品的著作权人，并分别磋商作品使用的具体价格？

从以上现实疑惑中可以看出，面对复制和传播技术的发展，以及作品使用形式多样化、辐射范围国际化的趋势，著作权人实际上很难实现对作品的有效控制和支配。而对于作品的使用者而言，向每个权利人寻求作品的使用许可，不仅效率低下，而且成本高昂；但如果不经著作权人许可径直使用其作品，不仅便捷低廉，权利人似乎也未必有机会发现或实际追究这一侵权行为。两相比较，侵害他人著作权一定是大多数人的优先选择。可见，如若这些现实的问题得不到有效解决，《著作权法》必将沦为一纸空文，利益的实现和权利的保障也就无从谈起，促进文化繁荣则更是痴人说梦。

在这样的背景下，著作权集体管理模式应运而生，用以弥补和解决著作权法在实际操作层面的制度困境。按照这一模式的构想，著作权人不便自己行使或难以实现的权利，均可以交由专门的集体组织负责统一管理。在这种管理关系中，集体管理组织从著作权人那里获得授权，随后该组织便可以以自己的名义行使其所管理的权利，具体管理的职能包括：与使用者订立著作权许可使用合同；向使用者收取使用费；在扣除必要的管理费用后向权利人转付使用费；进行著作权方面的诉讼、仲裁、调解活动等。

从性质上看，著作权集体管理制度在本质上是一种民事信托关系，利用这一关系，集体管理组织集中了成千上万的著作权，由此形成的规模效应，将会有效降低著作权许可的交易成本和著作权维权的管理成本。同时，对于潜在的作品使用者而言，集体管理组织也会降低他们与著作权人许可谈判的交易成本。例如，广播电台、电视台、网络服务商等机构，可以和著作权集体管理组织一次性签订一揽子作品的许可协议，从而避免事先和众多著作权人进行单独的著作权许可谈判。

基于上述现实需求，我国的著作权集体管理制度也在著作权法的完善过程中逐渐发展了起来。自 1991 年《著作权法》实施以后，我国于 1992 年批准成立了第一个著作权集体管理组织——中国音乐著作权协会，代表作为会员的音乐作品著作权人管理其音乐作品的表演权、广播权、录制权。随着集体管理实践经验的不断积累和丰富，2001 年第一次修正的《著作权法》在第 8 条加入了对著作权集体管理组织的法律地位以及著作权集体管理的性质等方面的原则性规定。2020 年第三次修正的《著作权法》又在原有立法的基础上，增加了著作权集体管理组织关于使用费收取标准的确定方式，以及相关费用的信息公示义务和相关行政部门对其进行监督和管理的职责。[1]

在《著作权法》的框架性基础上，国务院于2004年颁布了《著作权集体管理条例》，其中规定了著作权集体管理机构的设立方式、权利义务、著作权许可使用费的收取和分配，以及对集体管理机构的监督与管理等内容。至此，我国的著作权集体管理制度得以正式确立，相关工作也得到了顺利的推行和快速的发展。目前，我国已经成立的主要集体管理组织包括中国音乐著作权协会、中国音像著作权集体管理协会、中国文字著作权协会、中国摄影著作权协会和中国电影著作权协会等。

为了更好地帮助著作权人统筹管理相关权利，立法应当为集体管理组织设置严格的设立条件以及科学的管理结构，以确保这种信托性质的机构得以顺畅运行，并能够切实保障著作权人的合法权益。对此，关于著作权集体管理组织的设立，《著作权集体管理条例》规定了各类组织在成立时应当具备的条件。具体包括：

（1）发起设立著作权集体管理组织的权利人不少于50人；

（2）不与已经依法登记的著作权集体管理组织的业务范围交叉、重合；

（3）能在全国范围代表相关权利人的利益；

（4）有著作权集体管理组织的章程草案、使用费收取标准草案和向权利人转付使用费的办法草案。

针对各类集体管理组织的管理结构，《著作权集体管理条例》参照民事主体中社会团体法人的基本模式，为该类组织构建了内部管理的大体框架。按照条例的

---

① 《著作权法》第8条规定：著作权人和与著作权有关的权利人可以授权著作权集体管理组织行使著作权或者与著作权有关的权利。依法设立的著作权集体管理组织是非营利法人，被授权后可以以自己的名义为著作权人和与著作权有关的权利人主张权利，并可以作为当事人进行涉及著作权或者与著作权有关的权利的诉讼、仲裁、调解活动。

著作权集体管理组织根据授权向使用者收取使用费。使用费的收取标准由著作权集体管理组织和使用者代表协商确定，协商不成的，可以向国家著作权主管部门申请裁决，对裁决不服的，可以向人民法院提起诉讼；当事人也可以直接向人民法院提起诉讼。

著作权集体管理组织应当将使用费的收取和转付、管理费的提取和使用、使用费的未分配部分等总体情况定期向社会公布，并应当建立权利信息查询系统，供权利人和使用者查询。国家著作权主管部门应当依法对著作权集体管理组织进行监督、管理。

著作权集体管理组织的设立方式、权利义务、使用费的收取和分配，以及对其监督和管理等由国务院另行规定。

要求，著作权集体管理组织应成立会员大会，并以此作为组织内部的权力机构。会员大会主要职权范围包括：制定和修改章程；制定和修改使用费收取标准；制定和修改使用费转付办法；选举和罢免理事；审议批准理事会的工作报告和财务报告；制定内部管理制度；决定使用费转付方案和著作权集体管理组织提取管理费的比例等。

同时，条例还要求集体管理组织设立理事会。作为权力机构的执行机构，理事会对会员大会负责，执行会员大会的决定。根据条例的规定，理事会成员不得少于9人。理事会任期为4年，任期届满应当进行换届选举。因特殊情况可以提前或者延期换届，但是换届延期不得超过1年。

此外，为了防止集体管理组织利用其优势地位损害权利人和使用者的合法权益，条例还规定了一系列针对著作权集体管理组织的监督保障机制。具体包括：

（1）集体管理组织应当依法建立财务、会计制度和资产管理制度，并按照国家有关规定设置会计账簿；

（2）集体管理组织应当在每个会计年度结束时制作财务会计报告，委托会计师事务所依法进行审计，并公布审计结果；

（3）权利人有权查阅、复制著作权集体管理组织的财务报告、工作报告和其他业务材料，著作权集体管理组织应当提供便利；

（4）权利人、使用人或其他主体，在特定情形下，可以向国务院著作权管理部门检举、举报集体管理组织的违规行为，并由相关部门依法处理；

（5）国务院著作权管理部门可以采取条例明确列举的方式对集体管理组织进行监督。

从上述已有的组织体系和配套立法机制来看，目前我国的著作权集体管理制度已经初步成形，但显然，在具体的制度运行方面，其体系架构还远远不够成熟，在实践操作中依然存在大量未能解决的机制缺陷。对此，笔者建议，应积极借鉴他国制度发展中的经验教训，并结合我国著作权产业发展的特点以及新技术条件下所产生的新问题，进一步完善本国著作权集体管理体系，使其切实起到保障著作权人利益、协调权利人与公众利益关系、减少和避免利益纠纷的实际效果。

第十章 著作权侵权及法律责任

重点问题

- 侵犯著作人身权的构成要件
- 侵犯著作财产权的认定要点
- 著作权侵权民事责任的具体承担方式
- 著作权侵权应承担的行政责任
- 著作权侵权应承担的刑事责任

关键术语

主观过错 直接侵权 间接侵权 停止侵害 消除影响 赔礼道歉
赔偿损失 侵犯著作权罪 销售侵权复制品罪

第一节 著作权侵权的基本原理及责任认定

从知识产权的基本权利特性中可知，著作权是一种具有支配效力和排他效力的绝对权，任何人都有义务尊重并维护权利人对自身权利的行使。如果他人的行为给著作权人之于作品之上的精神利益造成损害，又或是未经著作权人同意，擅自通过财产权项所禁止的行为利用作品，就构成了对于著作权的侵犯。由于广义的著作权除了著作权人的人身权和财产权之外，还包含了邻接权的内容，所以这里所说的著作权侵权，也涵盖了对于邻接权的侵犯。

若要准确理解著作权侵权的基本原理，首先应当明确，著作权当中的人身权利和财产权利，在权利属性上并不相同。其中，著作人身权是保护作者承载于作品之上精神利益的自然权利，是民法的利益保护在著作权领域的体现；而著作财产权所保护的，则是公权力为作品所划定的市场垄断份额，属于法定权利的范畴。因此，在解读著作权侵权原理以及权利保护的基本模式时，应当对这两类权利进行分别考察。

一、侵犯著作人身权的认定

就著作人身权而言，由于其本身就是典型的民事权利，所以对于侵犯发表权、署名权、修改权、保护作品完整权的行为，在分析他人的行为是否侵犯著作人身权时，应根据民法上的侵权责任法原理，来确定侵权行为的构成要件。具体而言，认定他人侵犯了著作权人的人身权，应当同时满足以下要件：

1. 他人从事了侵犯人身权的违法行为，如未经作者许可将作品公之于众，或擅自更改作者所标注的作品署名，以及对于作者所创作作品的任意增删或段落调整，都是《著作权法》明文禁止的情形。

2. 他人的违法行为造成了作者精神层面的损害事实，如作者仅仅用于自我欣赏的综合理念在未经本人同意的情况下为公众所知晓，或公众知悉作品创作者的正常渠道被阻断，或公众对作品的综合理念存在严重误解，都会给作者的精神层面造成不同程度的影响。

3. 作者的损害应当与他人的违法行为之间存在因果关系，即作者精神上的痛苦，应当是由侵犯人身权的不法行为直接造成的。

4. 行为人主观上有一定的过错，即他人在从事不法行为时，在主观上存在造成作者精神损害结果的故意或过失。

当以上四个要件均成立时，则可以认定构成对著作人身权的侵犯，行为人应承担相应的法律责任，具体包括：停止侵害、消除影响、赔礼道歉、赔偿损失等。

二、侵犯著作财产权的认定

就著作财产权而言，由于其本质上是保护权利人市场垄断地位的法定权利，同时又是可以承载个人财产利益的私权利外观，所以在侵权责任的认定方面，呈现出了与著作人身权明显不同的模式与思路，需要从不同的层面分别加以认知。

1. 认定是否侵犯著作财产权，并不需要分析行为人的主观过错，只需考察行为人所造成的客观结果。

在中文的表述中，侵犯普通民事权利的行为和侵犯著作财产权的行为都被称为“侵权行为”，但考察英文的词源就会发现，二者想要表述的内涵其实并不相同。其中，民事侵权的英文是 tort，意在表明不法行为给他人在人身或财产上所造成的损失；而著作权侵权的英文是 infringement，意在表明行为人未经许可进入了著作权人所控制的市场垄断范围。由此可见，在著作财产权等禁止权语境下，侵权的认定实际上是在判断行为人是否在客观上已经处在法律为著作权人所划定的权利领域之内。因而只要出现了这种客观结果，不论行为人是否存在主观上的过错，均认为其构成了对著作财产权的侵犯。

例如，某人借阅好友创作的书稿，后在作者不知情的情况下将书稿署自己的名字并交由出版社出版。对于出版社来说，即使其已经尽到了出版业常规的审查义务，主观上并没有故意或过失的情形，在图书出版过程中将作品印在纸张上以及面向公众出售书籍的行为，仍然侵犯了实际著作权人的复制权和发行权，权利人有权要求出版社停止从事相关的侵权行为，并要求其返还书籍销售所获得的利润。

2. 侵犯著作财产权的主体应承担相应的民事责任，但承担赔偿损失的责任应以其存在主观过错为前提。

根据《著作权法》的相关规定，侵犯著作财产权的，权利人有权结合具体的侵权情形，要求行为人承担停止侵害或赔偿损失的民事责任。但如果侵权人在主观上没有过错，那么其就无须承担赔偿损失的民事责任。之所以如此规定，是因为法定权利的设定意义，就在于让权利人获得排他的作品专营地位，那么只要他人客观上进入了著作权人专营的领域之内，不论其主观意愿如何，权利人均可依法将其“赶出”这一区域，即要求其不再从事相关侵权行为。然而，一旦涉及赔偿损失的问题，就意味着著作权人的财产利益因侵权人的行为而造成了减损，需要由行为人加以“填平”。而这种“造成损失”后须“弥补损失”的结构，实际上体现的是个人的私益因“tort”所应获得相应损害补偿的基本原理。

因此，在要求侵犯著作财产权的主体承担赔偿损失责任的案件中，仍然需要根据普通民事侵权的四个构成要件来认定侵权人是否应当承担赔偿责任以及应承担多少责任。例如，同样是将他人书稿署自己姓名交出版社出版的情形，如果出版社在其合理注意义务的范围内本有机会发现这一问题，但仍然在未经实际权利人许可的情况下将书稿出版发行，那么就可以认定出版社存在主观上的过错，该作品的著作权人有权要求出版社赔偿由此所造成的实际损失，以及赔偿权利人为制止侵权行为所支付的合理开支，或基于法律的规定支付一定数额的赔偿金。

3. 除了行为人直接进入权利人专营领域的“直接侵权”之外，为他人侵权提供便利条件的行为可能构成“间接侵权”，但“间接侵权”的构成应当以行为人的主观过错为要件。

在现代著作权保护实践中，“直接侵权”行为往往并不是孤立存在的，而是经常需要借助第三方的帮助来促成或扩大侵权损害的后果。从侵权救济的角度讲，如果等到“直接侵权”的行为发生之后再追究直接侵权人的责任，则很有可能无法起到弥补损失、及时制止损害后果扩大的效果。因此，出于切实保护权利人利益的考虑，各国在立法中普遍认可了特定条件下“间接侵权”行为的构成。

以他人的侵权行为为前提，“间接侵权”一般表现为两种情形：一种是教唆、引诱他人从事侵权行为，或明知他人侵权，依然为其提供实质性的帮助，如为他人提供从事侵权行为的工具或场所等；另一种是为从事“直接侵权”行为而进行的预先准备行为或是让侵权损害后果进一步扩大的行为，如制作、进口、持有侵权工具的行为等。

从表现形式来看，这些行为本身其实并未进入专有权利的控制范围之内，而是通过这些行为将他人“推入”了权利人的专营区域之中，从而让他人成为“直接侵权人”。据此，评判“间接侵权”成立与否，自然也不能按照直接侵犯著作财产权的客观结果标准进行认定，而应当以行为人主观上的恶意作为承担“间接侵权”责任的依据。换言之，如果著作权人指称他人“间接侵权”，则除了证明行为人从事了相关的客观行为之外，还必须证明其具有主观上的过错。反之，行为人也可以通过证明自己无主观过错或过错程度较小，来免除或减轻自己的“间接侵权”责任。

第二节　侵犯著作权的法律责任

从著作权人私权被侵犯的维度来考察，著作权侵权行为所造成的后果主要体现为著作权人人身利益的损害，以及财产利益现实或可能的损失。对此，侵权行为人理应承担相应的民事责任，在恢复权利人禁止权垄断局面的同时，对于其所造成的人身利益或财产利益损害加以填平。而当这种侵权行为严重危害社会公共利益，以至需要国家动用公权力的力量加以干预时，行为人则可能基于法律的明确规定承担相应的行政责任或刑事责任。

一、侵犯著作权的民事责任

既然向侵权行为人追究民事责任旨在维护著作权人的私权，那么法律所规定的责任承担方式至少应当达到三个目的：其一，已经造成的损害结果应避免进一步的扩大；其二，著作权人已经遭受的损失应获得充分的补偿；其三，行为人继续从事侵权行为的可能性应得到有效制止。围绕这三个目标，我国《著作权法》规定了以下民事责任的具体承担方式。①

（一）停止侵害

作为帮助著作权人垄断特定作品财产收益的法定权利，当行为人未经权利人同意擅自从事著作权所禁止的行为时，就相当于其“闯入”权利人所控制的“领地”。如果著作权人基于这一事由向法院起诉时，该类直接侵权行为仍然持续发生着，那么不论侵权者的主观状态如何，法院都应当基于该侵权事实判决其承担停止侵权的民事责任。②

（二）消除影响、赔礼道歉

对于著作人身权来说，其承载的是权利人的人身权益。作为一种自然权利，当其遭受他人不法侵害时，单纯的经济赔偿往往难以对权利人的损害施以完全有效的填平，而需要侵权人通过一些必要的行为来消除对权利人的声誉等人身利益所造成的不良影响，或向权利人赔礼道歉。③ 这种责任承担方式可以单独适用，也可以与

---

① 参见《著作权法》第 52 条的相关内容。

② 例如，某专业数据库在未经作者许可的情况下，将其论文放置于网络平台供他人下载。在法院作出侵权判决之前，不特定公众仍然可以通过该平台获取该论文，那么具体的侵权行为就仍然处于持续的状态，法院应当判定侵权人停止侵权。

③ 例如，报纸、杂志刊登他人作品时在作者署名方面出现错误，应当承担消除影响的民事责任，如在报纸、杂志的显著位置刊登声明加以更正；而未经作者许可歪曲或篡改他人作品的行为，则可以根据侵权的具体情形，要求侵权人采用适当的方式承担赔礼道歉的民事责任。

其他责任方式一起适用。

（三）赔偿损失

根据著作权侵权的原理，当侵权人在具有主观过错的情况下从事了侵犯他人著作权的行为，并导致著作权人实际的经济损失时，侵权人应以自己的财产来补偿权利人的损失。而对于损害赔偿数额的计算方式，《著作权法》第 54 条规定，侵犯著作权或者与著作权有关的权利的，侵权人应当按照权利人因此受到的实际损失或者侵权人的违法所得给予赔偿；权利人的实际损失或者侵权人的违法所得难以计算的，可以参照该权利使用费给予赔偿。对故意侵犯著作权或者与著作权有关的权利，情节严重的，可以在按照上述方法确定数额的 1 倍以上 5 倍以下给予赔偿。权利人的实际损失、侵权人的违法所得、权利使用费难以计算的，由人民法院根据侵权行为的情节，判决给予 500 元以上 500 万元以下的赔偿。①

通过对比新旧法条可以看到，第三次修正后的《著作权法》为了进一步打击实践中的恶意侵权行为，在赔偿损失的责任承担方式之中，增加了“惩罚性赔偿”的规定，即针对那些故意侵犯他人著作权且情节严重的行为，权利人有权向侵权人主张高于自身实际损失相应倍数的赔偿数额。在具体的纠纷中，法院判断某个案件是否构成“惩罚性赔偿”以及确定具体的赔偿数额时，关键就在于如何解释法条中所规定的“故意”及“情节严重”。

对此，2021 年 3 月 3 日起施行的《最高人民法院关于审理侵害知识产权民事案件适用惩罚性赔偿的解释》就以上两个要件的认定作了详细规定。其中，对于“故意”的认定，要求人民法院在审理案件时，应综合考虑被侵害知识产权客体类型、权利状态和相关产品知名度、被告与原告或者利害关系人之间的关系等因素。而对于“情节严重”的认定，要求人民法院在案件审理的过程中综合考虑侵权手段、次

---

① 在《著作权法》第三次修正之前，相关规定的内容为：侵犯著作权或者与著作权有关的权利的，侵权人应当按照权利人的实际损失给予赔偿；实际损失难以计算的，可以按照侵权人的违法所得给予赔偿。赔偿数额还应当包括权利人为制止侵权行为所支付的合理开支。权利人的实际损失或者侵权人的违法所得不能确定的，由人民法院根据侵权行为的情节，判决给予 50 万元以下的赔偿。

数，侵权行为的持续时间、地域范围、规模、后果，侵权人在诉讼中的行为等因素。[①]

二、侵犯著作权的行政责任

当侵权人的行为同时损害了公共利益时，侵权人除了需向著作权人承担民事责任之外，还可能受到由著作权行政管理部门作出的行政处罚。我国《著作权法》第53条规定了8种可能需要承担行政责任的行为，具体包括：

（1）未经著作权人许可，复制、发行、表演、放映、广播、汇编、通过信息网络向公众传播其作品的，《著作权法》另有规定的除外；

（2）出版他人享有专有出版权的图书的；

（3）未经表演者许可，复制、发行录有其表演的录音录像制品，或者通过信息网络向公众传播其表演的，《著作权法》另有规定的除外；

（4）未经录音录像制作者许可，复制、发行、通过信息网络向公众传播其制作的录音录像制品的，《著作权法》另有规定的除外；

（5）未经许可，播放、复制或者通过信息网络向公众传播广播、电视的，《著作权法》另有规定的除外；

（6）未经著作权人或者与著作权有关的权利人许可，故意避开或者破坏技术措施的，故意制造、进口或者向他人提供主要用于避开、破坏技术措施的装置或者部件的，或者故意为他人避开或者破坏技术措施提供技术服务的，法律、行政法规另有规定的除外；

（7）未经著作权人或者与著作权有关的权利人许可，故意删除或者改变作品、版式设计、表演、录音录像制品或者广播、电视上的权利管理信息的，知道或者应当知道作品、版式设计、表演、录音录像制品或者广播、电视上的权利管理信息未经许可被删除或者改变，仍然向公众提供的，法律、行政法规另有规定的除外；

（8）制作、出售假冒他人署名的作品的。

当上述情形损害公共利益时，主管著作权的部门有权责令行为人停止侵权行为，予以警告，没收违法所得，没收、无害化销毁处理侵权复制品以及主要用于制

---

① 参见《最高人民法院关于审理侵害知识产权民事案件适用惩罚性赔偿的解释》第3条和第4条的相关规定。

作侵权复制品的材料、工具、设备等。违法经营额5万元以上的，可以并处违法经营额1倍以上5倍以下的罚款；没有违法经营额、违法经营额难以计算或者不足5万元的，可以并处25万元以下的罚款。

三、侵犯著作权的刑事责任

为了对严重的侵权行为施以有效的打击，全国人大常委会于1994年通过了《全国人民代表大会常务委员会关于惩治侵犯著作权的犯罪的决定》（已失效），其中规定了数种构成刑事犯罪的著作权侵权行为。随后，《刑法》在1997年修订时，于分则第三章“破坏社会主义市场经济秩序罪”当中增加了“侵犯知识产权罪”。其中，第217条和第218条分别规定了“侵犯著作权罪”和“销售侵权复制品罪”。①

《刑法》第217条规定：以营利为目的，有下列侵犯著作权或者与著作权有关的权利的情形之一，违法所得数额较大或者有其他严重情节的，处3年以下有期徒刑，并处或者单处罚金；违法所得数额巨大或者有其他特别严重情节的，处3年以上10年以下有期徒刑，并处罚金：

（1）未经著作权人许可，复制发行、通过信息网络向公众传播其文字作品、音乐、美术、视听作品、计算机软件及法律、行政法规规定的其他作品的；

（2）出版他人享有专有出版权的图书的；

（3）未经录音录像制作者许可，复制发行、通过信息网络向公众传播其制作的录音录像的；

（4）未经表演者许可，复制发行录有其表演的录音录像制品，或者通过信息网络向公众传播其表演的；

（5）制作、出售假冒他人署名的美术作品的；

（6）未经著作权人或者与著作权有关的权利人许可，故意避开或者破坏权利人为其作品、录音录像制品等采取的保护著作权或者与著作权有关的权利的技术措施的。

《刑法》第218条规定：以营利为目的，销售明知是本法第217条规定的侵权复制品，违法所得数额巨大或者有其他严重情节的，处5年以下有期徒刑，并处或者单处罚金。

---

① 2020年12月26日，十三届全国人大常委会第二十四次会议表决通过了《刑法修正案（十一）》，对这两项罪名的内容均进行了修改和调整。

第三编

专利法

第一章 专利权及专利制度原理概述

重点问题

- 专利制度的构建原理
- 专利制度的价值取向及实现路径
- 专利制度与著作权制度的规则差异

关键术语

专利权　专利制度　法定权利　禁止权　行政特许　“创新驱动”战略

专利制度是一个国家知识产权制度重要的组成部分，其制度的基本架构是围绕专利权的授予和保护构建起来的。从专利的本质内涵以及各国专利制度的共通性原理加以提炼，可以对“专利权”作这样的定义：它是指国家基于发明创造人或设计人的申请，以向社会公开发明创造或设计的内容为前提，通过法定程序在一定期限内授予发明创造人或设计人的一种排他性权利。

根据这一定义，结合前述知识产权理论以及同著作权制度的比较，可以对专利权和专利制度产生如下的初步认知。

首先，专利制度的构建基础在于，专利权是典型的法定权利，其保护的对象是创造者通过脑力劳动生成的新的技术方案或工业设计，其保护方法是赋予权利人禁止或许可他人使用该技术方案或工业设计的垄断地位。在知识产权法定权利的视角和体系之下，不同的法律部门负责调整和保护不同的无形智力成果。其中，专利制度所保护的对象，是发明者或设计者创造出的新的技术方案或工业设计。而作为禁止权的典型形态，特定专利权的设立，意味着某项技术方案或工业设计的专有市场份额为权利人专门控制，未经权利人的许可，任何人利用这些智力成果的行为均构成对专利权的侵犯。

从权利的运行方式来看，专利权在原理上完全符合法定权利的本质属性，即由公权力为智力成果的创造者划定专营的市场范围。因此，专利权也具备知识产权法定权利的一般特征，即权利的专有性、地域性、时间性。沿着这一逻辑，结合上述特征的生成原因，可以针对专利制度得出如下结论：

1. 专利保护的根本目的，并非为了保护发明创造人或设计人的私益，而是通过行政特许授予创造者营利特权的方式，鼓励全民积极投身发明创造活动之中。

2. 行政特许的授权模式，决定了一个专利权的效力被局限在一个国家或地区的法域之内，超出该法域，已经获得的专利权便不再具有效力，权利人若想在他国或地区获得专利权保护，必须按照本地专利法的规定重新获得相应的专利权。

3. 鼓励发明创造的动因，决定了专利制度必须为专利权人的市场垄断地位设置严格的时间上的限制，否则一人永久性地独占市场，反而会遏制他人在现有技术的基础上创造新的技术方案的热情和自由。

其次，鼓励发明创造，其效果在于促进本国的科技进步，而以推动科技发展为核心，专利制度在规则设计上呈现出与著作权法的显著差异。著作权的保护在于促进本国的文化繁荣，而繁荣的效果则体现为鼓励全体民众积极投身于文化创作活动之中。以此为导向，著作权法的规定是，作者自创作完成之日自动享有著作权，著作权人有权自主选择是否将作品公之于众，且对于不同作者分别独立创作的内容相同或相似的作品，作者就其各自的创作分别享有独立的著作权。但在专利权领域，推动科技进步的社会目的，让专利制度呈现出与著作权制度截然不同的规则内容。

1. 专利权并不是创造完成之后自动产生的，发明创造或设计只有通过申请，经国家专利部门的审查，确认其符合法律规定的授权条件之后，发明创造人或设计人才能被授予专利权。这是因为，对于公权力来说，并非所有的发明都能对当前的科技水平产生实际的推动，也并非所有的创造成果都能带来积极的社会效果，需要行政机关对于每件智力成果进行个案审核，只有符合公共政策要求的技术方案或工业设计才能取得专利权。

2. 发明创造者或设计者要想获得专利权，除了需要向专利部门提出申请之外，还必须向社会公开其技术方案或工业设计。按照专利制度的规则，发明创造人一旦通过法定程序取得了某项技术方案的专利权，就获得了公权力对其市场垄断地位的排他性保障，他人未经许可不得使用这项技术；但相应的，申请人必须在申请程序中向公众公开技术方案的内容，而不能将其作为自己的商业秘密。这样一来，他人虽不能任意使用专利技术，但却可以从公开的技术方案中获得技术信息和启示，以期为未来的科学研究和创造活动带来助力。

3. 针对相同内容的技术方案，专利部门只能授予一个专利权，即便二人出于巧合先后独立完成了相同的发明创造，专利权也只能授予先申请的一方，另一人则不能获得专利权。这种授权模式有助于激发发明者之间的竞争动力，促使发明者尽快向公众分享自己的创造成果，并尽力基于现有的科技水平创造出新的技术方案，以此获取新技术方案的专利，从而在客观上推动科技的不断进步。

最后，为了切实确保制度目的的实现，专利制度的规则设计同样要致力于国家公共政策落实、私权利益保障和民众实际需要之间的平衡与协调，并以此作为本国专利规则是否合理的基本评价标准。从社会效果的角度来考察，合理的专利规则能够有效刺激人们积极投身创造发明活动，以促使其产生有益于社会进步的新技术；同时，恰当的机制设计有助于促使新的发明创造尽快投入社会的实际应用之中，以此为社会发展和民众生活品质的提升带来切实的推动作用；此外，系统的制度方案使得原本处于保密状态的技术资料得以向公众公开，相应领域的技术人员借助完善的专利数据库，可以迅速获得大量有价值的技术资料，从而进一步提升研究的效率。

由此可见，对于一国的专利制度来说，以国家科技进步和科技产业化发展为导向，相应的法律规范应当紧密结合本国的实际科技水平，通过对专利权的审批程序、专利权的效力、专利权的限制、专利权的救济等内容的合理设置，确保公共利益与权利主体利益方向的一致性，以使得专利保护力度与本国科技发展之间形成良性的互动关系。换言之，不论是以国家集体利益为由，疏于维护或过度限制个体的专利权益，还是忽略本国的科技现状，片面强调对专利权的绝对保护，都会给本国科技的发展造成一定程度的阻碍。

正是认识到了这一点，我国自 1984 年首次颁布《专利法》以来，在吸收各国专利立法经验、构建本国专利制度体系的同时，并没有盲目地跟从发达国家的专利权保护现状，也没有轻易地按照他国的要求，跨越式地提升我国专利权的保护水平，而是紧密围绕本国科学技术发展的实际情况，以及国家经济体制的转型过程，通过1992年、2000年、2008年、2020年的四次修正，逐步扩大和提升了专利权的保护范围和保护力度，以此来维持本国的专利制度对国家科技发展的强大助推力。

可以说，我国《专利法》的修订和改进，是我国科技实力及综合国力不断提升的缩影。而在当前“创新驱动”战略的大背景下，进一步修订《专利法》，提升专利权保护水平，既是建设创新型国家、转变经济发展模式的重要手段，也是协调专利权保障机制与科技创新之间关系的必然路径。在接下来针对具体专利制度的学习过程中，应始终以我国《专利法》的价值追求为指引，通过宏观的社会目的来领悟微观制度的必要性与合理性，并通过细微的规则内容来印证专利制度所承载的时代使命。

第二章　专利权的客体

重点问题

- 发明的概念及认定条件
- 我国《专利法》关于发明的种类
- 实用新型的概念及其与发明的关系
- 外观设计的概念及认定要点
- 智力成果排除专利法保护的情形
- 不受专利法保护的具体客体类型

关键术语

产品发明　方法发明　改进发明　技术方案　工业设计　科学发现　动植物品种

第一节　发明

专利权的客体，即专利法所保护的对象。从“促进本国科技进步”的制度目的来考量，“发明”是专利法当中最为重要的客体类型。应当注意的是，在专利法的语境下，对“发明”的理解，并不能像在日常生活中使用时那样随意和宽泛，而应对其设置严格的内涵限定。根据我国《专利法》的规定，所谓“发明”，是指“对产品、方法和改进提出的新的技术方案”。[①] 据此，一般认为，当某项

① 参见《专利法》第 2 条。

智力成果同时符合以下条件时，就可以被认定为专利法意义上的"发明"。

（一）该智力成果必须是正确利用自然规律或现象的结果

若要透彻领会这一条件对于"发明"的限定作用，必须先理解三个关键名词——"自然规律""利用""正确"。

首先，所谓"自然规律"，是指在自然界客观存在的，并能够为人们所认识的客观事物自身运动、变化和发展的内在必然联系。例如，物体之间存在万有引力，磁铁具有吸引铁、钴、镍等物质的磁性，不同温度的物体之间会发生热传递等，都是人们已经认知并总结出的自然法则。

将"发明"的外延限定在"自然规律"之内，意味着那些基于社会活动规律以及人的精神世界规律所生成的智力成果都不是专利法意义上的"发明"。例如，在数学、经济学、心理学等研究领域所提炼出的基本原理均不是对自然规律的总结，因为其研究的对象是人类社会或人的精神世界。所以，基于这些原理所创造出的数学计算公式、股市投资的技巧、人与人之间的沟通技巧等，即便这些研究成果蕴含了人们大量的智力劳动，也不能被认定为专利法上的"发明"。

其次，发明的定义中强调"利用"二字，表明仅仅提炼或总结出自然规律的劳动成果并不能构成"发明"，而只是对自然规律的"发现"。也就是说，"发明"和"发现"活动，虽然都蕴含了人类的智力劳动，但相较而言，"发明"是一种根据自然规律所提出的改造客观世界的具体手段。

据此，如果某人的智力活动只停留在认识客观世界的层面，而没有提出改造世界的具体方案，就不能认为其创造出的成果是一种"发明"。例如，科学家法拉第通过长期的观察和计算，发现闭合电路的一部分导体做切割磁感线运动可以产生电流。从专利法的视角来看，对于这一自然规律的总结只是一项"发现"，只有根据这一原理制成了发电机，才称得上是一项"发明"。

最后，利用自然规律的过程必须是"正确"的，这意味着违反或脱离自然规律所创造出来智力成果，即便出于改造客观世界的目的，也不能认为是一项"发明"。例如，在专利申请实践中大量出现的"永动机"就是错误利用自然规律的典型代表。由于这种设计本身违背了热力学第二定律，其希望达到的技术效果根本不可能实现，因而它也不是专利法意义上的"发明"，不能获得相应的专利权。

（二）该智力成果必须是一种明确具体的技术方案

在专利法的语境下，“发明”的本质是一种“技术方案”，是对要解决的技术问题所采用的，利用了自然规律的技术手段的集合。通过这一方案，人们能够解决具体的技术问题，即获得符合自然规律的技术效果。由此定性可知，在“正确利用自然规律”的条件限定下，“技术方案”让人们实现了从“认识世界”到“改造世界”的跨越。而实现这一跨越的，并非每一项具体的“技术手段”，而是多项“技术手段”组合起来所产生的特定效果。即真正能够解决具体技术问题的，是“技术手段”的特定组合方式。其中，这些对“技术手段”进行筛选和组合的过程，就是人们在发明领域所投入的智力劳动的体现。

例如，指南针作为一项重要的发明，是利用磁石固定指向地球南北磁极的自然现象，所构思出的能够指示方向的机械装置。该装置作为一种技术方案，是将多个技术手段聚合起来所产生的智力成果。在这套方案中，采用并实施的技术手段至少包括了“磨制磁针”“制作支架”等必要步骤，而只有将所有的技术手段按照特定的方式集合在一起，才能起到辨识方向的技术效果。在此需要注意的是，对于一项发明来说，其“技术方案”的内容必须具体到能够转换为明确的可操作步骤，如果对于某技术方案的构思只是一种空洞的愿望或不切实际的方案，根本不能落到实处，则不能认为是一项“发明”。

（三）该技术方案能够被稳定地重复实施

对于正确利用自然规律的技术方案来说，为了确保其能够给社会带来确定的利益，其操作和实施的步骤必须能够让普通的技术人员稳定地重复实施，且每次实施均能达到基本相同的技术效果，否则不能构成专利法意义上的“发明”。换言之，一般那些高度依赖个人独特手法或心理条件的技术方案是不能构成“发明”的。例如，通过器官移植治疗疾病的具体方法，虽然相关的操作步骤能够被详细地描述并列举出来，但在技术的实施过程中，其对个体能力的依赖性太高，技术效果不能被其他人稳定地再现，因而不能认为这种手术方法是一项“发明”。

以上，就是专利制度对于“发明”在内涵上的界定。当以上三个条件全部满足时，特定的智力成果就构成了专利法上的“发明”。而当专利行政部门通过法定审批程序，认为其达到了赋予专利权的实质性标准时，相应主体就可以基于该项发明获得发明专利权。

如果从表现形态上来考察，可以根据不同的标准把发明分为不同的类型。按照我国《专利法》所采取的标准，发明可以分为“产品发明”和“方法发明”。其中，所谓“产品发明”，是以特定实物作为具体表现形态的发明，如手机、汽车、电脑、药品等，都属于产品发明；而“方法发明”，是以实现某种技术效果的程序或步骤作为具体表现形态的发明，如制造某一产品的物理方法、化学方法、生物学方法等。对于《专利法》来说，区分“产品发明”和“方法发明”，在于二者在授予专利权之后，其权利效力的范围有所不同，因而在权利的保护和侵权的认定方面均有所差异。

除了“产品发明”和“方法发明”之外，我国《专利法》还提出了“改进发明”的概念。这一类型与“基础发明”的概念相对，是指对现有产品发明或方法发明作出实质性革新的技术方案。在现实生活中，有许多发明都是在先前已有发明的基础上所进行的改进，而其改进的那部分智力成果在符合专利授权实质性标准时，也可以取得独立的“发明专利”。例如，某人在对前人已经发明的汽油发动机进行多项重大技术改进之后，极大提升了发动机的燃油效率，则其改进部分的技术方案，有可能获得新的独立的“发明专利权”。对于专利制度来说，“改进发明”这一概念的现实意义在于，如果“基础发明”仍然在其自身专利权的保护期内，那么“改进发明”的实施在不可避免地使用“基础发明”的技术方案时，需要获得基础发明专利人的许可。

第二节　实用新型和外观设计

在我国的《专利法》中，除了“发明”之外，还规定了另外两种专利客体，分别是“实用新型”和“外观设计”。纵观各国的立法，多数国家在其专利法中只规定了“发明”这一项客体，而对“实用新型”和“外观设计”则通过专门的立法予以保护。我国《专利法》将“发明”“实用新型”和“外观设计”共同列为保护对象，意味着在我国，同时存在发明专利、实用新型专利和外观设计专利三种专利形态。在系统探讨了“发明”的基本内涵和典型类别之后，本节将对“实用新型”和“外观设计”作分别阐述。

一、实用新型

根据我国《专利法》中的表述，所谓“实用新型”，是指为解决一般实用技术问题而“对产品的形状、构造或者其结合所提出的适于实用的新的技术方案”。例如，圆柱形的铅笔容易随意滚动，而将铅笔设计成六棱柱形，就可以有效解决这一问题。这种对铅笔在形状上的改动，就是一种典型的实用新型。

通过对“实用新型”内涵及例证的分析，结合前述对“发明”的解读，可以发现，这两种专利客体具有很大的相似性，它们都是为解决具体技术问题而提出的新的技术方案，但立法为什么要专门设置两个专利客体对同一性质的技术方案作分别保护呢?

从制度发展的历史脉络来考察，可以解答这一问题。在 19 世纪中期之后，发明专利制度已经基本完善，但在具体的适用过程中，人们发现了一个问题：一般来说，专利制度对于授予发明专利都有较高的要求，如果专利审查机构认为一项技术方案与现有技术相比没有取得重大的突破和进步，未能达到授予专利权的实质性标准，就不能获得发明专利。但是，这些技术方案本身在具有一定的实用价值和市场价值的情况下，如果得不到法定权利的垄断性保护，同样会给技术方案的设计者造成财产上的损害，进而挫伤公众投身技术创新的积极性。正是考虑到这一点，各国陆续制定了专门保护实用新型的法律规范，对于那些未能达到发明专利实质性标准的技术方案予以类似的权利保障。正是由于“实用新型”与“发明”有诸多相同之处，人们也常常将“实用新型”直接称为“小发明”。

但作为一项技术方案，“实用新型”与“发明”的差异也显而易见。一方面，“实用新型”在技术上的创造性要低于发明，它只适用于解决一般实用性的技术问题；另一方面，“实用新型”只是通过产品的形状和构造来解决技术问题，因而它不涉及在“方法”领域的创新和进步。由于“实用新型”的整体技术价值要低于“发明”，所以专利法对于实用新型专利的审批程序更为简易，对于这一权利的保护期限也要显著短于发明专利，与此相关的规则细节在后续章节中作专门讲述。

二、外观设计

我国《专利法》同样对“外观设计”作出了明确的界定，它是指“对产品的整体或者局部的形状、图案或者其结合以及色彩与形状、图案的结合所作出的富有美感并适于工业应用的新设计”。[①] 从这一定义可以看出，在专利制度体系内，“外观设计”与“发明”和“实用新型”有着本质的区别。立法设置外观设计专利，并非要求这一客体能够解决任何实际的技术性问题，而是认为其作为工业产品之上富有美感的设计，在功能上能够起到吸引消费者的作用。因此，针对“外观设计”施以专利法上的保护，实际上是在帮助产品生产企业维护其工业设计之上所蕴含的市场价值，防止他人随意使用该设计，进而侵占该工业产品的市场份额。

例如，某企业生产的一款耳机，因为其独特的外形和色彩受到了消费者的追捧，纷纷争相购买。就这一耳机的造型设计而言，本身并没有提升耳机质量或声音品质的功能，但由于其时尚的外形产生了对消费者的吸引作用，该外形之上就承载了巨大的市场价值。此时，如果其他的企业在未经许可的情况下，也在自己的耳机上使用这一设计，就意味着使用者直接“剽窃”了原设计者的智力成果，并将其中所蕴含的市场价值附着在自己的产品之上，这种做法势必会侵占原先耳机的市场份额，减少原先耳机的销量，给原企业造成巨大的损失。

为了防止出现这种不公平的现象，专利法给予“外观设计”同“发明”和“实用新型”一样的保护措施——当产品外观的设计企业向专利部门提出申请，并经该

---

① 2020 年第四次修正的《专利法》，对于外观设计的定义增加了“整体或者局部”的修饰词语。在此之前，单从我国《专利法》的规定中，并不能看出我国外观设计所应用的对象究竟是只针对产品的整体设计，还是包括了产品的部分设计。然而，我国的《专利审查指南》则将不能分割的部分设计排除在了我国《专利法》的保护对象之外。指南中规定，产品不能分割或者不能单独出售且不能单独使用的局部设计，例如袜跟、帽檐、杯把等，属于不授予外观设计专利权的情形。因此，一直以来，我国《专利法》实际上只保护产品的整体设计，这就意味着，他人如果使用了某一产品部分的设计元素，是不侵犯其外观设计专利的。在实践中，一些经营者往往采用简单拼凑、替换等方式对他人整体产品设计中的局部外观设计加以模仿。此种做法既避免了对于他人外观设计专利的侵犯，同时却又获取了他人产品设计中吸引消费者的关键元素。正是考虑到上述问题，第四次修正的《专利法》首次明确承认，产品的局部设计也可以得到外观设计专利权的保护，这对于充分保护专利权人的合法权益、抑制市场环境中的不正当竞争行为，均具有积极的作用。

部门审批授予其外观设计专利之后，该企业便获得了禁止他人使用该产品设计的法定权利，如果他人未经许可在自己的产品上使用了这一设计，专利权人有权制止，并要求其承担损害赔偿责任。

在对“外观设计”的内涵进行理解时，应当注意，它是针对工业产品的外观所做的设计，对于脱离了工业产品而进行的形状、图案、色彩结合的设计，可能因为达到独创性要求而构成著作权法保护的美术作品，但不能认为它是“外观设计”。在具体的实践认定中，需要把握两个要点：

其一，所谓的“外观设计”要“富有美感”，并不是需要评判这种设计是否具有美学意义上的追求。对于“外观设计”来说，其目的在于增加产品之于消费者的吸引力，激发消费者购买该产品的欲望。所以，只要一项应用于产品之上的设计具有一定的特色，实践中就认为该设计符合具有美感的要求。

其二，“外观设计”可以是产品的形状、图案、色彩等要素的组合结果，也可以是单纯的产品形状或单纯的图案所形成的设计方案，但是，色彩不能单独构成“外观设计”。这是因为，人类肉眼可识别的色彩数量是有限的，如果允许单纯的色彩获得外观设计专利，必然会导致少数人在短时间内垄断所有的颜色，进而造成不公平的结果。

通过以上对于“实用新型”和“外观设计”的解读，我们已经可以理解专利制度对这两种专利权客体加以保护的目的差异，以及由此所产生的客体认定方式的不同。虽然在理论上可以对这两类客体作明确的区分，但在实践中，有可能出现这样一种情况：某一针对产品形状的设计既属于一种技术方案，同时又富有美感。此时，申请人应当申请哪一种专利呢？对于这一问题，我们可以根据各类专利客体的内涵进行解析。按照专利制度的设定，“实用新型”必须是能够解决实际技术问题的技术方案，而针对“外观设计”并没有这种要求。但是，不能由此就认为，“外观设计”不能有解决技术问题的功能，或“实用新型”不能有吸引消费者的美感。因此，在法律实践中，如果一项技术方案同时富有美感，那么设计人可以根据自己的意愿，自主选择是申请实用新型专利，还是申请外观设计专利。

第三节 不受专利法保护的对象

在学习了专利法所保护的三类客体的基础上，本节专门探讨法律规定的那些不能被授予专利权的智力成果类型，以此明确专利法的保护范围及边界划分。从专利法的一般原理来看，某项客体不能获得专利权，一般有两种可能：一种是该客体根本不是专利法意义上的发明、实用新型和外观设计；另一种是该客体虽然在形式上符合专利法对客体的定义，但可能基于特殊的原因和目的而将其列为专利保护的排除对象。对此，我国《专利法》分别通过概括式和列举式的方式，将不符合要求的客体排除在专利制度的保护范围之外。

一、利用违禁条款的概括式排除

我国《专利法》第 5 条第 1 款规定，对违反法律、社会公德或者妨害公共利益的发明创造，不授予专利权。这条规定表明，出于维护社会公共秩序的考虑，如果一项发明创造违反了全国人大或全国人大常委会制定和颁布的法律，或是触犯了公众普遍认为正当并被广泛接受的伦理道德观念和行为准则，又或是会给公众或社会造成危害、使国家和社会的正常秩序受到影响，即便该智力成果符合构成发明等客体的全部条件，也不能被授予专利权。对于这一概括条款，《专利审查指南》给予了更为细致的解释，认为判断一项发明创造是否“违反法律”，应当分三种情况加以判断。

（一）发明创造本身就是违法的

例如，专门用于赌博的机器、专门用于制造伪钞的设备或方法，如果有人将其作为客体申请专利，那么专利审批机构可以直接依据《专利法》第 5 条规定的违禁条款予以驳回。

（二）发明创造本身并不违法，但发明的获得途径违法

例如，我国《专利法》在 2008 年的修改中，增加了第 5 条第 2 款的内容，对

违反法律、行政法规的规定获取或者利用遗传资源，并依赖该遗传资源完成的发明创造，不授予专利权。由此条文可知，利用并依赖遗传资源所作出的发明创造，本身并不一定违反了法律，但如果其所依赖的遗传资源在获取或者利用的过程中违反了我国关于遗传管理、保护的法律法规，也不能授予专利权。

（三）发明创造本身并不违法，但其实施、使用或滥用的行为为法律所禁止

对于这种情形，由于发明创造的生成过程及结果均不具有违法性，所以实践中并不能简单地一律驳回专利申请，而应当根据不同的情况区别对待。一般认为，辨别“使用违法”是否应当驳回专利申请，主要考察该发明创造除了违法用途之外，是否还有合法用途，如果没有就可以予以驳回。

例如，滥用为法律所禁止，但某些被认定为毒品的物质也可能具有一定的药用价值，在医学领域具有合法的用途。因此，对于涉及毒品的专利申请就需要视情形分别讨论，不能仅以法律禁止滥用毒品为由而驳回其申请。

二、针对特定对象的列举式排除

在违禁条款的基础上，我国《专利法》第 25 条直接列举了六种明确不受专利法保护的客体，以下对于每种情形的内涵及排除原因分别予以解读。

（一）科学发现

作为对自然界客观存在的现象和规律的揭示，科学发现并没有提出用于解决技术问题的技术方案，因而不能构成专利法上的发明或实用新型，也就不能被授予专利权。例如，科学家通过计算和观测发现了引力波的存在，而对于引力波的揭示和描述，就属于发现的范畴，由此所投入的脑力劳动和智力产出不受专利法保护。

（二）智力活动的规则和方法

此类智力成果，是基于人们的思维、识别、判断、记忆特征所总结而成的规则或方法，它没有在正确利用自然规律的基础上提出技术方案、产生技术效果，所以并未构成发明创造。根据这一认知，实践中关于比赛规则、游戏规则、记忆方法、信息检索方法、计算方法等，均不能被授予专利权。

（三）疾病的诊断和治疗方法

该方法一般是指，以人体或动物为直接实施对象，进行识别、确定、消除疾病的过程。我国《专利法》之所以将诊断和治疗方法排除在专利法的保护范围之外，一方面，由于传统的诊断和治疗方法在很大程度上取决于实施者本人的经验积累、心理状态，难以被重复稳定地实施；另一方面，即便当前一些先进的诊疗手段已经可以产生稳定的诊断和治疗效果，但考虑到我国整体医疗技术与发达国家相比尚有差距，暂不对疾病的诊断和治疗方法授予专利权，防止“先进医疗技术的广泛传播和使用”因专利权的授予而受到限制，是基于我国国情而作出的政策选择。

（四）动物和植物品种

对于涉及动植物品种的智力成果是否能受专利法保护，应当从几个层面分别加以分析。

1. 对于通过科学探索而发现的自然界原本就存在的新物种，其并不是人类发明创造的产物，不可能在其上授予专利权。

2. 对于人工培育而成的动植物品种，虽然没有人为的介入就无法产生，但其往往需要较长时间，经过几代的培育才能生成显著特征和稳定状态，且受自然条件影响较大，专利审批认定较为困难，直接由专利法保护具有一定难度。

3. 随着生物技术特别是转基因技术的发展，人们有能力也有条件通过基因重组的方式来改变生命体的特征，甚至创造出前所未有的生命形式。在这种情况下，所创造出的动植物品种是符合“发明”的构成条件的，而是否对作为发明创造成果的生命体授予专利权，则取决于人们对于生命的伦理观念以及一国的公共政策。

目前，基于本国生物技术相对落后的事实，防止专利权的授予给科学研究和本国产业带来不利影响，我国立法先将全部动植物品种排除在《专利法》的保护范围之外，随后，又考虑到动物品种会涉及伦理上的诸多争议，而符合专利条件的植物品种则基本不存在这一问题，因而又专门制定了《植物新品种保护条例》，对于符合条件的植物品种提供类似于专利制度的保护，但对于所有的动物品种，我国目前依然不授予任何形式的专利权。

此外，还需注意的是，在生物学分类上，细菌、真菌、病毒等微生物既不是动物，也不是植物，且通过人工培养而成的微生物符合发明的基本条件，同时也不涉及伦理方面的问题，考虑到其在特定产业当中所发挥的积极作用，我国《专利法》认为微生物品种可以被授予专利权。

（五）原子核变换方法以及用原子核变换方法获得的物质[①]

原子核变换方法，是指使一个或几个原子核经分裂或者聚合，形成一个或几个新原子核的过程。而用原子核变换方法所获得的物质，主要是指用加速器、反应堆等核反应装置生产、制造的各种放射性同位素。将此类方法和物质排除在专利权保护之外，是因为它们关系到国防、经济、科研和公共安全等重大利益，不宜由私权加以垄断。

（六）对平面印刷品的图案、色彩或者二者的结合作出的主要起标识作用的设计

我国《专利法》列举这一情形，目的在于划定外观设计专利的保护边界。一般而言，平面印刷品是指用于装入商品或附着在商品之上的印刷设计，如平面包装袋、瓶贴、标贴等。如果这些印刷品的使用目的在于增强商品对消费者的吸引力，申请外观设计专利无可厚非，但如果印刷品的使用目的在于识别商品的来源，那么它起到的实际上是商标的作用，应当受到《商标法》的保护。我国在 2008 年第三次修正《专利法》之前，没有对印刷品的使用目的加以区分，导致大量用于识别商品的设计被授予外观设计专利，造成了《专利法》与《商标法》保护内容的重叠与冲突，因而在 2008 年修正之后，《专利法》不再为此类设计提供保护。

---

① 在《专利法》第四次修正之前，对于该种情形的表述为“用原子核变换方法获得的物质”，修正后的表述为“原子核变换方法以及用原子核变换方法获得的物质”。从文义解释的角度来看，修改前的表述所强调的是，用此种方法获得的物质不能由专利法保护，并未明确原子核变换方法是否可以获得专利权；修改后的表述则确切表明，无论是原子核变换方法，还是由此所获得的物质，均不能被授予专利权。

第三章　专利权的主体

重点问题

- 发明人和设计人的概念和构成条件
- 外国人在我国申请专利的条件和要求
- 共同发明的概念及权利归属
- 委托发明的概念及权利归属
- 职务发明的概念、构成条件及权利归属

关键术语

发明人　设计人　申请人　专利权人　共同发明　委托发明　职务发明

第一节　专利制度当中的主体类型

在私权利的视角下，专利权的主体与著作权的主体一样，均是特定智力成果之上相关知识产权的享有者，且基于权利取得方式的分类标准，二者都可以被分为原始取得主体和继受取得主体。同时，在前文著作权法的相关章节中还曾经提到，为了实现“市场收益归于创作者”的政策目标，著作权法确立了“谁创作作品，谁享有作品的著作权”的基本原则。那么，在知识产权法定权利贯通的理论体系之下，上述原理和方法似乎同样可以成为专利权主体制度的构建基础，即“谁从事了发明或设计活动，谁就可以成为相应专利的原始主体”。就专利法的制度构建而言，这样的结论在原理层面也许不无道理，但除了共通的制度原理之外，专利制度在权利取得方面还有其特殊的规则，即相关主体必须通过法定的申请审批程序，才能被国家专利部门授予专利权。这就造成了在主体形态的认定方面，专利制度需要根据“发明设计”“专利申请”“专利授予”三个阶段，将主体分为“发明设计人”“申请人”“专利权人”三种类别，并在此分类基础之上，讨论不同主体在不同阶段的权限及权利流转。

一、发明设计人

发明人，是指参与发明创造活动，并对发明的实质性特点作出创造性贡献的人。与此相应的，对实用新型和外观设计作出创造性贡献的人，将其称为设计人。由定义可知，发明设计人既是智力劳动的实施者，同时也是无形财产的创造者。正是由于这些从事创造性劳动的人，人类的科学技术才得以不断进步和发展，并由此推动着社会生产力水平的提高。在这个意义上讲，发明设计人是现代社会文明科技的直接推动者，而法律基于其智力劳动的投入行为，应当承认发明设计人对于其所创造出的智力成果的直接支配利益，即成果的创造者天然享有使用、收益、处分该成果的权利。根据“劳动者当然享有自身劳动增益”的理论，这种权利是“天赋人权”，即一项“自然权利”。

在实践中，认定发明设计人，应考察其是否具备以下三个条件。

（一）发明设计人应当是自然人

作为一种智力活动，发明创造是一种思维过程，而这种创造性思维只有自然人才可以实施，法人或非法人组织都不能直接从事。所以，法人或非法人组织都不能成为发明设计人。

（二）发明设计人应当是直接参加发明创造活动的人

对于一项发明创造的实现来说，有时需要一个团队的共同努力才能完成。而在发明创造的过程中，只有直接参加发明创造活动的人，才可能成为发明设计人，那些仅负责组织管理工作，或是提供物质技术条件的人，不是发明设计人。

（三）发明设计人应当对发明创造的实质性特点作出创造性贡献

发明创造属于脑力劳动，要求发明创造人在本领域技术知识的基础上再加以创新。

因此，如果普通工作人员只是按照设计好的流程进行操作，或仅仅提出了发明创造所要解决的问题，或仅是提供了一般性建议，就不能被认为是该发明创造的发明设计人。

二、申请人

所谓申请人，是指就一项发明创造有权向国家专利部门申请专利保护的人。由于发明设计人拥有任意支配发明创造的自由，而在这类智力成果之上设置法定权利外观也是支配的具体方式之一，所以通常情况下，各国专利法都承认发明设计人有权对其完成的发明创造申请专利。发明设计人与申请人一般应是同一人。但是，在现实生活中，确实也存在发明设计人与申请人并非同一人的情况，而这种情况往往是以下原因导致的。

1. 发明设计人以外的其他人通过合同从发明设计人处取得了发明创造的专利申请权。一项发明创造在其完成之后是否申请专利，由发明设计人自己决定，该权益作为民法上的财产利益可以在主体之间转让。在实践中，专利申请权的转让可以分为“专利申请提出前的转让”和“专利申请提出后的转让”。对于前者，属于普通的民事权益转让，在双方达成合意之后，转让就可生效；对于后者，由于发明设计人自己已经提出了专利申请，再转让专利申请权的，应当将转让合同报专利局登记，经专利局公告之后，转让才能生效。

2. 发明设计人的继承人通过继承取得发明创造的专利申请权。这种情况适用继承制度的相关规定，当满足继承的全部条件时，发生继承人继承专利申请权的结果。同样，如果继承人是在专利申请期间继承取得专利申请权的，也必须向专利局提出变更申请人的请求，并由专利局登记和公告。

3. 法律直接将专利申请权赋予法律设计人以外的其他人。这种情况主要发生在职务发明的情况下，其具体规则在下一节作具体阐述。

三、专利权人

专利权人就是最终取得专利授权的民事主体。由于不是所有的专利申请都能够获得专利授权，所以专利申请人未必最终都能成为专利权人。同时，由于专利权也可以通过合同转让或继承等方式取得，所以专利权人未必都曾是专利申请人。

当民事主体取得专利权后，其作为专利权人，也就成为专利法律关系的核心，所有的专利活动都将围绕专利权人展开。例如，专利权人有权许可他人使用专利技术或专利设计，也可以将专利技术或专利设计转让给他人。相应的，专利权人应当按时向专利局缴纳年费，参与因专利权而产生的诉讼纠纷等。

以上是出于不同阶段的专利权主体的具体表现形态及其相应权限。由于专利权的效力依其法定权利属性而具有地域性，所以，在上述认知的基础上，还必须讨论外国人在本国申请专利以及本国人在外国申请专利的特别规定。

作为《巴黎公约》① 的成员国，我国《专利法》根据《巴黎公约》所要求的"国民待遇原则"，规定在满足以下条件的其中一项时，外国人可以在我国申请专利：②

（1）外国人在我国有经常居所或营业场所；

（2）若不具备第一项条件，只要外国人所属国同中国签订了专利条约或共同参加了有关国际公约即可；

（3）若不满足前两项条件，按照互惠原则，如果外国人所属国对中国人的专利申请予以保护，则我国也对该外国国民予以保护；

（4）根据《巴黎公约》，对于非《巴黎公约》成员国国民，只要在任一《巴黎公约》成员国领域内设有住所或真实有效的营业所，也可以在我国申请专利。③

此外，根据我国《专利法》的规定，在程序方面，在中国没有经常居所或营业所的外国人，不能亲自办理专利的相关事务，必须委托中国的专利代理机构代为办理。④

而对于在国内完成的发明创造向外国申请专利的情况，我国《专利法》则给

---

① 即《保护工业产权巴黎公约》，以下称《巴黎公约》。

② 对于相关条件的列举，参见《专利法》第 17 条的具体规定。

③ 《巴黎公约》第 2 条规定：（1）本联盟任何国家的国民，在保护工业产权方面，在本联盟所有其他国家内应享有各该国法律现在授予或今后可能授予国民的各种利益；一切都不应损害本公约特别规定的权利。因此，他们应和国民享有同样的保护，对侵犯他们的权利享有同样的法律上的救济手段，但是他们遵守对国民规定的条件和手续为限。（2）但是，对于本联盟国家的国民不得规定在其要求保护的国家须有住所或营业所才能享有工业产权。（3）本联盟每一国家法律中关于司法和行政程序管辖权、以及指定送达地址或委派代理人的规定，工业产权法律中可能有要求的，均明确地予以保留。

④ 我国《专利法》第 18 条第 1 款规定："在中国没有经常居所或者营业所的外国人、外国企业或者外国其他组织在中国申请专利和办理其他专利事务的，应当委托依法设立的专利代理机构办理。"

予了一定的限制，任何单位或者个人将在中国完成的发明或者实用新型向外国申请专利的，应当事先报经国务院专利行政部门进行保密审查。如果违反了这一规定，再向中国申请专利时，我国专利机构将依法不授予其专利权。①

第二节 发明创造的权利归属

在上一节里，按照发明创造从完成——申请——授权的线性逻辑，梳理了不同阶段的主体权限，以及专利权取得的基本原理。但同著作权的归属问题一样，如果创造性思维的智力劳动并非来源于单一主体，或是基于法定或约定的原因让非发明设计人原始取得了专利申请权或专利权，那么权利归属的规则也就相应地变得复杂起来。因此，本节将针对这些特殊情况，对非由单个发明设计人作出的发明创造等情形的权利归属问题进行专门的解读。具体而言，这些特殊情形包括共同发明、委托发明以及职务发明。

一、共同发明

所谓共同发明，是指发明创造是由两个或以上的单位或个人作出实质性贡献所产生的结果。从原理上看，专利法上的“共同发明”，与著作权法上的“合作作品”有很大的相似性，它们都是多个主体创造性的智力劳动凝结在一件智力成果之上的结果。所以，在情形的认定和权利的归属方式方面，二者的规则存在大量的重叠，可以相互借鉴参考。

根据我国《专利法实施细则》的相关规定，若要构成共同发明，那么多个发明设计人之间应当具有合作的合意，且所有发明设计人各自均应作出实质的创造性贡献，并且将其贡献体现在共同发明设计的智力成果之上。按照这一标准，如果两个人分别独立完成了相同的发明创造，或是二人分别独立完成了某项发明当中彼此互补的技术方案，都不属于共同发明人。

在构成共同发明的情况下，由于所有的发明人都投入了实质的创造性贡献，那么基于这些智力劳动的投入行为，当中所有的发明人都应该享有支配该智力成果的自然

① 参见《专利法》第19条。

权利，主体之间由此产生了共有的法律关系。因此，共同发明之上的权利应当由全体发明人共同行使，共同发明在申请专利时，应当取得共有人的一致同意。只要有一人不同意申请专利，其他共有人不得擅自将共有发明申请专利。同理，当所有主体一致同意并提出专利申请之后，想要撤回专利申请，也必须经过全体共有人的一致同意。共有人如果转让共有份额，其他共有人在同等条件下具有优先购买权。在专利申请提出之后，如果共有的一方声明放弃其专利申请权的，那么其他共有各方可以共同申请，而在获得专利权之后，放弃申请权的一方没有专利权，但可以免费自行实施该项专利。

对于权利的行使方式，我国《专利法》规定，专利申请权或者专利权的共有人对权利的行使有约定的，从其约定。没有约定的，共有人可以单独实施或者以普通许可方式许可他人实施该专利；许可他人实施该专利的，收取的使用费应当在共有人之间分配。①

二、委托发明

所谓委托发明，是指单位或个人接受他人的委托所完成的发明创造。在原理上，委托发明与著作权法当中的委托作品基本类似，均是基于约定情形而产生的权利归属规则的例外。所以，对于委托发明的权利归属，应当首先遵循“有约定，从约定”的一般原则，如果没有约定，根据我国《专利法》的相关规定，专利申请权应当属于受托人，即完成发明的单位或个人，而在获得专利授权之后，专利权归申请人所有。②同时，还应注意的是，根据相关规定，如果是研究开发人取得专利权的，委托人可以依法实施该专利；如果研究开发人转让专利申请权的，委托人享有以同等条件优先受让的权利。③

---

① 参见《专利法》第 14 条第 1 款。

② 我国《专利法》第 8 条规定：“两个以上单位或者个人合作完成的发明创造、一个单位或者个人接受其他单位或者个人委托所完成的发明创造，除另有协议的以外，申请专利的权利属于完成或者共同完成的单位或者个人；申请被批准后，申请的单位或者个人为专利权人。”

③ 对于委托发明的具体规则，我国《专利法》并没有对于细节问题给出更进一步的描述，相关规定体现在《民法典》合同编第二十章第二节“技术开发合同”之中。《民法典》第 859 条规定：“委托开发完成的发明创造，除法律另有规定或者当事人另有约定外，申请专利的权利属于研究开发人。研究开发人取得专利权的，委托人可以依法实施该专利。研究开发人转让专利申请权的，委托人享有以同等条件优先受让的权利。”

三、职务发明

所谓职务发明，又被称为“雇员发明”，是指单位员工在履行其作为雇员的职责中所完成的发明创造。在技术发展早期，人们凭借个人的技术和创造力就可以创制各种新产品、筹划各种新方法，但随着现代科技的日趋复杂，个人想凭一己之力就完成重要发明创造的可能性变得越来越低。个人自由从事发明活动的时代已成为过去，重要的发明创造活动往往需要借助单位的物质技术条件和相关资料，并且通过整个团队的共同努力才能完成。在这样的结构下，对于专利制度来说，它比著作权制度更加重视对单位物质资料投入的保护。因此，对于职务发明的专利归属，我国《专利法》规定，执行本单位的任务或者主要是利用本单位的物质技术条件所完成的发明创造为职务发明创造。职务发明创造申请专利的权利属于该单位；申请被批准后，该单位为专利权人。[①]

在此规则的基础上，实践中，关键的问题在于如何认定某种情形是否构成职务发明。对此，根据我国《专利法》和《专利法实施细则》的规定，两种情形可以构成职务发明，第一种是执行本单位的任务所完成的发明创造，第二种是主要利用本单位的物质技术条件所完成的发明创造。

首先，针对第一种情形，执行本单位的任务又表现为三种不同的形式。

1. 在本职工作中作出的发明创造。

判断一项工作是否是员工的本职工作，可以参考其职务内容、责任范围和工作目标。例如，某家电企业技术部人员的本职工作是进行新型电器的研究开发，那么他们在日常工作中完成的相关发明创造就属于职务发明。

2. 履行本单位交付的本职工作之外的任务所作出的发明创造。

这是指工作人员在完成单位短期或临时下达的任务时作出的成果。例如，某员工参加了单位因特定目的而临时设立的研究设计小组，其间创造出的智力成果也构成职务发明。

3. 退休、退职或调动工作后，1 年内作出的与其在原单位承担的本职工作或分

① 参见《专利法》第 6 条。而在《专利法》第四次修正之后，在原有表述的基础上，该条又作了进一步的补充——“该单位可以依法处置其职务发明创造申请专利的权利和专利权，促进相关发明创造的实施和运用”。

配的任务有关的发明创造。

立法将这种情况纳入职务发明之中，主要考虑到发明创造需要长期的构思并动手实践，离职后未满1年所生成的智力成果，如果与原先的本职工作或任务有密切联系，那么原单位一般都会为此付出大量的物质投入，需要对单位的付出加以保护。同时，将这一时期的发明创造归于原单位的职务发明，可以防止一些技术人员将其研究成果作为谈判筹码跳槽到其他单位，而给原单位的合法权益造成损害。

其次，针对第二种情形，是指虽然单位没有向员工安排某项任务，但该技术人员自发投入此项领域的研发之中。在这一过程中，其利用了本单位的资金、设备、零部件、原材料或者不对外公布的技术资料等，且这些物质技术条件对于形成该技术成果具有实质性的影响，那么基于此所完成的发明创造也属于职务发明。但应注意，如果发明创造人在利用本单位提供的物质技术条件时，按照与单位的事先约定向单位返还了资金或者缴纳了使用费，则不属于职务发明。

虽然职务发明当中的发明设计人无法取得专利申请权和专利权，但基于其作出的创造性贡献，当职务发明被授予专利权之后，发明设计人依法享有在专利文件中表明自己发明设计人身份的权利，以及获得奖励和报酬的权利。①

---

① 我国《专利法》第15条第1款规定："被授予专利权的单位应当对职务发明创造的发明人或者设计人给予奖励；发明创造专利实施后，根据其推广应用的范围和取得的经济效益，对发明人或者设计人给予合理的报酬。"而在《专利法》第四次修正之后，该条又增加了第2款的规定："国家鼓励被授予专利权的单位实行产权激励，采取股权、期权、分红等方式，使发明人或者设计人合理分享创新收益。"

增加这一条款，说明立法者已经认识到，在我国当前的环境下，对于职务发明出现了单位和发明人权利严重失衡的问题。由于法律规定，职务发明的专利申请权和专利权均属于单位，使得单位完全控制了职务发明从申请到实施以及处置的全过程，对此发明人却没有任何可以制衡的手段。同时，对于发明人的奖励，在实践中也常常难以落实。尽管立法已经表明发明人有权获得奖励和报酬，也通过其他法律法规规定了具体的奖励办法，但总体来说，这些奖励的力度仍然不足，难以对科技人员从事发明创造的热情起到实质性的激发作用。

对此，立法第四次修正后增加的条款，表明国家试图充分调动科技人员积极从事发明创造活动的决心，而为已经取得职务发明专利权的单位提供激励本单位发明设计人的诸多方法和路径，也是值得肯定的立法内容。但同时也应当认识到，该条款在内容上属于倡导性规范，并不能从根本上解决职务发明情形下，发明设计人奖励不足且难以落实的问题。对此，其他相关法律法规应当尽快完善配套制度，切实将国家充分保障和提升发明设计人收益、有效激发其创造热情的目标加以贯彻。

对此，我国《专利法实施细则》明确规定，被授予专利权的单位可以与发明设计人约定，或在单位规章制度中规定奖励和报酬的方式、数额，未约定或未规定的，自专利公告之日起 3 个月内发给奖金，发明专利的奖金不少于 3000 元，实用新型或外观设计专利的奖金不少于 1000 元。同时，在专利有效期内，实施专利之后，单位每年应从该实施发明或实用新型专利的营业利润提取不低于 2%，或外观设计专利的营业额不低于 0.2%，作为支付给发明设计人的报酬，或参照这一比例计算，给予一次性的报酬。如果单位许可他人实施该专利的，则应当以不低于使用费 10% 的比例，作为支付给发明设计人的报酬。①

① 参见《专利法实施细则》第 77 条、第 78 条。

第四章　专利申请

重点问题

- 先申请原则的法律意义及适用
- 优先权原则的产生原因及适用
- 专利申请时申请人应当提交的文件
- 对书面原则和单一性原则的理解及适用

关键术语

申请日　国际优先权　本国优先权　请求书　权利要求书　说明书　技术方案　技术特征

第一节　专利申请日的确定及其相关的法律制度

与著作权自作品完成时自动产生不同，专利权只有经申请人申请，并由国家专利部门审查批准之后才会产生。因此，专利申请、专利审查、专利授权就成为专利制度中非常重要的部分。以下就相关规则作专门的探讨。

前已述及，为了鼓励竞争，推进技术的进步，对于相同内容的技术方案，专利部门只能授予一个专利权。如果两人先后独立完成了相同的发明创造，专利权只能授予先申请的一方，另一方则不能获得专利权。[①] 这一规则就是我国

① 《专利法》第 9 条第 2 款规定："两个以上的申请人分别就同样的发明创造申请专利的，专利权授予最先申请的人。"

《专利法》所采取的“先申请原则”。

基于该原则，专利申请日在我国的专利申请过程中发挥着非常重要的作用。对于两个内容相同的发明创造，谁的申请日在前，谁才有可能被授予专利。所以，在实践中，争取更早的申请日就成为一些单位或个人申请专利时所要面对的头等大事。

而在具体的操作过程中，应当注意，专利制度在计算期间时以“日”为最小单位，并没有“申请时”的概念，这就引发了一个规则适用的问题：如果两个申请人在同一天就同样的发明创造向专利局提出申请，其中一人于当天上午递交，另一人于下午递交，行政部门应接收谁的申请呢？

对此，我国在实践操作中采用如下做法：针对同一天相同内容的申请，即便其中一人在当天的申请时刻早于另一个，也视为两人同时申请，双方应当在收到专利部门的通知之后自行协商确定申请人，如果协商不成，则二人的申请都将被驳回。①

从表面上看，驳回全部申请的方式似乎有些残酷，但实际上，这一机制是希望通过对双方均不利的结果促成各申请人之间达成协议。通常情况下，如果申请人担心自己的申请被驳回，那么他就会设法与对方就利益问题达成妥协。例如，双方可以约定，由其中一人申请，另一人放弃申请，但放弃申请一方可要求对方给予适当补偿，或将实施专利所得收益按比例分成。

此外，考虑到我国幅员辽阔，部分地区交通通讯还不够便利，我国既允许申请人向专利部门当面递交专利申请文件，也允许其以邮寄方式提交申请文件。对此，《专利法实施细则》规定：当面递交专利申请文件的，以递交日为申请日。以邮寄方式申请的，以寄出的邮戳日为递交日；邮戳不清晰的，除当事人能够证明外，以国务院专利行政主管部门收到日为申请日。②

对于专利申请日的确定，如果将视野从国内的法域拓宽到整个国际范围，就会

---

① 这种做法就是各国通行的“协商制”。例如，日本专利法第39条第2款规定，相同的发明于同日提出两件以上的专利申请案时，由专利申请人协商确定申请人，唯一人可取得该发明的专利。协商不成或无法进行协商时，任何人均不授予专利。我国虽在法律条文中未作此规定，但实践操作中也是按照这种方式来促成申请人之间达成协议的。

② 参见《专利法实施细则》第4条。

发现新的问题。由于专利权具有极强的地域性，所以发明创造人在本国申请专利之后，如果想进一步拓宽专利权保护的地域范围，就必须按照其他各国专利制度的规定，在当地再次申请专利权。然而，这一过程需要耗费大量的时间，因为申请人必须按照各国专利法的要求翻译并提交相关的申请资料。在这一期间，如果有人就同一内容的发明创造率先向该国专利部门提出了申请，根据“先申请原则”，未能“抢到”申请日的申请人就无法获得该国的专利授权。很明显，这样的情况对于那些希望进行跨国申请的发明创造人而言是极为不利的。

因此，为了解决跨国申请当中所存在的这一问题，《巴黎公约》规定了专利申请的“国际优先权”规则，即如果申请人在任一成员国首次提出专利申请后的一定期限内，又在其他成员国就同样的发明、实用新型、外观设计提出专利申请的，可将其首次申请日作为其后续申请的申请日。这种将后续申请日提前至首次申请的申请日的权利被称为“优先权”，首次申请日被称为“优先权日”。

作为《巴黎公约》的成员国，我国在《专利法》中进一步落实了《巴黎公约》的要求，明确规定：申请人自发明或者实用新型在外国第一次提出专利申请之日起12个月内，或者自外观设计在外国第一次提出专利申请之日起6个月内，又在中国就相同主题提出专利申请的，依照该外国同中国签订的协议或者共同参加的国际条约，或者依照相互承认优先权的原则，可以享有优先权。①

在此，可以通过举例来解释这一条文的适用方式。例如，美国和日本都是《巴黎公约》的成员国，一个美国人甲于2019年8月23日就一个发明首次向美国专利部门提交了发明专利申请，随后于2019年12月5日就相同发明向日本专利部门申请发明专利，又于2020年6月11日向中国专利部门提交了相同内容的发明专利申请。按照我国《专利法》的规定，如果甲在我国提交申请文件时提出了优先权请求，由于在中国的申请日距美国的首次申请未超过12个月，所以这项申请在我国的申请日就是2019年8月23日，而非2020年6月11日。在此期间，如果有中国的申请人乙，于2020年4月9日在本国就相同发明提出过申请，虽然乙的实际申请日早于甲，但甲的申请日以在美国的首次申请日为准，根据国际优先权原则，甲在中

① 参见《专利法》第29条第1款。

国的申请日应当早于乙，所以乙无法获得发明专利权。

从法条的列举和例题的解读中可以看出，国际优先权的效力在于让一项发明创造在外国的首次申请日被视为在中国的申请日，而这一认定必将给专利审批相关规则的适用带来一连串的影响。所以，在优先权日的具体认定过程中，需要强调一些在解读相关规则时应当注意的事项。

首先，国际优先权的适用需要由申请人主动提出书面申请，同时，发明专利和实用新型专利应当在专利申请之日起 16 个月内、外观设计专利在 3 个月内提交首次提出专利申请文件的副本，[①] 且该申请人符合我国《专利法》所规定的主体资格，即其所在国同中国签订的协议或者共同参加的国际条约中包含优先权的相关规定，又或者其所在国与我国相互承认彼此国民在本国申请专利时可以适用优先权原则。

其次，无论申请人在多少个国家提出过相同内容的专利申请，优先权日始终以全球范围内的首次申请日为准，比如在上述案例中，甲在日本的专利申请日期就与在我国的申请无关。

再次，作为国际优先权适用依据的在先外国申请必须是正规申请，即该申请依照该国法律足以由专利行政部门确定“申请日”，一旦首次申请日被专利行政部门所确认，即便日后该申请被放弃、撤回或驳回，申请人在我国也可以享有优先权。

最后，国际优先权的适用必须严格遵守我国《专利法》的期限规定，一旦在我国申请专利的日期距首次申请日超出了法律规定的期限，则不能适用国际优先权。仍以前案为例，甲直到 2020 年 9 月才向我国专利部门提出申请，超出了发明专利 12 个月的规定，则不能适用优先权，申请日的确定应以其实际申请日为准，故乙的申请成为在先申请。

---

① 《专利法》在第四次修正前后相关规定有一定的变化。修正前，第 30 条规定：“申请人要求优先权的，应当在申请的时候提出书面声明，并且在三个月内提交第一次提出的专利申请文件的副本。”这意味着，所有的专利申请，提交副本期限均为 3 个月。修正后，立法将发明和实用新型专利提交副本的时间延长到了 16 个月。修正后，第 30 条规定：“申请人要求发明、实用新型专利优先权的，应当在申请的时候提出书面声明，并且在第一次提出申请之日起十六个月内，提交第一次提出的专利申请文件的副本。申请人要求外观设计专利优先权的，应当在申请的时候提出书面声明，并且在三个月内提交第一次提出的专利申请文件的副本。”

由此可见，国际优先权原则极大地便利了申请人的国际申请，但从另一个角度来看，优先权制度似乎只是给首次在外国申请专利的人提供了方便，但并不能给在本国提交首次申请的人带来直接的利益。为此，我国《专利法》同许多国家的专利制度一样，在确立了“国际优先权”原则的基础上，又建立了“本国优先权”制度。

对于本国优先权，《专利法》规定：申请人自发明或者实用新型在中国第一次提出专利申请之日起 12 个月内，或者自外观设计在中国第一次提出专利申请之日起 6 个月内，又向国务院专利行政部门就相同主题提出专利申请的，可以享有优先权。[①] 基于这一规定，在操作技巧上，本国人在国内申请专利时，可以先积极“争夺”在先的申请日，即便在专利审查时发现申请材料的内容需要改进，或是需要将原先的发明专利申请修改为实用新型专利，修改后，在规定的时限内再次提出申请，原先的申请日依然有效。

第二节 专利申请的“书面原则”及专利申请文件的内容

对于如何提交专利申请，各国的专利制度均规定了相应的申请程序和办法。其中，提交专利申请文件是极为重要的步骤和环节。对此，我国《专利法》及相关行政法规制定了具体的手续要求。

根据《专利法》的明确规定，申请人想要提出专利申请并办理各种手续，必须以书面形式或专利行政部门规定的其他形式提交相关材料，而不能以口头等形式申请。这一规定，就是所谓的“书面原则”。[②] 这一原则的目的，在于及时保存相关资料，方便公众查询检索，并作为解决纠纷的重要依据。而随着信息技术的

---

① 在《专利法》第四次修正之前，根据第 29 条第 2 款的规定，我国只认可发明和实用新型在专利申请时可以享有本国优先权，而外观设计专利在申请时不产生本国优先权。修正之后立法正式承认了外观设计也可以享有本国优先权。

② 《专利法实施细则》第 2 条规定：“专利法和本细则规定的各种手续，应当以书面形式或者国务院专利行政部门规定的其他形式办理。”

快速发展，利用电子信息形式所提交的材料目前也已经被我国专利行政部门视为“书面形式”。

在专利申请中，书面原则主要体现并落实在专利申请文件上。通常情况下，各国专利部门对于申请应当提交哪些文件，以及文件应当采用怎样的格式都有明确的规定。而在众多的专利申请文件当中，最为重要的是“必要申请文件”，即专利申请中不能缺少的文件。一旦申请材料中缺少必要的文件，该申请将不被受理，也就无法基于申请行为“抢占”申请日，他人如果在此之后就相同内容提交了合格的申请，经审批后，他人将获得该发明创造的专利权。

我国《专利法》基于不同的专利类型，对必要申请文件分别提出了不同的要求。以下先以发明专利为例，逐一介绍发明专利申请所应提交的必要申请文件，随后再以此为基准，探讨实用新型和外观设计专利在必要申请文件方面与其相比的差别。

具体而言，对于发明专利申请，其必要申请文件包括如下材料。

一、请求书

请求书是申请人向专利行政部门表达请求授予专利权愿望的书面文件。申请人应在行政部门专门印制的《发明专利请求书》表格之上，按照规定的格式和要求填写。在请求书中，应填写发明的名称、发明人、申请人、专利代理机构等信息。同时，请求书中还包括是否要求优先权、申请文件清单、附加文件清单、申请费缴纳情况等内容，申请人应根据实际情况如实填写。填写之后，就表明申请人表达了请求授予专利权的意愿。

二、权利要求书

权利要求书是申请人就发明专利希望取得的专利保护范围的描述性文件。当申请人取得专利之后，权利要求书当中所表述的专利保护范围，就成为他人行为是否侵犯其发明专利的基本依据。因此，权利要求书的撰写应当非常严谨，当中的措辞也需要特别谨慎。

具体而言，权利保护范围的划定，是通过对发明的技术特征的清晰描述来实现的。作为一项技术方案，发明在本质上是多项技术手段的集合，而经过特定的方式组合之后，能够达到相应的技术效果。而在权利要求书当中所体现的，为了解决技术问题所必不可少的技术手段，被称为发明的“必要技术特征”。少了任何一项必要技术特征，该发明就不能成立。权利要求书的基本任务，就在于要把发明所有的必要技术特征清晰地表达出来，通过技术特征所组成的整体技术方案来体现发明专利的权利保护范围。

一般情况下，一份权利要求书当中至少应当含有一项独立的权利要求，该权利要求应当记载该发明全部的必要技术特征，并分“前序”和“特征”两个部分进行概括。其中，前序部分要写明发明要求保护的主题名称，并说明该发明与现有技术共有的或最为密切的必要技术特征。随后，特征部分则要详细列举申请的发明专利区别于现有技术的全部必要技术特征。

而在这一描述的基础上，当发明取得授权之后，我们就可以根据权利要求书中所列举的必要技术特征来划定专利的保护范围。如果他人未经许可所使用的技术方案涵盖了权利要求书中全部的技术特征，就构成侵权，反之则不构成侵权。

例如，某项专利的必要技术特征是 A、B、C 三项，那么其构成的技术方案就是 A+B+C。如果他人未经许可实施的技术方案是 A+B、B+C 或 A+C+D，则均不构成侵权。但如果他人采取的技术方案是 A+B+C 或 A+B+C+D，则构成对该项发明专利的侵犯。由此可见，基于专利侵权的认定规则，在实践操作中，以不影响技术效果为前提，权利要求书对技术特征描述得越少，权利保护范围就越大；而技术特征描述得越多，权利保护范围则越小。所以，在撰写权利要求书时，应尽量将非必要的技术特征排除在外，以免专利权的保护范围被人为地限缩。

三、说明书及其摘要

说明书是具体阐述发明内容的文件，其作用在于解释权利要求书，并作为专利行政部门审查其是否达到专利授予标准的基础。同时，当申请文件向社会公开之后，说明书的内容将成为相关技术人员用以了解技术最新发展、获得技术启发的重要资料。

根据《专利法实施细则》的具体要求，说明书应当包括的内容有：该技术方案所属的技术领域；与发明的理解、检索、审查相关的背景技术；发明所要解决的技术问题以及解决这一问题所采取的技术方案，并对照现有技术写明发明所带来的积极效果；申请人认为的实现发明的优选方式，必要时可以举例说明。[①]

此外，如果认为有必要，可以选择通过附上电路图、结构图、流程图、示意图的方式，对相关技术性问题进行解读。根据我国《专利法》的规定，说明书的撰写应当清楚、完整，并应满足以下要求：所属技术领域的技术人员，根据说明书公开的内容，结合自身应当具备的专业知识，在不需要创造性劳动的情况下，就能够实施说明书中记载的发明，并达到说明书描述的预期技术效果。[②]

除了提交说明书之外，按照规定，专利申请人还必须提交一份独立的说明书摘要。该摘要是对说明书内容的简要概述，是用以框架性地反映发明的主要用途、所要解决的技术问题以及技术方案的要点。通过摘要，公众可以进行高效的专利检索，以便初步了解专利内容，判断该资料的阅读和参考价值。

以上就是发明专利申请时的必要申请文件。与之相比，实用新型专利的必要申请文件大致相同，只是考虑到实用新型是对产品形状和构造的创新方案，为了便于理解，申请文件中应当包含相关的附图。而对于外观设计来说，由于其并不是一种技术方案，所以不需要提交与技术特征有关的材料，其必要的申请文件仅包括请求书，以及针对外观设计的图片或照片，在有需要时，还可以对图片或照片作简要的文字说明。

除了上述必要的申请文件之外，专利申请人在有特别需要的情况下，还可能向专利行政部门递交其他文件，如专利代理的委托书、优先权的证明文件、费用减缓请求书、实质审查申请书、特殊专利领域专利申请的必要文件等。

---

① 《专利法实施细则》第17条第1、2款规定："发明或者实用新型专利申请的说明书应当写明发明或者实用新型的名称，该名称应当与请求书中的名称一致。说明书应当包括下列内容：（一）技术领域：写明要求保护的技术方案所属的技术领域；（二）背景技术：写明对发明或者实用新型的理解、检索、审查有用的背景技术；有可能的，并引证反映这些背景技术的文件；（三）发明内容：写明发明或者实用新型所要解决的技术问题以及解决其技术问题采用的技术方案，并对照现有技术写明发明或者实用新型的有益效果；（四）附图说明：说明书有附图的，对各幅附图作简略说明；（五）具体实施方式：详细写明申请人认为实现发明或者实用新型的优选方式；必要时，举例说明；有附图的，对照附图。发明或者实用新型专利申请人应当按照前款规定的方式和顺序撰写说明书，并在说明书每一部分前面写明标题，除非其发明或者实用新型的性质用其他方式或者顺序撰写能节约说明书的篇幅并使他人能够准确理解其发明或者实用新型。"

② 参见《专利法》第26条。

第三节 专利申请的“单一性原则”

在专利的申请过程中，除了要遵守“书面原则”，并且按照规定提交相应的专利申请文件以外，申请人还应当遵守“单一性原则”。该原则也被称为“一发明一申请”原则，是指一项专利申请应当限于一项发明创造或设计。[①]如果申请人希望就两个或两个以上的发明、实用新型、外观设计获得专利，那么其必须提出相应数量的申请，而不能只在一件专利申请中提出。

例如，某公司推出一款智能手机，上面包含的智力成果有：关于触摸屏的发明、关于扬声器的发明、关于摄像头的发明、关于手机开关键的实用新型、关于手机形状的外观设计。那么在申请专利时，申请人必须就上述所有的发明创造分别提出独立的申请，而不能以所有的智力成果都聚集在一台手机上为由，只向专利行政部门提交一份专利申请。

立法确定“单一性原则”，主要目的在于方便专利行政部门对浩如烟海的专利申请进行分类审查和管理，也便于技术人员在其相关的技术领域按照专利分类快速检索自己需要的专利文献。除此之外，该原则也可以防止申请人因“多发明一申请”而少缴专利申请费、审查费以及授权后的维持年费。

既然明确了“单一性原则”的立法目的，那么我们就应该理解，在具体的操作过程中，对于该原则的适用，其实并不是完全僵化的。实践中，如果两个以上的发明创造之间存在密切的联系，以至于将其放在一个专利申请中更便于审查和检索，那么这些发明创造就应当放在一个专利申请中提出。

一般情况下，如果两个以上的发明、实用新型或外观设计在一个总的构思之中，而其中每个可以单独获得专利权的技术方案或产品设计都与其他的技术方案或产品设计共享相同的技术或设计特征，或是特征彼此对应，那么它们就可以作为一件申

---

① 参见刘春田主编：《知识产权法》（第五版），高等教育出版社2015年版，第185页。

请提出。[①] 例如，某种新的化合物和制造这种新化合物的新方法，一种新型插座和与其配套的插头的实用新型，一套茶杯和茶壶的形状设计，均应当放在一件专利申请之中。

① 《专利法》第31条规定："一件发明或者实用新型专利申请应当限于一项发明或者实用新型。属于一个总的发明构思的两项以上的发明或者实用新型，可以作为一件申请提出。一件外观设计专利申请应当限于一项外观设计。同一产品两项以上的相似外观设计，或者用于同一类别并且成套出售或者使用的产品的两项以上外观设计，可以作为一件申请提出。"

第五章 专利审批

重点问题

- 各类专利审查制度的内涵及特点
- 我国专利审查的具体方式
- 我国各类专利的审批程序
- 授予发明和实用新型专利的实质性条件
- 授予外观设计专利的实质性条件
- 各类专利的保护期限及起算时间

关键术语

形式审查制 实质审查制 保密审查制 公开审查制 早期公开、迟延审查制
新颖性 绝对新颖性 相对新颖性 现有技术 抵触申请 优惠期制度
创造性 实用性 区别性

第一节 专利审查方式的主要类型

面对申请人递交的专利申请，专利行政主管部门依法应当予以审查，各国专利法对此也都规定了配套的专利审查制度。而从审查的方式来看，世界上主要存在两类专利审查制度，一种是形式审查制，另一种是实质审查制。

所谓形式审查制，是指专利部门在接到专利申请后，只审查申请人是否按照要求履行了法定手续、申请文件是否齐全、申请的主题是否属于专利法的保护对象，只要

符合这些形式上的要求，专利部门就授予申请人专利权。在这一过程中，专利部门并不评判该发明创造是否已经达到了专利法要求的实质性条件，只有发生了专利无效的法律纠纷时，才对这一专利进行实质审查。

从定义来看，形式审查制的优缺点都是极为明显的。其优点在于，经过形式审查的专利申请可以迅速获得授权，让专利在短期内就得到有效的保护；但这一方式的缺点在于，在没有考察专利是否符合实质性条件的情况下就直接授权，必然会在实践中造成大量名不副实的专利，也在客观上催生了许多关于专利无效的法律纠纷。

与此相对应的，所谓实质审查制，就是专利部门审查专利申请时，除了审查形式条件是否符合法律的规定以外，还要对专利是否满足法律所规定的实质性条件进行详细的考察，只有认为专利符合所有实质性条件时，才会授予专利权。显然，实质审查制的优缺点与形式审查制刚好相反。其优点在于能够确保专利授权的质量，但缺点在于行政部门会消耗大量的时间和成本用于审查，对申请人来说授权速度较慢，其发明创造在短期内难以得到有效的保护。

在实质审查制的框架下，各国具体的操作方式也不尽相同，又可以将其进一步分为“保密审查制”和“公开审查制”。

保密审查制，是指专利行政部门在授予专利权之前，并不会将专利权的内容向社会公布，只有申请人获得专利之后，相关的专利内容才会向公众公开。对于专利申请人来说，如果一国的专利制度采用的是“保密审查制”，其好处是显而易见的——专利申请文件在审查期间，将一直处于保密状态，如果未能获得专利授权，申请人还可以将这一技术作为商业秘密予以保护。但是，对于专利行政部门来说，注重保密措施，必将导致更长的实质审查周期，且公众无法在审查期间提出异议，也加重了专利部门自身的审查负担。同时，授权之前不公开文件的做法，也会让公众无法及时了解相关技术信息，进而造成社会层面对技术的重复投资和重复研究，这与专利制度促成技术发展研究合力的初衷相违背。

而另一种实质审查的方式则是公开审查制，它是指专利部门在接到专利申请之后、决定授权之前，就将申请文件面向社会公布。很明显，这种方式可以有效降低专利实质审查的成本，缩减专利审查的时长，而引入公众对专利提出异议的做法，还可以有效提升专利审批的质量。只是对于申请人来说，在这种模式之下，递交申请应当更加谨慎，因为一旦申请专利但未获授权，该技术将因为被公之于众而再难得到有效的保护。

目前，大多数国家都采用了公开审查制。但在这一模式的适用过程中，人们发现了新的问题。在一国专利制度形成初期，国家专利行政部门还能做到即时审查，但制度在实施若干年之后，随着专利申请数量的大幅增加，专利部门积压了大量的申请文件却来不及审查。为了解决积案的问题，适当减轻专利部门的审查压力，进入 20 世纪之后，一些国家开始使用“早期公开、迟延审查”的审批机制。

以我国为例，其具体的操作方式如下：当专利行政部门接到申请人递交的专利申请之后，先对专利申请进行形式审查，经审查合格之后确定申请日，并自申请日满 18 个月后再向社会公布。在上述程序完成后，行政部门会等待申请人进一步提出专利实质审查的申请，只有经申请人主动申请之后，专利部门才会对专利进行实质审查，经审查合格之后授予专利权。①

除了缓解案件积压、减轻审批负担的目的之外，“早期公开、迟延审查制”对申请人的好处在于，申请人可以在完成“抢占”申请日的任务之后，通过一段时间的调查，对专利申请的经济价值和商业前景作综合评估，如果经调研后发现自己的发明创造基本没有或已经失去了商业价值，则可以选择放弃申请，为其节省实质审查的费用。而对于公众来说，相关技术人员可以从早期公开的专利申请文件中及时获得最新的技术资料。

以上，就是世界各国专利部门从事专利审查的主要方式。对于我国来说，根据我国《专利法》的规定，目前对发明专利申请采用的是“早期公开、迟延审查制”，而对实用新型和外观设计专利申请采用的是“形式审查制”。具体规则在接下来的章节中作进一步阐述。

---

① 《专利法》第 34 条规定：“国务院专利行政部门收到发明专利申请后，经初步审查认为符合本法要求的，自申请日起满十八个月，即行公布。国务院专利行政部门可以根据申请人的请求早日公布其申请。”

第二节 我国对发明、实用新型、外观设计专利的具体审批程序

一、发明专利的审批程序

在现代科技快速发展的背景下，对发明专利审批采用“形式审查制”将是令人无法想象的事情。对于一国专利制度来说，发明专利是其保护的绝对核心，也是推进国家科技发展的基本动力。如果专利审批制度无法确保发明专利的授权质量，不仅会给技术信息的积累与共享机制带来不利影响，也会对本国科技实力和经济实力的评价体系造成冲击，甚至国家的整个专利制度体系也会因此而垮塌。综合来看，我国对发明专利采取“早期公开、迟延审查制”，符合专利制度基本要求，也同我国科技发展的实际需求相契合。

按照这一审批方式的要求，我国发明专利的审批一般按照以下流程进行。

首先，我国的专利行政管理部门是国家知识产权局，由其委托国家知识产权局专利局受理、审批专利申请，而专利局以国家知识产权局的名义作出各项决定。专利局在接到发明专利的申请之后，会发给申请人一个申请号，然后就对发明专利申请进行初步审查。这轮审查主要是看申请人是否有申请资格，专利申请文件是否齐全，文件格式撰写是否符合要求，申请的主题是否明显不属于专利权保护的对象，是否明显不符合单一性的要求，是否已经缴纳申请费等。如果在当中发现缺陷或瑕疵，申请人应当及时修正或提供陈述意见，之后仍不符合要求的，该申请将被驳回。

其次，初步审查完成之后，专利局认为符合要求的，自申请日起算满18个月后，该申请信息即向社会公布。在此期间，如果申请人希望提前公布的，也可以向专利局提出请求。随后，发明申请文件面向社会予以公布。自此，任何人均可通过信息查阅了解说明书的内容，而相关的技术人只要具备一定的技术能力，都可以按照说明书的要求，独立操作并实施该项技术。

但是，在这种情况下，往往会给申请人的利益保护带来一定的困惑：一方面，在这段时间，申请人的专利申请尚未获得批准，申请人还没有取得专利权，且未

来经实质审查后，专利申请还有一定的概率被驳回，那么他人在未经许可的情况下根据公开的说明书内容实施发明的行为并没有侵犯专利权，申请人在此时没有阻止他人实施该行为的法律依据；另一方面，如果申请人在未来取得了发明专利权，根据《专利法》的规定，专利权是从申请日开始起算的，当申请人在未来获得专利授权之后，便有权让这段时间内专利技术的实施者支付相应的专利使用费用。但是无论如何，在申请公布之后、专利授权之前的这段时间里，申请人的利益保护出现了真空。

对此，我国《专利法》制定了针对发明专利申请人的临时保护机制，规定在发明专利申请公布之后，申请人可以要求实施其发明的单位或个人支付适当的费用。[①] 从理论层面来看，这一规定让申请人获得了在特定期间内保护自身利益的法律依据，填补了权益保护的漏洞；但从规则适用的实际效果来看，由于此时还无法确定该发明未来是否一定可以取得专利权，所以在实践中，对于申请人支付费用的请求，技术的实施者通常会予以拒绝。对此，申请人往往还是会等到实际授权之后，才能通过法律途径有效解决这一问题。

除了发明专利申请的形式审查和公开程序之外，实质审查程序也在申请日被确定之后开始推进。根据《专利法》的规定，发明专利申请自申请日起算，在3年之内，申请人可以随时向国家知识产权局提出请求，要求对专利申请进行实质审查。如果在这段期间内，申请人没有提交实质审查申请，也没有正当理由的，该申请将被视为撤回。[②] 如果出现了这种情况，由于申请文件已经在申请日起的第 18 个月后公开，所以申请人已经无法通过保密的方式独占该技术，他人也无法再因该技术获得专利。

在接到了实质审查的申请之后，专利局将对专利申请进行实质审查。审查最主要的内容就是该发明是否达到了授予专利的实质条件，除此之外，对于形式审查中未能发现的问题，如不构成专利法上的发明、不属于专利保护的对象、不符合单一性原则的要求等，在实质审查过程中发现的，可以要求申请人进行修改或陈述意见。最终，发明专利申请经实质审查没有发现驳回理由的，由国家知识产权局作出授予

① 参见《专利法》第 13 条。

② 参见《专利法》第 35 条。

发明专利权的决定，发给发明专利证书，并予以登记和公告。发明专利权自公告之日起生效，权利期限为20年，自申请日起计算。

二、实用新型和外观设计专利的审批程序

较之于发明专利，实用新型和外观设计对国家科技进步和经济发展的推动作用相对有限，所以我国在审批程序中，不对实用新型和外观设计进行实质审查。根据《专利法》的规定，在接到申请之后，国家知识产权局主要审查专利申请文件是否齐备、是否违反单一性原则、是否明显存在不应当受专利保护的情形、是否已经缴纳申请费等。如果内容存在缺陷，由申请人进行补正或陈述意见，之后还不符合要求的，驳回其专利申请。如果没有发现驳回理由的，由专利局以国家知识产权局的名义作出授予实用新型专利权或外观设计专利权的决定，发给相应的专利证书，同时予以登记和公告。实用新型专利权和外观设计专利权自公告之日起生效。其中，实用新型的权利期限为10年，外观设计的权利期限为15年，[①] 均自申请日起计算。

由于审批程序不涉及对实用新型和外观设计进行实质审查，所以在实践中，出现了大量"名不副实"的专利，也存在着相当数量的重复授权，导致实用新型和外观设计专利权的法律稳定性较差，也催生了许多专利权方面的诉讼纠纷。而当纠纷出现之后，根据《专利法》的规定，人民法院或者管理专利工作的部门可以要求专利权人或者利害关系人出具由国务院专利行政部门对相关实用新型或者外观设计进行检索、分析和评价后作出的专利权评价报告，作为审理、处理专利侵权纠纷的证据。[②] 其中的"专利权评价报告"就是国家知识产权局对使用新型和外观设计进行实质审查所得出的结论。而结论当中关于实用新型或外观设计是否符合法定的授权条件，将会对专利权的效力和专利纠纷的走向产生决定性的影响。

最后，需要专门强调的是，对于发明、实用新型、外观设计这些专利申请来

---

① 在《专利法》第四次修正之前，实用新型和外观设计专利的保护期相同，均为10年。修正之后，外观设计专利的保护期被延长到了15年。

② 参见《专利法》第66条第2款。在《专利法》第四次修正之后，该条款又作出了新的补充规定：专利权人、利害关系人或者被控侵权人也可以主动出具专利权评价报告。

说，如果申请被驳回，申请人均可以通过复审途径获得救济。根据《专利法》的规定，专利申请人对国务院专利行政部门驳回申请的决定不服的，可以自收到通知之日起3个月内向国务院专利行政部门请求复审。国务院专利行政部门复审后作出决定，并通知专利申请人。专利申请人对国务院专利行政部门的复审决定不服的，可以自收到通知之日起3个月内向人民法院起诉。①

第三节 授予发明和实用新型专利的实质性条件

前已述及，发明只有在符合授予专利的实质性条件之后，才有可能被授予专利权。而对于不同的客体，专利法所规定的条件各不相同。其中，对于同为技术方案的发明和实用新型，专利法要求其应当具备新颖性、创造性和实用性。本节将对授予发明和实用新型时应当满足的实质性条件作专门解读。

一、新颖性

新颖性是授予专利最基本的必要条件之一，它要求申请发明和实用新型的技术方案不能与现有的技术方案相同。对于专利制度来说，通过赋予发明设计人市场垄断地位，使其获得相应的财产回报，可以换取发明设计人将新技术公之于众的结果。其中，对新技术的奖励，可以鼓励民众积极投身发明创造活动；而公众对新技术的学习研究，则有助于推进相关领域技术的不断进步。反之，如果有人将“旧”的技术方案申请专利并获得了专利授权，就意味着他在没有向社会贡献任何新技术的情况下，将公知领域的技术纳入了自己的垄断范围。这样的结果不仅无法起到鼓励创新、促进科技进步的作用，还会给相关公共利益和公共秩序造成严重损害。因此，对于任何一项技术方案来说，只有具备了“新颖性”，才有可能被授予专利。

在具体的实践操作中，认定一项技术方案是否具有新颖性，需要理解两个重要

---

① 参见《专利法》第41条。在第四次修正之前，根据规定，专利申请人的复审请求应当向国务院专利行政部门设立的专利复审委员会提出。第四次修正之后，复审请求直接向国务院专利行政部门提出。

的概念，一是“申请日”，二是“现有技术”。

其中，“申请日”是判断的标尺，而“现有技术”是比较的对象。通常，在确定了一项专利申请的申请日之后，在该申请日之前，已经为国内外公众所知并且实施的技术方案均为“现有技术”，如果该发明创造属于现有技术，那么它就不具有新颖性。由此可见，在专利申请竞争日趋激烈的情况下，申请人“争抢”申请日，努力将自己的申请日提前，防止自己的技术方案“沦为”现有技术，对于提升专利授权概率而言是非常有必要的。

而就“现有技术”的认定，应当注意的是，根据其定义，是否构成“现有技术”的判断标准是为“公众所知”，而非“已经客观存在”。所以，对于那些处于保密状态的技术方案而言，就算其在专利申请日之前已经存在，由于其还没有为公众所知晓，因而并不构成“现有技术”。因此，如果该技术的发明创造人在经历了一段时期的保密状态之后决定申请专利，或是他人通过自己的努力独立创造出了同样的技术方案并申请专利，均是符合新颖性的情形。

综上所述，**判断技术方案是否具有新颖性，关键在于该技术在其申请日前是否已经向公众“公开”**。实践中，一般有三种情形会导致技术被公之于众，从而成为为公众所知的“现有技术”。

（一）公开出版

如果在申请日之前，同样的技术方案在国内外以书面的形式公开发表过，这项发明或实用新型就被认为已经公开，成为“现有技术”。作为最普遍的公开方式，出版公开的形式非常多样。通过科技刊物、科技著作、学术论文、专业文献、技术手册、教材、技术专题报告等方式发表相关技术，让该技术方案的详细内容为不特定公众所知晓，均构成对技术方案的“公开”。

而对于“公开出版”的情形，我国《专利法》采用的是“绝对新颖性”标准，即利用出版物公开的地域范围包含了本国及之外的其他所有国家。这意味着，即便同样的技术方案只是在国外公开出版，也会让国内在后的申请丧失新颖性。之所以采用“绝对新颖性”标准，是因为现代交通和通讯非常发达，如果国内申请人查阅到国外的技术后，没有投入任何创造性劳动就将其照搬过来，在国内申请并获得专利，那么就无法起到鼓励发明创造的作用。

（二）公开使用

如果在申请日之前，同样的技术方案在国内外以制造、使用、销售、赠与、展示等方式，让不特定的公众得知了技术方案的内容，那么这项技术方案也会成为“现有技术”。对于这类情形，是否公开应以公开的客观结果作为评价依据，如果公众在某科技展览会上只是看到了一个新产品的外观，无法了解到其内部的创新技术方案，那么这样的展示并不会造成该技术方案新颖性的丧失。

此外，关于公开使用的地域范围，在 2008 年《专利法》第三次修正之前，我国采取的是“相对新颖性”标准，即仅在国外公开使用的技术在我国申请时仍然具有新颖性；但 2008 年《专利法》修正之后，我国对于公开使用也采用了“绝对新颖性”标准，在任何地区使用某项技术，都会让该技术随后在我国的申请丧失新颖性。

（三）以其他方式公开

在日常生活中，如果通过口头交谈、演讲报告、课堂授课等方式，将技术方案的具体内容使不特定的公众所知晓，使得该技术方案脱离了秘密状态，那么该技术同样已经处于“公开”的状态。

除了上述三种“公开”的方式之外，如果在专利申请时出现了“抵触申请”的情况，也会让申请专利的技术方案丧失新颖性。所谓抵触申请，是指在申请日之间，就同样的发明或者实用新型，已经有单位或个人向专利行政部门提出了申请，并且相关信息记载于日后公布的专利申请文件之中。由于相同内容的两项申请之间形成了“抵触”关系，而一项技术方案只能授予一项专利权，所以即便在先申请的技术内容还未向社会公开，在后申请也会因此而丧失新颖性。

例如，甲在 2019 年 5 月向国家知识产权局提交一项发明专利申请，出于巧合，乙于 2019 年 10 月也向国家知识产权局递交了相同的申请。虽然此时该技术方案还未公开，并不构成“现有技术”，但乙的申请也会因为与甲的申请构成“抵触申请”而丧失新颖性，并且无法获得专利权。

综上所述，当一项技术方案以某种形式公开，就成为“现有技术”，同时也就丧失了新颖性。但是，为了保障国家或社会公共利益的实现，或为了鼓励申请人在国际国内进行技术交流，或为了防止第三人以非法手段公开技术成果给申请人造成损害，我国《专利法》还专门规定了专利申请的“优惠期制度”，即在法定情形下公开技术方案，其新颖性不会因此而丧失。

根据规定，申请专利的发明创造在申请日以前6个月内，有下列情形之一的，不丧失新颖性：（1）在国家出现紧急状态或者非常情况时，为公共利益目的首次公开的；[①]（2）在中国政府主办或者承认的国际展览会上首次展出的；（3）在规定的学术会议或者技术会议上首次发表的；（4）他人未经申请人同意而泄露其内容的。

其中，中国政府主办的国际展览会，包括国务院、各部委主办，或国务院批准由其他机关或地方政府举办的国际展览会。中国政府承认的国际展览会，是指《国际展览会公约》规定的，由国际展览局注册或认可的国际展览会。学术会议或技术会议，指国务院有关主管部门或者全国性学术团体组织召开的学术会议或者技术会议。未经同意泄露发明创造内容，包括违反保密协议公开技术方案，或采用威胁、欺诈、间谍活动等手段公开技术方案。只要在以上任一情形出现时的6个月内申请专利的，该情形便不会导致专利申请丧失新颖性，超过期限的则丧失新颖性。[②]

二、创造性

在专利制度形成初期，一项发明创造只要具备新颖性便可对其授予专利。但在专利制度的实施过程中，人们逐渐发现了问题：如果被授予专利的技术方案和现有技术相比只是“新”，但完全没有进步，甚至还有所落后，就会诱发一些人的投机心理。他们会针对已经授予专利的技术方案，在个别技术特征上作略微形式上的改变，再将变化后的方案申请专利，以此来争夺原专利权人的市场份额。

面对这一弊端，各国逐渐认识到，只强调发明创造的“新”，不仅无法实现鼓励技术创新的目的，还会造成过多的市场垄断，束缚技术的发展。为此，各国专利制度先后引入“创造性”标准，认为申请专利的技术方案不仅要“新”，而且要“难”。专利技术必须凝结较多的创造性智力劳动，与现有的技术相比应当具有“实质性的特点”和“进步”，只有达到这一要求，才有可能被授予专利。而只有专利技术处

---

① 该情形为《专利法》第四次修正后增加的内容。

② 参见国家知识产权局颁布的《专利审查指南》（2020年版）第一部分第一章6.3.1、6.3.2、6.3.3的相关内容。

于不断进步的状态，才能从根本上促进科技的快速发展。

我国《专利法》对于发明专利和实用新型专利均提出了“创造性”的要求。但由于二者相比，发明专利在推动科技进步、促进经济发展方面发挥着更为重要的作用，所以《专利法》对于发明专利的创造性高度提出了更为严格的要求。根据《专利法》的规定，发明只有在与现有技术相比，具有“突出的实质性特点”和“显著的进步”时，才可能被授予专利。而实用新型只要与现有技术相比具有“实质性的特点”和“进步”，即认为其达到了“创造性”的要求。其中，“实质性特点”，是指申请的技术方案与现有技术相比所具有的本质性区别的技术特征；“进步”，是指申请的技术方案与现有技术相比有所提高。

从对“创造性”的描述当中可以看出，对于认定专利申请是否达到了“创造性”的标准，法律采用了非常抽象的形容词加以修饰，怎样算是“实质”？如何称得上“显著”？什么样就算“突出”？多大的幅度才算“进步”？对此《专利法》均没有明确的界定。这说明，面对纷繁复杂的专利申请，对于“创造性”的判断具有一定程度的任意性和灵活性，其难度要远远大于对“新颖性”的判断。由于每件申请的情况各不相同，法律无法设定统一的评判标准，而只能设定大致的目标和方向，再由具体的专利审批人员根据法律所设置的抽象标准，结合个案的实际情况，判断其是否达到了“创造性”的要求。

具体而言，以发明专利为例，在对个案进行“创造性”的分析时，需要判断其是否具有“突出的实质性特点”，以及是否取得了“显著的进步”。

其中，申请方案具有“突出的实质性特点”，是指申请的发明与现有技术相比具有明显的本质区别，对于本领域的技术人员来说是“非显而易见”的，他既不能直接从现有技术中得出该申请方案的全部必要技术特征，也不能通过逻辑分析、推理或是试验得到这一结果。

对于这一认定思路，最为关键的焦点在于如何确定“本领域的技术人员”，因为这一主体是申请方案是否具有实质性特点的标尺。对此，《专利法》采用了如下确定方法：假设本领域内有一个人，他知晓申请日前本技术领域所有的普通技术知识，并且能够获知该领域内所有的现有技术，以及具备在该领域进行常规实验和基本分析的能力。但同时，该技术人员又不具有相应的创造能力。依此人现有的情况，如果其通过逻辑分析、推理或有限的试验就可以轻易获得申请专利的技术方案，那么该方案就不具有“突出的实质性特点”。

而所谓的申请方案具有“显著的进步”，是指申请的发明与现有技术相比，是否解决了人们一直渴望解决、但始终未能攻克的技术难题，是否能够产生有益的技术效果，或者为解决某一技术问题提供了不同思路的解决方案，或是代表了某种新的技术发展趋势。

与发明专利相比，对实用新型“创造性”的认定则要简单许多。由于专利制度对实用新型的“创造性”高度要求较低，所以在发生专利纠纷而需要对实用新型的实质性条件进行“事后审查”时，只要该实用新型专利与现有技术相比有所区别，一般就可以认定其具有“实质性特点”和“进步”，即认为其具备了“创造性”。

三、实用性

所谓实用性，是指发明和实用新型能够在产业上制造或使用，并且能够产生积极的效果。专利法要求发明或实用新型具有实用性，意味着获得专利的发明创造不能只是一种纯理论的方案，而必须能够在实际中得到应用。与“新颖性”和“创造性”相比，“实用性”不仅是授予专利的必要条件，同时也是发明创造的直接目的，如果技术方案根本不能投入实际应用并解决实际问题，那么也就没有对其进行保护的现实意义了。

由于在专利实质审查的程序中，对“实用性”的审查判断相对比较简单，所以专利审批人员通常会先对“实用性”进行审查，只有申请的发明或实用新型具备了“实用性”，才有必要进一步接受“新颖性”和“创造性”的审查。而在判断标准方面，“实用性”首先要求发明或实用新型具备“可实施性”，即申请的专利提供了翔实的具体方案，能够根据其内容实际制造或使用。其次，发明或实用新型应当具有“重复再现性”，即本领域内的技术人员，根据申请文件公开的内容，能够在不依赖任何随机因素的情况下反复实施，并且每次均能取得相同的技术效果。再次，发明或实用新型应当具有“有益性”，即申请的专利在实施之后能产生积极的效果，如产品质量的提高、生产和工作环境的改善、生产成本的降低、能源的节省、环境污染的减少等。最后，发明或实用新型应当具有“合法性”，即该技术方案不违反法律和行政法规的规定，而实施该方案不会违背社会公德，也不会妨害公共利益。①

① 参见刘春田主编:《知识产权法》(第五版)，高等教育出版社 2015 年版，第 171 ~ 172 页。

第四节　授予外观设计专利的实质性条件

对于外观设计来说，由于其并非一种技术方案，而是一种用以吸引消费者的、于工业产品之上作出的、富有美感的设计，所以在设定外观设计的实质性条件时，立法所关注的并非其能给科技和经济带来何种推动作用，而是希望在维护了特定产品设计的基本功能，并为其划定了相应的市场垄断份额之后，该法定权利不会损害他人的合法权益，以及该设计之上所蕴含的市场价值没有被他人利用并遭受权益侵害的客体漏洞。按照这一价值引导，结合外观设计专利“事后审查”的程序特点，根据我国《专利法》的规定，一般认为，当实践中出现外观设计专利纠纷，需要对其实质性条件进行审查时，一般应考察以下几个方面。

一、新颖性

对于外观设计的新颖性而言，它重在强调申请的外观设计与其申请日之前在国内外为公众所知的设计相比是前所未有的，即现有的外观设计中没有与之相同或实质相同的外观设计。这一要求意味着，在申请日之前，如果该设计已经在国内外通过出版物公开发表过或在产品上使用过，那么其不再具有新颖性。

所以，在判断一项外观设计是否具有新颖性时，应将该设计与现有设计进行对比。同时，由于外观设计的目的在于积累和保护特定产品的市场价值，所以这种对比一般是在相同或相似种类的产品之间进行的。如果某项外观设计所依附的产品，与其申请日之前其他现有的外观设计所依附的产品种类既不相同也不相近，那么先前设计的使用并不影响这一外观设计自身的新颖性。正是考虑到外观设计新颖性的比对方式，所以，在申请外观设计提交请求书时，文件表格专门注明申请人应当填写外观设计的产品名称和产品所属类别，以便在进行对比时快速查找相关的“现有设计”，降低新颖性的判断成本。

而在具体的对比过程中，应当注意，外观设计所体现的是对消费者的吸引力，所以判断一项外观设计是否具有新颖性，不是以法官或行政人员自己的经验为基础，而要根据一般消费者的知识水平和认知能力作为评判的依据。根据《专利审查指南》的相关内容，在进行新颖性判断时，“一般消费者”被假定为对申请日之前所有相同或相近的产品类型之上外观设计及其常用的设计手法具有常识性的了解，同时，对于外观设计的形状、图案以及色彩，除了细微的差异无法辨别之外，具有一定的分辨能力。①

按照这一标尺，在判断外观设计的新颖性时，应当采用“单独对比”的方法，将被审查的外观设计与其他相近的现有设计的整体或局部进行单独逐一的比对。如果通过观察，一项外观设计的形状、图案、色彩等全部设计要素与现有设计的相应设计要素相同，则二者属于相同的设计；如果一项外观设计与现有设计存在一定的区别，但是以一般消费者通常的注意力无法察觉到，或是在使用时无法注意到或不容易注意到该区别的细微差异，则二者属于实质相同的设计。② 在这两种情况下，被审查的外观设计均没有新颖性。

此外，对于外观设计来说，同样可能产生抵触申请的问题。如果在申请日之前，已经有同样的外观设计向专利行政部门提出了申请，并记载于申请日以后公告的专利文件中，则后申请的外观设计同样会丧失新颖性。

二、区别性

在 2008 年《专利法》第三次修正之前，我国对于外观设计实质性条件的考察，主要集中在新颖性的问题上，而所有的设计对比工作也都限定在相同或相近的产品类型之间。但与许多国家和地区对外观设计的授权标准相比，我国当时的授权标准相对较低，从而导致了大量规避新颖性要求的不正当竞争行为。因此，为了弥补原有规则的漏洞，我国《专利法》参照其他国家的立法，在 2008 年修正《专利法》时，进一步提升了外观设计的授权标准，除了满足新颖性的条件以外，还规定，授予专利权的外观设计与现有设计或者现有设计特征的组合相比，应当具有明显区别。③

---

① 参见国家知识产权局颁布的《专利审查指南》（2020 年版）第四部分第五章 4 的相关内容。

② 参见国家知识产权局颁布的《专利审查指南》（2020 年版）第四部分第五章 5.1.2 的相关内容。

③ 参见《专利法》第 23 条。

我国立法增加“区别性”的标准，实现了外观设计授权标准的国际化接轨，自此之后，对于外观设计的认定不再仅仅局限于同种类产品设计之间的对比，还要求外观设计本身具有“独特特征”，即外观设计给予一般消费者的整体印象，应当区别于在申请日之前已经公开的任何设计。

例如，如果有人将一种产品的外观设计应用于其他种类的产品，按照“区别性”标准的要求，如果一般消费者能够将两类产品的设计联系起来，那么该设计就不具有明显的区别，也就不应当获得授权。再如，有人将两项或两项以上的现有外观设计，或者设计当中的部分形状、图案、色彩等要素通过替换、拼凑等方式组合起来，形成新的产品设计，但该设计在一般消费者的眼中依然与现有设计有明显的联系，无法认定其具有独特的特征，那么该外观设计也不应当获得授权。

三、不与他人在先合法权利相冲突

在外观设计的认定方面，除了在该领域内不能利用相似的设计侵占他人外观设计之上的市场价值之外，对于超出外观设计领域的法律利益，只要该利益已经得到了法律的明确保护，获得了合法的权利外观，那么在进行外观设计时，就应注意不能给这些权益造成损害，否则该外观设计同样不符合授权的条件。由于在产品设计的实践操作中，将他人在先的美术作品或商标的图形设计直接附着于产品之上是非常容易的做法，因而在《专利法》条文中强调这一要求，对于划定设计者的行为边界而言，具有非常重要的现实意义。

具体而言，对于他人已经在申请日之前合法取得的著作权、商标权、企业名称权、肖像权、知名商品特有包装或装潢使用权等，如果设计者在设计当中未经许可而使用了这些权利的客体或相关要素，侵犯了他人的合法权益，那么就可以认定该外观设计与他人的在先合法权利相冲突。设计者除了自身的外观设计不应被授予专利之外，还需要承担由此而产生的侵权责任。

第六章 专利权的权利内容

重点问题

- 我国《专利法》中各项专利的禁止权内容

关键术语

制造权 使用权 销售权 许诺销售权 进口权 平行进口

当国务院专利行政主管部门针对某一特定的专利申请作出授予专利权的决定，并且予以登记和公告之后，申请人便获得了此项专利权，进而取得了禁止或许可他人实施该项专利的垄断地位。因此，作为一种典型的禁止权，同著作财产权一样，立法为专利权所设置的每一种禁止权项，所指向的都是他人可能利用专利客体获得利益的具体方式，以确保专利权人可以凭借公权力赋予的具体权利内容，阻止他人从事相关的专利实施行为，并请求行为人返还由这些行为所获得的全部财产收益，以及赔偿由此造成的损失。

具体来说，我国《专利法》目前一共设置了五种禁止权项，分别是制造权、使用权、销售权、许诺销售权和进口权。而根据各类专利客体自身的特点，《专利法》会筛选相关的禁止权项组成每种客体类型单独的权利体系，以确保该类客体完全在专利权人的控制之下。

一、制造权

此项禁止权适用于产品发明专利、实用新型专利以及外观设计专利，它是指专利权人禁止或许可他人以生产经营为目的的制造专利产品的权利。对于认定某种行为是否侵犯制造权，并不需要考虑其生产出的产品是否被销售，仅制造行为本身就可以构成直接侵权。即便某人在专利权保护期内未经许可制造了专利产品，直到保护期届满之后才进行销售，其在专利保护期内的制造行为仍然是侵权行为。

二、使用权

此项禁止权适用于产品发明专利、方法发明专利和实用新型专利，它是指专利权人禁止或许可他人以生产经营为目的使用专利产品，或使用专利方法获得产品的权利。对于产品类的专利而言，如果有人擅自制造并销售了某种专利产品，意味着该产品投入市场的状态未经专利权人的许可，所以即便购买者是在不知情的情况下以生产经营为目的使用该专利产品，也构成对使用权的侵犯。这种直接侵犯法定权利的行为不以行为人的主观过错为前提，过错只影响侵权责任的承担，不影响对侵权行为的认定。而对于方法类的专利而言，他人在未经许可的情况下，以生产经营为目的运用这一方法，即构成直接侵权。

三、销售权

此项禁止权适用于产品发明专利、实用新型专利、外观设计专利以及利用专利方法直接获得的产品，它是指专利权人禁止或许可他人以生产经营为目的有偿转让专利产品的权利。在实践中，判断是否侵犯销售权的关键，在于专利产品被投放市场是否得到了专利权人的授权。如果是专利权人自己制造并销售的专利产品，当该产品已经被合法投入市场之中，购买者再将专利产品转售于他人的行为，不会侵犯专利权人的销售权；但如果是他人擅自制造并销售的专利产品，由于专利权人没有许可该产品在市场中销售，所以该销售行为是侵犯销售权的行为，而且，不论购买该未经授权专利产品的人是否知晓这一情况，如果再将其购得的产品转售他人，也属于侵犯销售权的行为。

四、许诺销售权

所谓许诺销售，是指以做广告、在商店橱窗中陈列或者在展销会上展出等方式作出销售商品的意思表示。从禁止权设立的制度目的来看，仅仅是作出销售专利产品的意思表示，其实并不会直接给专利权人造成财产权的损害，而立法设定“许诺销售权”，是一国专利制度提升专利权保护力度的具体表现，通过对此类行为的直接禁止，可以提前避免因此后侵犯销售权的行为给专利权人带来的损失。

2001 年，我国为了顺应加入世界贸易组织和遵守《与贸易有关的知识产权协定》（以下简称 TRIPs 协定）的需要，在《专利法》中增加了这一权利。自此，由于我国立法直接规定了许诺销售权，所以那些为了销售专利产品而进行广告宣传或产品展示的行为，在未得到专利权人授权的情况下，均构成直接侵权，而不是间接侵权，因为这些行为直接由“许诺销售权”加以控制。但如果行为人仅实施了侵犯许诺销售权的行为，并未从中获得直接经济利益，也未给专利权人造成直接经济损失，那么将无须承担损害赔偿责任。此外，根据《专利法》的规定，适用许诺销售权的专利客体范围与销售权相同。

五、进口权

此项禁止权的客体适用范围与销售权和许诺销售权相同，它是指专利权人禁止或许可他人以生产经营为目的进口专利产品的权利。单纯从权利保护的覆盖范围来看，专门规定进口权似乎与其他权利发生了保护重叠，因为他人未经许可进口专利产品，无非是为了在境内使用或销售，若进口之后真正从事了上述行为，则可以根据使用权和销售权追究行为人的侵权责任。但从专利保护的实际效果来看，《专利法》规定进口权是极为必要的。如果专利权人没有进口权，当专利产品经本国海关时，由于还没有开始从事使用或销售等侵权行为，所以专利权人就没有将这些产品阻止入境的依据。等到从国外进口的专利产品流入国内市场并分销至全国各地，专利权人就再难对侵犯使用权和销售权的行为一一加以追究了。而当专利人拥有进口权后，他人未经许可将专利商品输入国内的行为本身就构成了直接侵权，在所有的产品尚未分散时，专利权人凭借进口权可以请求海关阻止该批专利产品入境，从而在根源上避免了个人权益遭受侵害的可能性。

在进口权的实践操作中，可能会发生以下情形：假设专利权人乙就一个发明在 A 国和 B 国均有相应的专利权，而甲经 A 国专利权人的授权许可之后，获得了该专利产品在 A 国的销售权，随后，甲将这些专利产品进口至 B 国进行销售。这种现象称之为“平行进口”。

现实生活中，“平行进口”的事例并不鲜见，这是因为，同样质量的专利产品，在不同的国家和地区，销售价格往往会有很大的差异。面对“平行进口”可能产生的暴利，许多中间商对此趋之若鹜。但问题在于，对于像甲这样在A国获得授权再向B国进口销售的行为，专利权人乙是否有权加以阻止呢?

在背后利益的驱使下，各国对此并没有达成一致意见。有的国家认为，既然甲已经合法取得了专利产品的销售权，那么也就不能再阻止这些产品在市场间的自由流动;但有的国家则认为，许多国家和地区对专利权的保护并不充分，如果允许从这些国家进口专利产品将会损害专利权人的利益。由于难以在各国之间协调出一致的观点，所以TRIPs协定在制定进口权的相关规则时，将是否允许“平行进口”的问题交由各成员国自行决定。

我国作为TRIPs协定的成员国之一，对于这一问题，已经通过2008年《专利法》的修正作出明确的回应。《专利法》规定：专利产品或者依照专利方法直接获得的产品，由专利权人或者经其许可的单位、个人售出后，进口该产品的，不视为侵犯专利权。[①] 由此可知，我国《专利法》实际上承认了“平行进口”的合法性，专利进口权在我国并不能阻止“平行进口”行为。

---

① 参见《专利法》第75条第1项。

第七章　专利权的转让与许可

重点问题

- 专利权转让合同的主要内容
- 对于专利权转让的具体限制
- 专利权许可合同的主要内容
- 专利权许可的主要方式

关键术语

独占许可　排他许可　普通许可　分许可　交叉许可　专利池

从国家授权的角度来看，专利权的本质是一种行政特许；但对于专利权人而言，专利权又是一项专属于个人的财产，权利人可以通过对专利权的使用和处分来获取个人的财产性收益。换言之，在取得了专利权后，权利人除了可以独享专利客体垄断地位，自行制造、销售专利产品之外，也可以通过将专利权转让给他人的方式获得相应的市场对价，还可以通过许可他人使用专利技术的方式向他人收取专利许可费用。本章将围绕专利权的转让和许可进行分析和解读。

一、专利权的转让

专利权的转让，是指专利权人在专利权的有效期内，将专利权出让给他人的一种民事法律行为。专利权的转让，实际上是专利权归属的变更。受让人在支付购买专利权的价金之后，成为专利权新的所有者，其有权自行行使和处分专利权；出让人则通过转让行为丧失了专利权，但获得了受让人所支付的对价。

根据《专利法》的规定，转让专利权的，当事人双方应当订立书面合同。在具体的操作中，专利权转让合同通常应当包含如下内容：专利技术的名称、内容；专利申请日、申请号、专利号以及专利权的有效期；专利实施以及专利许可的具体情况；实施发明所必需的技术资料清单；专利转让的价款及支付方式；违约责任以及责任的承担方式；争议的解决办法等。

在双方签订书面合同之后，应当向国务院专利行政部门申请变更登记，由国务院专利行政部门予以公告。该专利权的转让自登记之日起生效，未经登记的，不发生专利权转让的法律效力。①

此外，需要注意的是，中国单位或者个人向外国人、外国企业或者外国其他组织转让专利权的，依照相关法律法规，还需要经国务院对外经济贸易主管部门和科学技术行政部门，即国家商务部和科技部的批准。

（1）如果待转让的专利权涉及禁止类技术，根据《技术进出口管理条例》的规定予以禁止，不得转让；

（2）如果待转让的专利权涉及限制类技术，当事人应当按照《技术进出口管理条例》的规定办理技术出口审批手续，获得批准的，当事人凭《技术出口许可证》到国家知识产权局办理转让登记手续；

（3）如果待转让的专利权涉及自由类技术，当事人应当按照《技术进出口管理条例》和《技术进出口合同登记管理办法》的规定，办理技术出口登记手续，经登记的，当事人凭国务院商务主管部门或者地方商务主管部门出具的《技术出口合同登记证书》到国家知识产权局办理转让登记手续。

二、专利权的许可

专利权的许可，即专利权人在专利权的有效期内，允许他人在一定条件下制造、使用、销售、许诺销售、进口其专利产品，或是允许他人使用其专利方法，以及使用、销售、许诺销售、进口依照该专利方法直接获得的产品。对于专利权人来说，除了自己实施专利之外，许可他人实施该专利，也是直接获取财产收益的重要手段。

① 参见《专利法》第10条。

许可他人实施专利，并非是将专利权转让给他人，因而专利权的归属并没有发生变化。在实践中，专利许可已经成为专利实施的一种主要方式，是推进专利的推广应用、引进国内外先进技术、促进国际技术交流的重要途径。

专利许可一般采用合同的方式，由权利人和被许可人通过签订专利实施许可合同的形式，设定专利许可的方式、时间和范围。通常情况下，专利实施许可合同应当包括以下内容：专利技术的内容和专利的实施方式；实施许可合同的种类；实施许可合同的有效期限和地域范围；技术指导和技术服务条款；专利权瑕疵担保和保证条款；专利许可使用费用及其支付方式；违约责任以及违约金或者赔偿损失额的计算方法等。许可实施的专利应当在专利的保护期内，一旦超过保护期，实施许可合同或相关条款应归于无效。而在具体的实践中，专利许可的方式主要有以下几种类型。

（一）独占许可

该种许可方式是指由当事人双方约定一定的地域范围，在这一范围内，以及合同的有效期间，被专利权人许可实施专利的一方可以拥有独自实施该项专利的排他性权利。即便是作为许可方的专利权人自己，也不能在该地域内使用该项技术或设计，更不能将该项专利许可给第三方在该地域内实施。

（二）排他许可

该种许可方式是指在专利实施许可合同约定的一定地域内，被许可方在合同的有效期间对获得许可的专利技术或设计享有排他的使用权，许可方不能再把专利技术或设计许可给第三方使用，但是许可方自己可以在该地域内实施该项专利。

（三）普通许可

该种许可方式是指许可方在通过许可合同授予某人一定地域、一定期间内的专利实施许可之后，许可方自己有权继续在该地域内实施该项专利，同时也有权再将此项专利许可给其他第三方使用。

（四）分许可

该种许可方式是指许可方通过与被许可方签订专利实施许可合同，允许被许可方在指定的地域和期间内使用专利技术或设计，同时，还允许被许可方在一定条件下将专利技术或设计再许可给第三方使用。在此，要特别注意的是，通常情况下，如果没有得到许可方的分许可授权，被许可方仅能自己使用专利技术或设计，而不能自主决定将该专利再许可给他人使用；只有在许可方同意的情况下，被许可方才有权将专利技术或设计分许可给他人实施。

（五）交叉许可

该种许可方式也被称为“相互许可”，它一般发生在改进发明的专利权人与原专利权人之间。根据专利制度的原理，对于改进发明来说，它是对现有产品发明或方法发明作出实质性革新的技术方案。因此，在实施改进发明制造产品时，就必须用到原发明的技术方案，如果原发明专利依然有效，就必须获得原专利权人的实施许可。在这种情况下，改进专利权人可以和原专利权人协商，采用“相互许可”的方式，即原专利权人许可改进专利权人实施原专利技术，而改进专利权人则许可原专利权人实施新的专利技术，以此来代替相互支付专利许可使用费。

（六）“专利池”许可

该种许可方式是指两个或两个以上的专利权人联合起来，对其各自手中的专利进行集中管理，组成专利许可交易平台。在该平台上，专利权人之间可以相互许可对方实施自己的专利，也可以向第三方提供标准的许可合同，向其开放一项或多项“池中”的专利。实践中，这种模式往往适用于“一件产品涉及众多专利，而专利分属不同专利人”的情形。通过这种许可方式，可以有效提升专利许可的效率，促进技术的实际应用。

第八章　对专利权的限制

重点问题

- 我国《专利法》不视为侵犯专利权的类型
- 我国《专利法》强制许可的适用情形

关键术语

专利权用尽　先用权人　临时过境　滥用专利权　从属专利

第一节　我国《专利法》中不视为侵犯专利权的行为

作为一种法定的垄断性权利，专利权同知识产权体系下的其他法定权利一样，有时为了维持专利权人、专利技术使用者和社会公众利益之间的平衡，推动发明创造的应用，提高创新能力，促进科学技术进步和社会经济发展，需要对专利权人的专有权益加以适当的限制，以防止专利权滥用给公共政策目的带来不利的影响，以及给公共利益造成实际的损失。目前，我国《专利法》主要采用了两种专利权的限制方式，一种是由立法明确列举“不视为侵犯专利权的行为”，另一种则是“强制许可”。

在我国《专利法》中，一共规定了五种“不视为侵犯专利权”的情形。[①] 从专利侵权的认定标准来看，这五种专利实施情形在未经专利权人许可的情况下，均符

① 参见《专利法》第75条。

合侵权行为的构成要件。但是，基于特定的立法政策，这五种情况又分别被“豁免”，不认为其行为主体侵犯了专利权，从而形成了对专利权的限制。

一、专利权用尽后的特定实施行为

所谓“专利权用尽”，又称“专利权穷竭”或“首次销售原则”，是指当专利产品或依专利方法直接获得的产品经过专利权人的许可，或者以其他合法方式投放到市场之后，他人无须再次经过专利权人的许可，就可以将其购买的专利产品通过使用、销售、许诺销售、进口的方式加以利用。

例如，某专利权人自行制造并出售了一批专利产品，他人购买其中的一件产品用于自身的生产经营，或者将这件产品转售给他人，都不用再征得专利权人的同意，也不会构成对专利权人的使用权、许诺销售权和销售权的侵犯。

在实践中，“专利权用尽”通常由三种情况引起：首先，是专利权人自己制造并销售专利产品，或者自己利用专利方法直接获得产品并将其售出；其次，是专利权人通过专利许可，让他人从事上述行为而使得专利产品被投放市场；最后，是专利权受到了法律的限制，他人在符合权利限制的条件下自行制造和出售专利产品。

如果在著作权法的学习中透彻理解了“发行权一次用尽”的制度设立原因，就会发现，“专利权用尽”与其共享着相同的理论依据。法律之所以授予发明创造者使用权、销售权等禁止性权利，就是希望其能通过对专利产品的专营地位来获取应有的报酬，以此作为其从事创造性劳动所取得的成果的“奖励”。当某一件专利产品经专利权人的同意被投放到市场之后，专利权人便已经获得了该项专利产品的市场对价，“奖励”的效果已经得到了体现。在此之后，法律假如还继续允许其控制专利产品的进一步流转，限制买受人使用或转售其购得的产品，就已经偏离了专利法原本的立法目的，而演变为法律支持专利权人对他人的物权等有形财产随意侵犯，以及认可其对市场环境下商品自由流通的横加干涉。显然，这样的规则是对个人私权的践踏，也是对市场经济的任意破坏。正因如此，“专利权用尽”本质上是在为专利权划定合理的权利边界，在此边界之外，正常的物权流转行为和市场交易行为均与专利权人无关。

在“专利权用尽”的具体适用过程中，对于“用尽”的标准是参照“国内用尽”还是“国际用尽”，理论上存在较大争议。例如，如果发明人在中国和美国都有专利权，并分别制造了大量的产品投放市场，但该商品在美国的售价更低。随后，有人在美国通过正规渠道批量购买了该商品，又将其进口到中国进行销售。对于这种情况，如果中国《专利法》对“专利权用尽”采用的是“国际用尽”标准，那么自该产品在美国合法投放市场之后，就不能再阻止该产品进口至中国销售；如果采用的是“国内用尽”标准，那么由于该产品从来没有得到过中国专利权人的授权许可，将从美国购买的产品进口到中国进行销售就侵犯了中国专利权人的进口权和销售权。

通过上述解释可以发现，对于“专利权用尽”而言，所谓的“国际用尽”标准与“国内用尽”标准之争，本质上为该国立法是否承认“平行进口”的问题。对此，在2008年《专利法》第三次修正时，考虑到我国的产业发展在一定程度上仍然依赖于国外技术和产品及其零部件的引进，所以立法允许了“平行进口”的情形，换言之，对于“专利权用尽”的范围，我国目前采用的是“国际用尽”标准。

二、先用权人的特定实施行为

按照我国《专利法》的理解，所谓先用权人，是指在他人申请产品或方法专利之前，就已经制造了相同的产品、使用了相同的方法，或已经做好了制造或使用的必要准备的人。

实践中可能出现两个以上的人出于巧合，分别独立完成了相同的发明创造或设计。其中一人并未考虑过将这一技术方案申请专利，而是直接开始制造产品、使用方法，或进行投资、购买设备，准备开始制造或使用；而另一人则选择将其申请专利，并最终获得了授权。按照专利法的一般规则，既然该技术方案之上已经有了专利权，那么专利权人在理论上有权阻止任何人制造专利产品、使用专利方法。但是，对于先用权人来说，这样的结论对其并不公平，特别是在其已经为制造和使用进行了大量的投资，如建造厂房、购买机器设备、招聘和培训人员的情况下，专利权人禁止其从事相关行为，会给先用权人造成巨大的损失。

为了避免这种情况的出现，我国《专利法》明确规定，在专利申请日前已经制造相同产品、使用相同方法或者已经作好制造、使用的必要准备，并且仅在原有范围内继续制造、使用的，不视为侵犯专利权。

对于这一条文的实际应用，应当注意以下几个问题。

首先，这里的“先用”，是指以非公开方式进行使用，即先用权人在专利申请日前实施该项技术的过程中，并未造成将专利技术公之于众的结果，否则该专利申请已经因新颖性的丧失而无法获得专利权，也就不存在先用权人是否侵权的问题了。

其次，条文中所说的“已经做好制造、使用的必要准备”，根据最高院的相关司法解释，[①] 只要先用权人已经完成实施发明创造所必需的主要技术图纸或者工艺文件，或已经制造或者购买实施发明创造所必需的主要设备或者原材料，就符合这种情况。

最后，条文中的“原有范围”，是指专利申请日前已有的生产规模以及利用已有的生产设备或者根据已有的生产准备可以达到的生产规模。以申请日之前所确定的生产规模为准，先用权人在此规模之内所从事的专利技术实施行为，均不视为侵犯专利权的行为，而如果超过了该规模来生产专利产品，超出的部分则构成对专利权的侵犯。

三、临时过境的外国运输工具对专利的使用

由于我国的专利权当中包含了“进口权”这一禁止权项，且专利权具有地域性的特征，这导致在现实生活中，可能会出现以下情形：某项关于飞机新型液压控制系统的技术方案仅在中国拥有专利权，而在其他国家均不属于专利技术。有家外国的航空公司将一架在外国组装的、装有该种液压控制系统的飞机作为飞往中国的定期航班使用。如果根据专利法的条文进行严格解释，当这架飞机每次进入我国领空时，都会将专利产品“带入”我国，那么该行为就构成了对专利权人进口权的侵犯。

显然，针对上述情况，这样的结论对于专利权人而言并没有实际的保护意义，反而会给跨国运输带来非常大的困扰。由于此类情况在国际上较为普遍，所以，为了解决这一问题，《巴黎公约》当中专门制定了“临时过境”规则，规定成员国的船舶、飞机或车辆暂时或偶然进入其他成员国境内时，在这些运输工具的特定装置

---

① 参见《最高人民法院关于审理侵犯专利权纠纷案件应用法律若干问题的解释》第15条第2款。

上使用专利不构成侵权。[①]

为了落实《巴黎公约》的这一要求，我国《专利法》明确规定，临时通过中国领陆、领水、领空的外国运输工具，依照其所属国同中国签订的协议或者共同参加的国际条约，或者依照互惠原则，为运输工具自身需要而在其装置和设备中使用有关专利的，不视为侵犯专利权。

适用“临时过境”规则时，应当从以下两个方面来把握。

第一，条文中所说的“临时通过”，从《巴黎公约》的规定来看，包括两种情况：一种是“暂时进入”，即外国运输工具并非长期或永久地进入我国的领土，这包括在中国与他国之间定期往来的情形，也包括在其他两国之间定期往来途中经过中国领土的情形；另一种是“偶然进入”，即外国运输工具并非主动进入我国领土，而是出现了迷航或运输工具失事等意外情况，导致该运输工具被动入境。[②]

第二，该专利装置或设备的使用必须是为了运输工具自身的需要。“临时过境”规则的目的本身就是给跨国交通运输提供便利，如果专利设备是在运输过程中必需的装置，那么就可能属于“临时过境”的“豁免”情形，而运输工具上的与运输目的无关的其他设备，则不适用“临时过境”规则。

四、将专利作为科学研究和实验对象使用

我国《专利法》规定，专为科学研究和实验而使用有关专利的，不视为侵犯专利权。这是指将专利产品或方法作为科学研究和实验对象，如测试专利产品的性能、评价专利方法的实施效果、研究改进专利技术的方案，从中制造了专利产品，或者使用了专利方法，不构成对专利权的侵犯。

法律之所以规定这种“豁免”情形，一方面是因为将专利作为研究和实验对象而实施专利技术时，并不是以生产经营为目的，这样的行为并不会给专利权人造成直接的财产损失；另一方面，更为重要的是，通过测评、实验等方式再现专利技术，可以让公众对该技术的实际效果有更清晰的认识，也有助于为该专利技术的改进提

① 参见《巴黎公约》第5条之三的相关内容。

② 参见［奥］博登浩森著：《保护工业产权巴黎公约指南》，汤宗舜、段瑞林译，中国人民大学出版社2003年版，第54页。

供明晰的方向。综合上述考虑，立法的这种做法是可以被理解的。

同时，应当特别注意的是，同样在从事科学研究和科学实验的情况下，如果不是将专利技术作为研究对象，而是将专利产品或者专利方法作为研究的工具，未经专利权人许可，依然属于侵犯专利权的行为。这是因为，科研机构在从事日常的研究任务时，本身就要购买大量的科研设备，当中不乏有许多设备拥有专利。如果法律允许科研机构以研究为名自行使用专利技术生产研究工具，将会与专利权人之间产生实质上的竞争关系，不仅会从根本上影响到专利权人的市场收益，给其带来极大的财产损失，也会大大削弱专利权人获得专利权的实际意义。

五、为提供行政审批信息，使用或提供专利药品或医疗器械

在各国的医疗领域，通常存在如下情形：当一种药品或医疗器械处于专利权的保护期时，专利权人会基于自身的市场垄断地位抬高市场价格，并从中获取较高的利润；但当专利超过保护期之后，理论上任何人都可以任意地制造相同的药品或医疗器械，而且在市场竞争的环境下，为了迅速抢占市场，这些仿造的药品和医疗器械价格往往比较低廉，可以大大降低民众的医疗成本。

但在现实中，情况却并非如此简单。根据医药监管的相关法律法规，若将仿制的药品或医疗器械投放市场，必须先通过严格的动物实验、一期和二期人体实验，再向行政主管部门提交申请，经主管部门批准其上市之后，才能面向公众发售。而这前后可能会耗费几年的时间，等于变相延长了药品和医疗器械的专利保护期。

对此，对于申请人而言，为什么不提前几年先向医疗主管部门提出申请呢？这样一来，如果顺利的话，就可以在药品和医疗器械专利刚过保护期时，第一时间将仿制品投放市场。这样的想法固然不错，但如果提前申请仿制药品和医疗器械上市，申请时相关专利依然处于保护期内，而提交行政审批信息时，又不可避免地需要通过专利技术的实施来制造药品或医疗器械，但这些行为均构成了对专利权的侵犯。

于是，为了解决这一尴尬的问题，避免因审批时间过长而变相延长专利保护期的情况发生，许多国家都制定了相关规则，规定在专利权保护期内，为提供行政审批信息，使用或提供专利药品或医疗器械的行为，不构成专利侵权。对此，我国在2008 年第三次修正《专利法》时，也引入了这一规则。《专利法》明确规定，为提供行政审批所需要的信息，制造、使用、进口专利药品或者专利医疗器械的，以及

专门为其制造、进口专利药品或者专利医疗器械的，不视为侵犯专利权。

以上就是我国《专利法》所规定的“不视为侵犯专利权”的全部情形。从中可以看出，立法中所规定的五种情形，均是针对具体的现实情况，为了实现特定的公共政策目的，在不给专利权人的权益造成实质影响的前提下，所作出的专利权益与公共利益之间的平衡方案。随着社会的进一步发展，将很有可能再次出现新的、需要立法专门予以解决的特殊利益冲突。而在《专利法》未来的修订工作中，根据新的情况及时增加新的解决方案，并对现有的五种情形进行相应的改进和调整，都是我国专利制度在不断完善的过程中所踏出的坚定步伐。

第二节　我国《专利法》中的强制许可制度

在我国知识产权三大制度体系当中，强制许可是《专利法》一项独有的制度，《著作权法》与《商标法》均没有相应的规定。该制度是指为了防止专利权人滥用自己的权利，造成阻碍技术进步和损害公共利益的结果，而由国家专利行政主管部门根据相关申请所颁布的实施专利的许可。

在通常情况下，专利权人许可他人利用自己的专利技术，都是出于自己的意愿。这不仅是专利权人之于专利客体垄断地位的体现，也是对私法层面意思自治原则的贯彻。但是，从宏观上看，由单个主体垄断大量的市场资源并不是一种完全稳定的结构。一旦该个体滥用这种垄断性地位，却没有任何手段对其进行监控或纠偏，就势必会给公共利益造成一定的损害。正是出于这方面的考虑，《专利法》规定了强制许可制度，即通过行政手段的介入，将因权利人滥用权利而给微观个案所造成的不利影响，调回到原本利益平衡的状态之中。

虽然强制许可与《著作权法》中的法定许可都属于非自愿许可，且都是一种有偿许可，但在具体的规则及操作方式上，二者仍然存在很大的差异。

其一，法定许可是一种非个案的普遍性许可，相应的条件由法律预先规定，凡是符合法定条件的，均可以直接使用作品，无须通知著作权人；而强制许可是针对个案的许可，在出现了法律规定的情形时，须由使用者向专利主管部门提出申请，再由行政部门结合个案的实际情况作出是否授予强制许可的决定。

其二，法定许可的具体使用报酬由法律规定或由著作权主管部门确定；而强制许可的使用费则需要由取得强制许可的单位或个人与专利权人协商，如果双方不能达成协议，则由国务院专利行政主管部门作出裁决。

除了与法定许可有上述区别之外，在理解和适用强制许可时，还需要从以下几方面加以把握。

首先，通常情况下，强制许可往往针对的都是发明专利，必要时也可以针对实用新型专利，但在任何情况下，它都不适用于外观设计专利。这是因为，发明和实用新型都属于一种技术方案，一旦专利权人就该项技术享有了专有权利，其他人很难找到相应的替代技术，而对于外观设计而言，即便其他人无法使用某一设计，也很容易找到其他的设计方案加以替代，因而没有必要动用强制许可来使用该设计。

其次，在获得了强制许可之后，被许可人只能在强制许可的法定情形之内使用有关的专利技术。在实施专利技术时，被许可人不得向他人转发分许可，同时，被许可人也无权阻止专利权人向他人发放许可的行为。除此之外，当强制许可的理由消除之后，国务院专利行政主管部门应当根据专利权人的请求，经审查后作出终止实施强制许可的决定。

最后，强制许可是一项行政行为，专利权人对国务院专利行政主管部门作出的实施强制许可的决定不服，或者专利权人和取得实施强制许可的单位或个人对专利行政部门作出的实施强制许可的使用费的裁决不服的，可以自收到通知之日起 3 个月内向人民法院起诉。

在掌握强制许可的基本原理和相关适用规则之后，以下将重点讨论和分析我国《专利法》所规定的四种强制许可的适用情形。

一、防止滥用专利权的强制许可

针对这一情形，我国《专利法》作出了专门的规定，即出现下列任意一种情况时，专利权人就构成了对专利权的滥用，国务院专利行政主管部门根据具备实施条件的单位或者个人的申请，可以给予实施发明专利或者实用新型专利的强制许可：

1. 专利权人自专利权被授予之日起满 3 年，且自提出专利申请之日起满 4 年，无正当理由未实施或者未充分实施其专利的；

2. 专利权人行使专利权的行为被依法认定为垄断行为，为消除或者减少该行为对竞争产生的不利影响的。[①]

在上述两种情况中，第一种属于专利人怠于行使自己的权利。国家授予发明创造人相应的专利权，一方面，是希望通过奖励发明的示范作用，鼓励更多的人积极投身到科技创新的事业之中；另一方面，是因为专利技术的产业性转化，也确实能够给社会带来积极的效益，当这项技术被充分利用时，既可以为公众提供更多的便利，专利权人也可以因此而得到相应的财产回报。但是，如果一个专利权人自己一直不实施专利，也不许可其他任何人实施此项专利，就从根本上违背了专利权的设置初衷，不仅社会公众无法从该项专利中直接受益，也让该项技术方案丧失了被授予专利权的意义。因此，当专利不被利用的情形达到法定期限时，专利行政部门将基于相应的申请，授予他人利用该项技术的强制许可。

与第一种情况相反，第二种情况属于专利权人利用专利授权霸占市场的行为。虽然专利权本质上是一种垄断权，专利权人阻止他人擅自使用专利技术是正当的权利行使，但是，如果专利权人凭借专有权利，滥用自己的优势地位，限制市场竞争，破坏基本经济秩序，就属于行政部门需要加以调控的行为。

例如，一项专利技术被纳为某项产品的行业技术标准，就意味着生产该类产品只有使用了这项技术才能达到该标准所设定的产品质量要求。此时，如果专利权人拒绝授权他人使用该项技术，或是利用自己的垄断地位向他人索要远高于市场标准的许可费，就会剥夺其他产品生产者遵守技术标准、与专利权人进行市场竞争的机会。我国的《反垄断法》明确将这种行为纳入了调控的对象之中，[②]据此，如果专利权人对专利权的利用达到了“垄断”的标准，专利行政部门就可以通过颁发强制许可向其他市场主体提供救济。

在因防止滥用而颁发强制许可的情形下，具备实施条件的单位或个人在向专利行政部门提出申请的同时，还要提供相应的证据材料，以证明其以合理的条件请求专利权人许可其实施专利，但未能在合理的时间内获得许可。其中，“合理的条件”是指按照市场惯例获得专利许可的条件，如专利使用费、使用专利技术的方式、产

---

① 参见《专利法》第53条。

② 《反垄断法》第55条规定：“经营者依照有关知识产权的法律、行政法规规定行使知识产权的行为，不适用本法；但是，经营者滥用知识产权，排除、限制竞争的行为，适用本法。”

品的规模等。行政部门须经过审查，并在必要时听取专利权人的陈述意见，以此判断专利权人的行为是否构成了上述情形，再作出是否授予强制许可的决定。

二、为了公共利益需要的强制许可

通常情况下，在专利制度的运行过程中，保护专利权人的私益，与实现社会公共利益，二者的方向是一致的。只要给予专利权人最充分的垄断性保障，就可以为促进本国科技发展、提升民众生活水平提供一定的推动作用。但在现实生活中，专利权人的私权利益与国家社会公共利益之间在具体问题上产生了矛盾与冲突，那么专利制度就会以公共利益的实现作为优先的价值取向，而要求专利权人作出适当的权益让渡，并给予专利权一定程度的限制。基于这一认知，我国立法专门列举了为公共利益需要而由专利部门颁发强制许可的情形。《专利法》规定，在国家出现紧急状态或者非常情况时，或者为了公共利益的目的，国务院专利行政部门可以给予实施发明专利或者实用新型专利的强制许可。[①]

根据这一规定，当国家出现了外敌入侵、恐怖袭击或内乱等严重危及国家安全和社会安定的紧急状态，或是发生了重大自然灾害、瘟疫的流行等严重影响民众生活的非常情况时，专利权人的私益必须为国家和社会的公益让步。

例如，当国内出现严重的流行性疾病，严重影响到公共安全和民众健康时，科研机构发现了一款专利药品对于疾病的治疗有显著的疗效。然而，专利权人考虑到自己的利益，不愿意将药品专利许可给他人实施。但对于专利权人自己而言，其下属生产企业制造药品的产量有限，且非常时期又造成了药品市场价格的大幅提高，导致许多患者未能及时用药，最终耽误了病情。显然，此时不授予药品专利许可的行为极大地损害了社会公共利益。对于这种情况，专利行政部门就可以作出决定，向其他有资格生产此类药物的主体发放制造该类药品的强制许可。

与防止专利权滥用的强制许可不同的是，为了公共利益所实施强制许可，不需要任何人的申请，可以由国家专利行政部门直接作出决定。但在作出强制许可决定之后，专利行政部门应当及时通知专利权人，而当强制许可的理由消除之后，专利

---

① 参见《专利法》第 54 条。

权人可以要求专利行政部门终止该许可。

三、制造并出口专利药品的强制许可

在全球范围内，公共健康与专利权保护之间的紧张关系已经成为各发展中国家共同关注的重大问题。对于药品是否应当获得专利保护，各国专利法目前并没有形成统一意见，因为无论立法怎样选择，都会给公共健康造成一定程度的不利影响。

从一方面来看，如果不对药品进行专利保护，药品的发明人就只能任凭他人通过简单的手段，轻易破解药品的化学结构和有效成分，并投入低廉的成本加以仿制，这对于付出大量心血、承担巨大投资风险发明新药的制药公司来说是非常沉重的打击，必然会严重挫伤其研发新药的积极性，对于保障民众的健康也极为不利。

从另一方面来看，如果对药品进行专利保护，之于大多数发展中国家而言也会产生诸多负面问题。目前，许多发展中国家正在遭受各类传染病的困扰，急需大量价格低廉的药品。但是，相关疾病的药品一般都由发达国家的制药公司研发，并在发达国家获得了专利权。在专利制度的保护下，这些药品往往价格昂贵，发展中国家普遍难以负担因药品进口而支付的高昂费用。况且，虽然药品在最不发达的国家可能并没有专利权，这些国家自行生产药品并不违法，但由于最不发达国家的制药业普遍比较落后，在不具备仿制能力的情况下，又只能将全部希望寄托于国外进口。

为了平衡和协调这一矛盾，经发展中国家的积极争取，在2001年世界贸易组织的多哈部长级会议上，通过了《与贸易有关的知识产权协定和公共健康宣言》（简称《多哈宣言》）。该宣言明确指出，包括由艾滋病、结核病和疟疾等传染病引发的公共健康危机属于“国家紧急状态”，TRIPs协定成员国有权据此颁布药品的强制许可。这一规则的确立，突破了发放强制许可只能用于国内市场的制度障碍。此后，TRIPs协定理事会又于2003年通过决议，指出那些没有药品生产能力或生产能力不足的国家，可以从其他国家进口根据强制许可而制造的药品。2005年，世界贸易组织又修订了TRIPs协定，进一步具体规定了“公共健康的强制许可”。

正是依据世界贸易组织的相关文件，我国在2008年第三次修正《专利法》时，专门增加了这一情形，为了公共健康目的，对取得专利权的药品，国务院专利行政部门可以给予制造并将其出口到符合中华人民共和国参加的有关国际条约规定的国家或者地区的强制许可。[①] 据此，如果某最不发达国家暴发了传染病疫情，但自身没有能力生产抑制疫情的专利药品，若其通过外交渠道希望从我国进口这种专利药品，国务院卫生部门可以请求国家知识产权局给予强制许可，允许被许可人制造这种专利药品并出口到该国家。

四、为实施从属专利的强制许可

前已述及，许多取得专利权的发明都是在原有发明创造的基础上所进行的改进，这类发明被称为“改进发明”。而如果原有发明本身也获得了专利权，并且仍然处于权利的保护期内，那么当改进发明获得专利之后，其实施就有赖于原发明专利权人的许可，因而该改进发明专利被称为“从属专利”。

显然，在原专利权人和改进发明专利权人之间，原专利权人处于明显的优势地位，假如原专利权人禁止改进发明专利权人使用其专利技术，那么改进发明人即便是在实施自己的发明创造，也会因为不得不使用原专利权人的专利技术而侵犯其专利权。同理，即使改进发明专利权人想要与原专利权人之间形成“交叉许可”，原专利权人在许可谈判中也将居于主动地位，因为其完全可以选择不使用改进发明的技术，但改进发明人却不能不利用原专利权中的相关技术。

因此，为了调整从属专利人与原专利人之间不平衡的利益关系，防止原权利人为了阻止新的竞争对手而拒绝从属专利人实施其专利技术，我国《专利法》规定，一项取得专利权的发明或者实用新型比前已经取得专利权的发明或者实用新型具有显著经济意义的重大技术进步，其实施又有赖于前一发明或者实用新型的实施的，国务院专利行政部门根据后一专利权人的申请，可以给予实施前一发明或者实用新型的强制许可。[②]

同时，为了防止从属专利权人自获得强制许可之后又反过来制约原专利权人的发展，《专利法》进一步补充规定，在依照前款规定给予实施强制许可的情形下，

---

① 参见《专利法》第 55 条。

② 参见《专利法》第 56 条第 1 款。

国务院专利行政部门根据前一专利权人的申请，也可以给予实施后一发明或者实用新型的强制许可。[①] 这样一来，在强制许可制度的积极推进之下，双方之间更容易达成“交叉许可”的协议，进而有助于共同打造互利共赢的市场局面。

---

① 参见《专利法》第56条第2款。

第九章　专利侵权及其保护

重点问题

- 各类专利保护范围的确定方法
- 专利侵权的责任承担方式
- 损害赔偿数额的具体计算方法
- 专利侵权认定的适用原则
- 假冒专利的具体情形及责任承担方式

关键术语

中心限定法　周边限定法　全面覆盖原则　等同原则　多余指定原则
捐献原则　禁止反悔原则　公知技术抗辩（设计）原则　假冒他人专利
冒充专利　假冒专利罪

第一节　专利保护范围的确定

所谓专利权的保护范围，是指专利权法律效力所涉及的发明创造的范围。根据客体形态的差异，对于专利保护范围的具体确定方法需要分类进行探讨。

一、发明与实用新型专利保护范围的确定方法

在探讨专利申请文件的相关内容时，前文述及，对于发明和实用新型专利而言，专利权的保护范围是由其权利要求书来确定的。如果一种产品或方法包含了某项专

利的权利要求书中所描述的全部技术特征，那么这一产品或方法就处于该项专利的权利保护范围之内。例如，某项专利的必要技术特征包括 A、B、C 三项，由其组成的技术方案的权利保护范围就是 A+B+C。假如一种产品的技术方案是 A+B+D，那么它不在该专利权的保护范围之内；但假如一种产品的技术方案是 A+B+C+D，那么该产品就属于专利产品，擅自制造并使用、销售这一产品就侵犯了专利权人的专利权。

这种确定方法看似非常简单，但问题在于，专利要求书中的技术特征基本是通过语言文字加以描述的，而对任何语言文字的含义都存在如何解释的问题。即便是解释同一项发明的权利要求书，其保护范围也会因为解释主体的主观态度、所处立场、解释方法的差异而产生大小不一的结论。因此，对于一国的专利制度而言，若要确定一项专利的保护范围，首先要在立法上统一明确权利要求书的一般解释方法。从专利制度的历史发展进程以及各国专利制度的立法选择来考察，权利要求书的解释方法主要有三种。

第一种被称为“中心限定法”。运用这种方法解释权利要求书，一般先根据要求书所展现出的字面含义划定一个保护范围，作为专利保护范围的“中心区域”，然后再根据发明的目的、性质和说明书的说明，将“中心区域”之外的一定范围，也囊括到专利的保护范围之内。按照这种方法进行解释，实际上是以权利要求书想要表达的实质内容为核心，并借助其他信息在一定程度上扩大专利保护的范围。

在解释的过程当中，“中心限定法”并没有拘泥于权利要求书的文字记载，而是主要依靠同领域的普通技术人员的一般经验，来设定权利保护的最终边界。采用这样的解释方式，固然可以让专利权人获得较为充分的保护，但由于对权利要求书的解释并没有严格遵循其文字表述，从而导致专利的保护范围对于公众而言处于一种不确定的状态之中。

第二种被称为“周边限定法”。这种解释方法的态度与“中心限定法”相反，它认为专利权的保护范围应当完全由专利要求书中的文字表述来确定。对于权利要求书中所记载的文字，应当进行严格的字面解释，由此所体现出的保护范围，就是该专利权保护的最大范围。在解释的过程中，说明书和附图不能成为确定专利权保护范围的依据，只有在权利要求书不明确的情况下，才能用来对保护范围作限制性解释。

从解释的客观效果来看，严格的字面解释，显然对公众更为有利，在权利保护范围十分明确的情况下，他人只要对专利技术略作改进，就有可能“逃出”专利的保护范围。但与此相对的，这一解释方法却给专利申请人对权利要求书的撰写提出了极高的要求。申请人在撰写时稍有疏忽，如在非必要的情况下多写了一项技术特征，就将导致其日后的专利保护范围被大大缩小。

第三种被称为“折中法”。由于上述两种方法在运用的过程中都有偏颇之处，而折中的方法则是兼采以上两种方法的长处，并希望通过中和的方式来兼顾专利权人和他人的利益。根据这一方法，对于专利保护范围应当以专利要求书所表达的实际内容为准，但不死板地拘泥于权利要求书的文字或措辞。在对权利要求书所表示的技术特征有疑义时，可以引用说明书和附图进行解释。

按照这种方法，如果本领域的普通技术人员在阅读了权利要求书，并参考说明书及附图之后，仍然不能确定的技术，就不属于专利权的保护范围。我国《专利法》目前采用的就是这一方法，根据其规定，发明或者实用新型专利权的保护范围以其权利要求的内容为准，说明书及附图可以用于解释权利要求的内容。[①] 同时，《最高人民法院关于审理侵犯专利权纠纷案件应用法律若干问题的解释》第 2 条规定，人民法院应当根据权利要求的记载，结合本领域普通技术人员阅读说明书及附图后对权利要求的理解，确定权利要求的内容。

二、外观设计专利保护范围的确定方法

对于外观设计来说，其保护范围以申请文件中所提交的图片或照片为准，并可以基于申请文件中的简要说明对照片或图片所表示的产品外观设计进行解释，在产品的设计层面，专利权的保护范围及于与外观设计相同或者近似的设计。但应注意的是，在产品层面，专利法对外观设计的保护限于相同或相近种类的产品，即如果他人将相同的外观设计使用在截然不同的产品之上，那么其使用该设计的行为也在专利权的保护范围之外。

根据上述标准，实践中若要讨论某项设计是否在外观设计专利的保护范围之内，

① 参见《专利法》第 64 条。

在产品层面，对“产品种类相同或相近”的认定，根据最高院的司法解释，应当以外观设计产品的用途为依据。而对于产品用途的判断，可以参考外观设计的简要说明、国际外观设计分类表、产品的功能以及产品销售、实际使用的情况综合加以判断。[①]

在产品的设计层面，关键在于认定什么样的设计构成对专利权所覆盖的外观设计的“相同”和“实质性相似”。在相同或相近的产品上，如果某项设计与专利设计完全相同，那么它当然处于专利权的保护范围之内；但对于相似的设计，其是否构成对于专利设计的“实质性相似”，认定就会变得较为困难。在司法实践中，法院通常会采用“一般水平购买者”标准，这个抽象的产品购买者具有一般的注意力，如果他在购买相同或类似的产品时，将某一项相似的设计误认为是专利设计，那么该设计就与专利设计构成“实质性相似”，它也就被认定处于专利权的保护范围之内，可能构成对外观设计专利权的侵犯。

第二节 专利侵权的基本原理及其法律责任

一、专利侵权的认定

专利权的本质是一种禁止他人以营利为目的，通过制造、使用、许诺销售、销售、进口等手段实施其所控制的专利技术或设计的权利。从其权利内容来讲，与著作权不同的是，它是一种纯粹的财产权，当中基本不包含任何人身属性的私益。虽然我国《专利法》中所规定的发明设计人“在专利文件上署名”的权利属于一种人身利益，但这仅仅是针对创造性劳动的实施者所确认的自然权利，并不是获得授权的专利权人所享有的专利权内容。可见，专利侵权的认定，在结构上比著作权侵权更为清晰，它不需要讨论与人身权利相关的一般民事侵权问题，而只关注于对权利人财产利益的保护。因此，专利侵权的认定原理与著作财产权相同，即均是根据法定权利的基本属性，通过判断他人的行为是否客观“进入”了权利人所控制的垄断

---

① 参见《最高人民法院关于审理侵犯专利权纠纷案件应用法律若干问题的解释》第9、10、11条的相关内容。

范围，来确认该行为是否构成对专利权的侵犯。

据此，一般认为，判断一项专利实施行为侵犯与否，需要看其是否满足以下要件：首先，被侵害的对象须是有效的专利。这意味着构成专利侵权必须以有效存在的专利为前提，实施已经被宣告无效、被放弃的专利或者专利期限已经届满的技术或设计，不构成专利侵权。其次，他人实施了专利权所禁止的行为，即在未经专利权人许可的情况下通过实施专利技术或使用专利设计的方式进入了专利权的控制范围。与著作财产权相同的是，认定行为人是否侵犯专利权，只须评判行为人有无达成“进入专利保护领域”的客观结果，并不需要考察行为人是否具有主观上的故意或过失。而行为人主观上的过错，一般用来作为其是否应当承担损害赔偿责任以及是否构成间接侵权的判断依据。

此外，在专利侵权的类型方面，虽然在理论上仍然可以将侵权行为分为直接侵权和间接侵权，但实际上，我国《专利法》只规定了对专利直接侵权行为的法律制裁，并没有规定专利间接侵权的相关内容。然而，由于间接侵权是一种客观存在的事实，且在实践中确实有控制和防护的必要，所以我国法院在处理实际专利纠纷案件的过程中，已经作出了一些认定专利间接侵权行为成立的判决。根据相关判例，在直接侵权行为已经发生的前提下，制造、出售专门用于专利产品的关键部件，或制造、出售专门用于实施专利方法的设备或材料，以及擅自许可或委托他人实施专利的行为，均属于间接侵权，应当承担相应的责任。

二、专利侵权的责任承担

如果专利实施行为被认定为构成侵权，那么行为人就要承担相应的法律责任。由于专利权属于私权，所以，侵犯专利权首先导致的是民事责任的承担。具体而言，专利侵权民事责任的承担方式主要包括停止侵权和赔偿损失。

（一）停止侵权

在专利权侵权纠纷中，法院在作出侵权的判决之前，侵权行为仍处于继续的状态的，法院应当首先要求侵权人承担停止侵权的民事责任。与著作权“直接侵权”的相同之处在于，侵犯专利权，在原理上采用的也是“infringement”的思路，即行为人未经许可进入了专利权人所控制的市场营利范围。因此，只要出现了行为人擅自实施受专利权控制的行为，且该状态仍然持续，不论行为人是否存在主观上的过错，单凭此客观结果，行为人都应承担停止侵权行为的民事责任。①

例如，某手机的销售商在不知情的情况下，购进了一批侵犯他人专利权的手机并对外销售。那么，即便该销售商的行为之上并没有侵犯专利权的主观故意或过失，其行为本身亦构成直接侵权，权利人可以凭借销售权和许诺销售权，要求该销售商停止从事相关行为。

（二）损害赔偿

如果侵权行为人具有主观上的过错，即知道或应当知道自己从事了侵犯专利权的行为，且该行为给专利人造成实际损失的，就应当承担损害赔偿责任。对此，我国《专利法》规定，侵犯专利权的赔偿数额按照权利人因被侵权所受到的实际损失或者侵权人因侵权所获得的利益确定；权利人的损失或者侵权人获得的利益难以确定的，参照该专利许可使用费的倍数合理确定。②而《最高人民法院关于审理专利纠纷案件适用法律问题的若干规定》又在该条的基础之上，进一步细化了损失的计算方式。

1. 专利权人因被侵权所受到的损失，可以根据专利权人的专利产品因侵权所造成销售量减少的总数乘以每件专利产品的合理利润所得之积计算。

2. 如果专利权人销售量减少的总数难以确定，则根据侵权产品在市场上销售的总数乘以每件专利产品的合理利润所得之积来计算，将该结果视为专利权人因被侵权所遭受的损失。

3. 如果专利权人的损失或侵权人的所得均难以确定，有专利许可使用费可以参照的，人民法院可以综合考量各类因素，参照该专利许可使用费的 1 倍至 3 倍合理确定赔偿数额。③

4. 如果专利权人的损失、侵权人获得的利益和专利许可使用费均难以确定，人

---

① 《专利法》第 77 条规定："为生产经营目的使用、许诺销售或者销售不知道是未经专利权人许可而制造并售出的专利侵权产品，能证明该产品合法来源的，不承担赔偿责任。"由该条的内容可以推出，直接侵权行为人在缺乏主观过错的情况下，是不承担赔偿责任的，但依然要承担停止侵权的民事责任。

② 参见《专利法》第 71 条。

③ 参见《最高人民法院关于审理专利纠纷案件适用法律问题的若干规定》第 20、21 条。

民法院可以根据专利权的类型、侵权行为的性质和情节等因素，确定给予 3 万元以上 500 万元以下的赔偿。[①]

关于损害赔偿的责任承担问题，《专利法》在第四次修正之后又作了更进一步的补充。其中，以下内容值得重点关注：[②]

其一，立法将故意侵权作为损害赔偿的加重情节。根据规定，对故意侵犯专利权，情节严重的，可以在按照前三种方法确定数额的 1 倍以上 5 倍以下确定赔偿数额。[③]

其二，立法进一步明确了赔偿的范围，规定赔偿数额还应当包括权利人为制止侵权行为所支付的合理开支。

其三，立法明确了损害赔偿数额的举证责任分配。根据规定，人民法院为确定赔偿数额，在专利权人已经尽力举证，而与侵权行为相关的账簿、资料主要由侵权人掌握的情况下，可以责令侵权人提供与侵权行为相关的账簿、资料；侵权人不提供或者提供虚假的账簿、资料的，人民法院可以参考专利权人的主张和提供的证据判定赔偿数额。

第三节　专利侵权认定所适用的原则

在宏观的制度层面，对于是否构成专利侵权已经有了一般的界定标准，而落实到每一个微观的具体侵权案件中，判断一个行为是否构成专利侵权，实际上就是在考察被控侵权的对象是否落入了专利要求书等专利申请文件所划定的权利范围。然而，在具体的实践中，即便在立法上已经确立了解释方法的一般原则，但由于权利要求书只是一种对“专利保护范围”所进行的文字性描述，在面对具体的案件时，

① 参见《专利法》第 71 条。在《专利法》第四次修正之前，赔偿数额的范围为 1 万元以上 300 万元以下。

② 参见《专利法》第 71 条。

③ 对于“故意”和“情节严重”的认定，实践中适用《最高人民法院关于审理侵害知识产权民事案件适用惩罚性赔偿的解释》第 3 条及第 4 条的相关规定。

人们主观的价值取向以及解释的弹性，依然会对是否侵权的判断结论造成实质性的影响。

对于法官而言，面对双方当事人各自的观点和解释思路，以及彼此之间激烈的交锋，始终坚持客观中立的立场，以及恰当地选择和运用解释技巧，是准确判断个案侵权与否的关键。对此，经过长期的经验总结，在司法实践中，分析一个行为是否构成专利侵权，一般会根据实际情况的需要，选择性地采取适当的认定原则。以下对每种侵权认定的适用原则作分别解读。

一、全面覆盖原则

全面覆盖原则是专利侵权纠纷中最为基础的侵权认定原则。在判断一个行为是否侵犯发明专利或者实用新型专利时，法官应当根据这一原则，先将被控侵权产品或方法和专利的权利要求书中所记载的技术方案进行比较，如果被控侵权产品或方法具备了权利要求里的每一项技术特征，就说明该产品或方法完全“覆盖”了专利的技术方案，即使其在技术方案中增加了其他新的技术特征，也属于侵犯专利权的情形。

二、等同原则

虽然以全面覆盖原则为基础，设定出了判断专利侵权的理想模板，但在现实中，除了完全照搬他人专利的侵权行为之外，还经常出现的情形是，行为人为了规避对专利权的明显侵犯，先是对专利的相关申请文件加以研究，然后再将其中的某些技术特征进行简单的变换或者替换，希望以此来逃脱全面覆盖原则所划定的权利保护范围。对于这种情况，在条件允许的情况下，法官可以考虑采用等同原则对案件进行分析。

等同原则认为，在发生专利侵权纠纷时，法官应当将被控侵权的技术构成与专利权利要求书记载的相应技术特征进行比较。在其他技术特征均相同的情况下，针对个别技术特征所呈现出的差异，如果根据“领域内的普通技术人员”的判断标准，在普通技术人员研究了专利说明书和权利要求后，该技术手段属于不经过创造性的智力劳动就能够轻易联想到的，如等同替换、部件移位、分解合并等，且形成的技术方案最终能够达到与专利技术相同或基本相同的积极效果，则应当认为这项技术方案侵犯了专利权。[①]

需要指出的是，等同原则的适用虽然能够防止他人对技术特征文字描述缺陷的恶意利用，避免了僵化运用全面覆盖原则给权利人造成的不利局面，但相应地，这一做法也增加了专利保护范围的不确定性，使得公众无法根据权利要求书的内容获知清晰的专利权保护边界。所以，为了避免等同原则被滥用，防止一些公知技术被不合理地“等同”到权利要求中去，进而导致限制他人从事创新活动、损害公平竞争的后果，在实践中，等同原则的适用必须以全面覆盖原则的适用为前提。而与此同时，司法实践中其他专利侵权的认定原则，也同样可以对等同原则的滥用起到有效的遏制作用。

三、多余指定原则

不可否认的是，我国的专利制度相较于其他发达国家而言还有差距，与此相配套的专利代理服务市场有待更加成熟，代理机构的服务水平也有待提高，这就导致申请人自己或代理人为其撰写的专利申请文件有时质量不高。在实践中，经常出现权利要求书将一些不重要的技术特征写入独立权利要求的情况，而有经验的技术人员会在阅读完相关文件之后，将其中不必要的技术特征剔除，再将其余的技术特征组合起来，由此生成的产品或方法所产生的技术效果几乎可以和申请文件中所描述的积极效果等同。对于此种情况，如果法官只是严格按照权利要求书中的所有技术特征与该产品或方法进行比对，一定会得出不侵权的结论，但这种结果是申请人或其代理人的失误造成的，专利的保护范围由于申请人的不专业而被人为缩小了。

所以，在司法实践早期，为了帮助专利权人消除这种人为产生的不利局面，法官在认为必要的情况下，有时会采取多余指定原则。所谓多余指定原则，是指在专利侵权诉讼中，法官根据实际需要，把权利要求书中所列举的技术特征按其在专利

① 《最高人民法院关于审理侵犯专利权纠纷案件应用法律若干问题的解释》第7条第2款规定：“被诉侵权技术方案包含与权利要求记载的全部技术特征相同或者等同的技术特征的，人民法院应当认定其落入专利权的保护范围；被诉侵权技术方案的技术特征与权利要求记载的全部技术特征相比，缺少权利要求记载的一个以上的技术特征，或者有一个以上技术特征不相同也不等同的，人民法院应当认定其没有落入专利权的保护范围。”

技术方案中的作用分为“必要技术特征”和“非必要技术特征”，在忽略非必要技术特征的情况下，如果他人的产品或方法完全覆盖了“必要技术特征”，那么就认为其构成侵权。

显然，我国法院在司法实践中创立这一操作规则的初衷是希望帮助权利人矫正在撰写权利要求书时出现的问题，但在具体适用这一原则时，法官必须非常慎重，否则可能影响其裁判的中立地位，并将使涉案专利权的保护范围处于完全无法确定的状态，从而反过来给公众的正常技术应用造成不利影响。正因如此，虽然我国早期的一些判例中采用过多余指定原则，但在当前的司法实践中，法官一般不会轻易适用该原则，以防引起审判中立性方面的问题。

四、捐献原则

在实践中，捐献原则就是为防止等同原则的滥用而确立的一种侵权认定方式。[①] 根据该原则，如果专利权人只是在其提交的说明书中列举或描述了一项技术特征，但其权利要求书中并未对该特征加以记载，而是选择提交了与其类似的其他技术特征。那么，如果他人使用了说明书中的该项技术特征，则专利权人不能根据等同原则，认定该项技术特征与其在权利要求书中记载的类似技术特征等同。

例如，在一起案件中，专利权人在权利要求书中记载的一项技术特征是“利用气压弹射”，但说明书对此的描述是“气压弹射效果更好，也可以用弹簧装置替代”。那么，如果被控侵权人使用的是弹簧发射装置，由于这一技术特征未体现在权利要求书中，法官就应认定被告并未侵权，因为专利权人没有将该特征记载于专利权利要求书的行为，相当于他已经把“弹簧弹射”的技术特征“捐献”给了公众。

虽然捐献原则对于当事人之间的利益关系平衡能够带来较为积极的影响，但需要注意的是，它本身也会产生一定的负面作用。有时为了规避捐献原则，赢得专利侵权诉讼，专利权人会尽量不在说明书中提供有关实施技术方案的更多信息，从而

---

① 该原则是美国联邦巡回上诉法院为了防止等同原则的滥用而通过具体的判例首次确立下来的。

给技术的发展和广泛应用造成一定的阻力。但相较而言，捐献原则对于防止等同原则滥用的作用更为突出，因而为我国司法实践所采用。《最高人民法院关于审理侵犯专利权纠纷案件应用法律若干问题的解释》第5条规定，对于仅在说明书或者附图中描述而在权利要求中未记载的技术方案，权利人在侵犯专利权纠纷中将其纳入专利权保护范围的，人民法院不予支持。

五、禁止反悔原则

禁止反悔原则既是对专利保护范围的一种限定，同时也是为防止等同原则滥用的另一种有效手段。在发明和实用新型的专利申请过程中，专利审批人员往往会对专利要求的内容提出质疑，认为其权利要求的范围过大，以至于不具备新颖性或创造性。于是，在多数情况下，基于审批人员的意见，申请人为了确保自己的专利具有新颖性和创造性，最终能够获得专利权，会通过修改专利申请文件的方式，主动限制或者部分放弃了专利权的保护范围。在专利侵权案件中，法官根据等同原则确定权利保护范围时，不能将已被限制排除或者已经放弃的内容重新纳入专利保护范围。同时，专利人如果是在专利无效宣告程序中，选择限制或部分放弃权利保护范围，也适用禁止反悔原则。

为了在我国落实这一原则，《最高人民法院关于审理侵犯专利权纠纷案件应用法律若干问题的解释》第6条规定，专利申请人、专利权人在专利授权或者无效宣告程序中，通过对权利要求、说明书的修改或者意见陈述而放弃的技术方案，权利人在侵犯专利权纠纷案件中又将其纳入专利权保护范围的，人民法院不予支持。禁止反悔原则的适用，能够避免申请人为了自己的利益任意扩大或缩小专利保护范围，对于遏制申请人的不诚信行为，实现专利审查制度的目的和维护公平竞争均发挥着重要的作用。

六、公知技术（设计）抗辩原则

专利法的根本目的在于鼓励创新，所以在申请日之前已经出现的任何现有技术（设计）都不能被授予专利权。但在对发明专利进行实质审查的过程中，审批人员所掌握的文献数量有限，无法在审查时穷尽所有的现有技术。因此，在现实中，总会有一些授权发明因为属于现有技术而在实际上并不符合授权条件。而实用新型和外观设计由于采取形式审查制，导致现有技术或设计被错误授权的可能性更大。

发生上述情形后，如果专利权人向法院起诉他人侵犯专利权，被控侵权人自然可以在答辩期内向专利行政部门申请宣告该专利无效。此时，法院如果认为专利是否被宣告无效的结论会影响侵权案件的判决，会酌情中止诉讼，等待无效宣告程序的结果。但是，通常情况下，无效程序往往又会持续较长时间，这对于被控侵权人而言是不利的。

对此，我国《专利法》规定，在专利侵权纠纷中，被控侵权人有证据证明其实施的技术或者设计属于现有技术或者现有设计的，不构成侵犯专利权。[①] 这意味着，在专利侵权纠纷中，被控侵权人可以直接将“侵权纠纷中实施的技术（设计）属于现有技术（设计）”作为自己不侵权的抗辩理由，法官则可以直接基于相关证据来分析当事人双方的理由是否成立，进而得出是否侵权的结论。被控侵权人不必再为此专门申请宣告相关专利无效，或长时间地等待无效宣告的结果，从而大大节约了纠纷解决的时间。

第四节　假冒专利的具体情形及相应的法律责任

我国《专利法》关于权利保护的部分，主要围绕两个主题进行讨论，其中一个是“专利侵权”，而另一个就是“假冒专利”。在基本内涵和保护范围方面，二者有着明显的差异。专利侵权是未经权利人许可使用了专利权覆盖的技术或者设计，损害的是专利权人的私益，侵权人的责任往往以民事责任为主，需要承担停止侵权或赔偿损失的法律后果；但假冒专利是在相关产品、包装或者文件上标注了虚假的专利标识，欺骗社会公众，让公众误将非专利产品以为是专利产品的行为，其除了可能侵犯其他专利权人的私益之外，更主要的是破坏了专利制度以“行政特许”为内核的专利授权秩序，并损害了社会公共利益，其责任形态以行政处罚为主。

我国在 2008 年第三次修正《专利法》之前，对于这种破坏行政秩序的行为，

---

① 参见《专利法》第 67 条。

分为“假冒他人专利”和“冒充专利”两种形态加以规定；修正之后，立法则将二者统一归为“假冒专利”行为。而在理论层面，在对“假冒专利”的具体情形进行分析时，为了更好地区分二者的差异，仍然有必要对“假冒他人专利”和“冒充专利”这两种情况分别进行探讨。

一、假冒他人专利

这种情况是指行为人在未经许可的情况下，使用专利权人真实有效的专利号、证书或文件，导致公众误认为行为人就是该专利的专利权人，其生产的产品就是基于真实专利权所产生的专利产品。

在实践中，行为人通常会采取以下具体方式来造成公众的误认结果：

其一，行为人在未经专利权人许可的情况下，在自己的产品或者产品包装上标注他人真实的专利号，然后再将这些产品以专利产品的名义面向公众销售；

其二，在未经专利权人许可的情况下，在广告或者其他宣传材料中，使用他人真实的专利号，使公众误认为广告中宣传的技术或设计就是他人的专利技术或专利设计；

其三，直接伪造或者变造他人真实的专利证书、专利文件或专利申请文件，让公众误认为自己的技术或设计是专利技术或专利设计。

通过以上具体的行为样态可以看出，假冒他人专利的行为，一方面，会让公众误以为假冒人推销的产品或使用的方法是真实专利权人授权的专利产品或专利方法，并出于对专利权人和专利产品的信任而与之交易，从而上当受骗；另一方面，如果假冒专利的产品质量低劣，未能达到真正专利产品的品质，让公众误认为专利产品的质量本就如此，就会让真正的专利权人声誉遭受损害，使公众丧失对真正专利产品或专利方法的信任。因此，该行为应当属于被禁止的违法行为，假冒他人专利者应当承担相应的法律责任。

同时，由上述具体情形可知，假冒他人专利，在实践中，有可能同时构成专利侵权行为和假冒专利行为。假如行为人先是未经专利权人许可制造了专利产品，随后又将该专利真实的专利号标注在产品或产品外包装上，让公众误认为其生产的产品得到了专利授权许可，或者就是专利权人自己制造的产品，那么行为人未经许可制造、销售、许诺销售他人专利产品，构成对他人专利权的侵犯，而标注他人真实专利号，则构成假冒专利的行为。

二、冒充专利

这种情况是指行为人捏造出一个根本不存在或者不再受保护的专利，然后向公众声称自己的产品或方法是专利产品。由于专利号的组合方式本身有规律可循，所以杜撰一个并不存在的专利，让公众误认为其是一个真实有效的专利在实践中并非难事。

目前，我国所采用的专利号主要由几部分组成。首先，专利号最前面的字母ZL表明是已经获得授权的专利。其次，字母之后的一串数字是原先申请专利时的申请号，它分为几段分别表达不同的含义。其中，前两位或前四位表明该专利申请的年份，如1999表明该专利于1999年申请，2008表明该专利于2008年申请。年份后面的个位数字表示专利类型，1代表发明专利，2代表实用新型专利，3代表外观设计专利。专利类型之后的一串数字，表明本年度专利申报流水号，而流水号之后，有一个类似小数点的分隔字符，字符之后的个位数字或字母，表示校验码。例如，从专利号“ZL201821754642.7”当中，至少可以解读出以下内容：这是一个已经获得授权的专利，该专利申请于2018年，属于实用新型，该专利是2018年第1754642个实用新型专利申请等。

由此可见，行为人随意编造专利，让公众信以为真，操作起来绝非难事。而与假冒他人专利相同的是，在具体行为方式上，行为人通常也是将捏造的专利号标注在产品及其包装上，体现在广告或其他宣传材料之中，又或是通过伪造、变造相关专利证书和文件，使公众产生其为有效专利的误解。而“假冒他人专利”和“冒充专利”的不同之处在于：首先，“假冒他人专利”中被冒充的对象是真实有效的专利，而“冒充专利”中被冒充的对象是从未存在过的专利或过期专利；其次，“冒充专利”并未导致其他专利权人的利益受损，而“假冒他人专利”会损害到专利权人的合法权益。

但是，由于我国专利申请量和授权量巨大，即使行为人按照专利编号的规则随意捏造一个专利号，也有可能与实际存在的某个专利号相同。这样一来，一项行为究竟是构成“假冒他人专利”，还是“冒充专利”，有时与行为人的主观意愿无关，而完全由偶然因素决定。据此，我国《专利法》不再刻意区分这两种情形，而是将其统称为“假冒专利”，其应承担的责任由该行为所造成的实际损害决定。

在法律责任方面，如果假冒专利的行为贬损了其他专利权人的声誉，影响其专利产品的市场，专利权人可以按照专利侵权的原理，根据实际的侵权结果，要求假冒专利人承担停止侵权、消除影响和赔偿损失的民事责任。

而在行政责任方面，根据我国《专利法》的规定，对于假冒专利的行为，由管理专利工作的部门责令改正并予公告，没收违法所得，可以并处违法所得 5 倍以下的罚款；没有违法所得的，或者违法所得在 5 万元以下的，可以处 25 万元以下的罚款。①

同时，如果假冒专利行为构成犯罪的，依法还应当追究刑事责任。我国《刑法》规定了“假冒专利罪”，如果假冒专利，情节严重的，处 3 年以下有期徒刑或者拘役，并处或者单处罚金。而对于“情节严重”的认定，根据《最高人民法院、最高人民检察院关于办理侵犯知识产权刑事案件具体应用法律若干问题的解释》，满足下列情形之一的，即达到了“情节严重”的标准：

（1）非法经营数额在 20 万元以上或者违法所得数额在 10 万元以上的；

（2）给专利权人造成直接经济损失 50 万元以上的；

（3）假冒两人以上他人专利，非法经营数额在 10 万元以上或者违法所得数额在 5 万元以上的。②

此外，由于专利证书和专利文件均是国家专利行政主管机关颁发的正式文件，伪造或者变造他人的专利证书、专利文件的行为，还可能构成我国刑法规定的“伪造、变造、买卖国家机关公文、证件、印章罪”，如果构成该罪，将可能面临 3 年以下有期徒刑、拘役、管制或者剥夺政治权利；情节严重的，将处 3 年以上、10 年以下有期徒刑。

---

① 我国《专利法》在第四次修正之后，第 68 条将原先规定的“处违法所得四倍以下的罚款”提升到了“五倍”，同时，对于“没有违法所得”的情形的罚款上限从“20 万元”提升到了“25 万元”。此外，还增加规定了，违法所得在 5 万元以下时，罚款的上限也均是 25 万元。

② 参见该司法解释第 4 条的相关内容。

第四编

商标法

第一章 商标及商标权基本原理概述

重点问题

- 商标的内涵及其基本功能
- 商标的分类依据及具体类型
- 商标及商标权的本质属性
- 商标制度的价值取向及建构思路

关键术语

识别功能 质量保证功能 广告宣传功能 可视商标 非可视商标
文字商标 图形商标 组合商标 立体商标 商品商标 服务商标
集体商标 证明商标 商誉

第一节 商标的概念和功能

在正式学习商标法的相关制度之前，先一起来想象这样的故事和画面：

老王凭借自己祖传摊煎饼的手艺，每天早晨都在一条街上摊煎饼卖早餐。很快，老王的煎饼因为量大味足，吸引了周围众多消费者前来购买。由于老王在街道上聚拢了一批购买早餐的人，有些人看到这一商机，于是纷纷也在这条街道上摆摊卖煎饼。这样一来，对于那些听闻口碑远道而来寻找老王的食客来说，就有可能在不知情的情况下买到其他人做的煎饼，进而在客观上降低老王的销售额。同时，食客在误认为自己买的就是老王的煎饼之后，对于平平无奇的味道颇有微词，对外宣称老王做的煎饼太过寻常，不值得专门前去品尝。这样一来，老王摊煎饼的口碑在消费者中就有所降低，又在一定程度上造成了潜在消费者的流失。

为了解决这一问题，老王在自己的煎饼摊前竖起一面大旗，上面印有“煎饼王”几个字。此后，消费者就有了明确的购买目标，知道竖着大旗的地方才是老王的煎饼摊。于是，每天早上，老王的煎饼摊前都排起了长队，而其他煎饼摊前却无人问津。最终，无计可施的其他煎饼摊摊主在商量过后，都在自己的煎饼摊前竖起了“煎饼王”的大旗，让广大消费者“寻老王而不可得”，造成了大量误买别家煎饼的情况。对于其他摊主的行为，老王非常气愤，于是将所有的摊主都告上了法庭，要求他们撤下“煎饼王”的旗帜，并赔偿自己的损失。

其实，上述故事就是我们当前所处的市场环境的缩影。在活跃的市场环境中，消费者可以在市场上看到大量由不同生产者提供的同类商品，或是由不同服务者提供的相同服务。由于这些商品和服务在外观上大同小异，消费者很难找到或挑选出自己的目标商品或服务。于是，为了便于将自己的商品或服务与他人区分开来，提供者们往往会在自己的商品或服务上标注特定的符号。这样一来，凭借这些符号标志，消费者就可以在同类商品或服务之中，第一时间找到自己希望购买的特定商品或服务，而提供者也不必担心自己的产品会与他人的发生混淆，只需要专心致志提升自己产品的品质，就有机会在市场竞争中占据优势地位。在这当中，产品提供者们在其商品或服务之上所使用的符号标志，就是通常所说的“商标”。

据此，结合前文所讲述的故事，可以先尝试性地提炼出商标的基本内涵，以及它在市场环境中所发挥的功能和作用。通常而言，所谓“商标”，是指商品或服务的提供者为了将自己的商品或服务与他人提供的同种或类似商品或服务相区别而使用的，一般由文字、字母、图形、颜色、声音等要素构成的标记。[①] 对于商标而言，作为一种标志或符号，其本身并没有市场价值，只有在市场环境中得到了充分的应用，它才有可能承载和积累相应的价值。所以，商标本身所具有的市场功能，才是

---

① 关于“商标”的概念，TRIPs 协定第 15 条规定，能够将一个企业商品或服务与其他企业的商品或服务区别开来的任何标识或者标识的组合，即可构成商标。我国《商标法》第 8 条规定：“任何能够将自然人、法人或者其他组织的商品与他人的商品区别开的标志，包括文字、图形、字母、数字、三维标志、颜色组合和声音等，以及上述要素的组合，均可以作为商标申请注册。”

对商标提供法律保护的根本动因；不探讨商标的实际功能，也就不可能界定支撑商标保护的基本原理。具体而言，一般认为，商标具有以下几个方面的功能。

一、识别功能

在前述故事里，所谓“煎饼王”，其实就是一种商标。它出现的最初目的，就是将自己所指向的商品与他人生产的商品区分开来。据此，这种帮助消费者对相同或类似商品或服务的提供者区分开来的“识别功能”，就是商标的首要功能。如果一个标志不具有识别产品或服务的功能，也就不能被称为商标，更不可能通过申请被注册为商标。

商标的识别功能对于商品的生产者、服务的提供者以及消费者来说都具有极其重要的意义。对于商品生产者和服务提供者来说，商标的区分作用为其与消费者之间搭建了充分的信息传递渠道，借助商标，商人得以建立和积累自己的商誉，并以商标为工具参与激烈的市场竞争；对于消费者来说，商标的区分作用能够帮助其辨识商品或服务的来源，降低其获取与商品或服务相关信息的成本，以便其能够购买到心仪的商品或服务。

虽然商标的识别功能在市场环境中的价值是显著的，但这一功能本身也是相当脆弱的。一旦他人从事了“假冒商标”的行为，商标使用者于商标之上所积累的商誉就将遭受严重破坏。就像故事里的“煎饼王”，老王之所以使用这一商标，就是想把自己的美味煎饼与那些“平庸”的煎饼区分开来。但是，整个街道的煎饼摊都采用了相同的商标，消费者就会误以为这些煎饼都是老王做的，或是传承了老王的手艺，又或是得到了老王的品质认证。这样一来，商标辛辛苦苦建立起来的信息传递桥梁，就被这种商标假冒行为轻易摧毁了。正因如此，在建立商标保护制度后，这种干扰商标识别功能的侵权行为，均是各国商标法首要的预防和打击对象。

二、质量保证功能

在识别功能的基础上，一旦消费者在心中将商标与其所指向的商品或服务紧紧绑定在一起，那么商标就会向其传递这样一种信息：使用相同商标的商品或服务具有基本相同的质量。这种观念的形成有赖于生产者稳定的生产能力以及服务提供者始终如一的服务品质。保证产品质量，虽然不是商标最初始的功能，却是其在市场经济活动中最主要的功能。只要商标能够给消费者传递稳定的产品质量信息，商品的生产者就可以在全球经济一体化的浪潮中，加快推进商品制造者与商品提供者相分离的步伐，从而大大降低企业的经营成本。

具体来说，在长期使用商标、建立了稳定的质量保证功能之后，很多企业可以不再亲自生产商品，而是选择让那些人力资源丰富、生产成本较低的地区的企业根据自己的要求代为生产商品。商标的所有者只需监督他人生产的商品是否达到了质量标准，然后在商品上贴上自己的商标，再将这些商品销往世界各地。在这种情况下，商品的真正制造者与商标所有者已经发生了分离，消费者凭借商标识别的，只能是商品的最终提供者，而非商品真正的制造者。即便如此，只要消费者信赖商标所有者的信誉，无论该商品是否由其制造，也依然愿意购买使用其商标的商品。这就是商标质量保证功能的真正价值。

但要注意，质量保证功能对于商标所有者来说是一把“双刃剑”：一方面，凭借此功能，商标所有者可以在确保商品或服务质量的前提下，更广泛地许可他人使用自己的商标，以最大限度地开发商标的价值；另一方面，如果因为商标所有者的疏漏，导致一小部分标注商标的商品质量出现了问题，那么消费者就会怀疑其他所有使用该商标的商品或服务的质量，而给商标所有者的商业信誉带来沉重的打击。因此，质量保证功能有助于敦促商标所有者始终保持其商品或服务的品质。

三、广告宣传功能

商标是连接经营者与消费者的纽带与桥梁。商标的质量保证功能，本身就具有积累及表彰商业信誉的作用，所以消费者往往是通过商标来判断商品的品质、决定自己的消费选择的。而以识别功能为基础，商标的所有者可以很轻易地利用商标进行广告宣传，从而进一步地提升商标的市场价值。在广告中，商标所有者往往会突出宣传商标，让消费者对商标产生强烈的印象，并借此使消费者认识、了解、选择自己的商品或服务，以刺激、维持并扩展消费者对这些商品或服务的消费需求。可见，通过广告宣传维持和提升商标的价值，可以有效增加商标所有者经营的市场份额，对于提升企业的市场竞争力起着关键的作用。

第二节 商标的分类

在现实生活中，商标的形态形式各异、千差万别。而随着市场经济的高速发展，商品和服务的品种越来越多，导致商标的使用范围也越来越广。因此，若要通过相关制度对商标施以针对性的调整和保护，就必须先从纷繁的商标中，按照类别找寻其共同的规律。同时，基于不同标准对商标所进行的类型化区分，可以让我们对于商标的形式产生多维度的认知，也有助于提升和深化对商标及其相关制度的理解。

具体而言，在理论研究和学习过程中，通常会结合商标的结构、用途、使用者、管理者等因素，对商标作如下的划分。

一、以商标的结构组成或状态为标准的分类

按照商标的结构组成或状态来区分商标，是各国商标法在凸显商标结构或商标要素时常用的划分方法。以此为标准，商标被分为可视商标和非可视商标两个大类。

（一）可视商标

所谓可视商标，是指人们可以通过视觉来感知的商标。生活中，我们熟知的绝大多数商标都属于可视商标。而在此基础上，又可以根据商标在视觉上所展现出的结构组成差异，在可视商标的类型之下作进一步的细分。

1. 文字商标

该类商标仅由汉字、拼音字母、少数民族文字、外国文字、数字等字符组成，当中不包含文字以外的任何图形成分。比如，“蒙牛”“TCL”“SONY”等，都是典型的文字商标。相较而言，文字商标便于呼叫、表意性强，但视觉上的标记效果往往不如图形强烈。

2. 图形商标

此种商标仅由图形构成，当中没有任何文字成分，而这种图形既可以是具象的图形，也可以是抽象的图形。作为历史最为悠久的商标形态，图形商标生动而鲜明，

没有语言的地域性束缚，标记的效果更为突出。但是，图形商标没有文字标注，表意性不足，日常生活及交易中不利于交流，且多称谓的图形容易产生误认。

3. 组合商标

这种商标由文字和图形共同组合而成，由于其兼具文字商标与图形商标的优点，因而在实践中被普遍采用。

4. 立体商标

此类商标是指占据了一定立体空间的三维商标。与此相对应的，前述"文字商标""图形商标"以及"组合商标"，通常被统称为"平面商标"。按照立体商标与商品的关系来对比，立体商标可以表现为商品自身的形状，如巧克力的独特外形；可以是便于区分商品的产品外包装，如可口可乐的曲线型玻璃瓶；还可以是与商品完全分离的立体形态，如麦当劳快餐门口的小丑形象等。

在很长一段时间，我国《商标法》都没有将立体标志纳入商标的保护范畴，导致经营者往往选择通过申请外观设计专利等方式寻求法律的保障，不仅导致了外观设计专利授权质量的降低和管理上的混乱，且对立体标志的保护力度也十分有限。为此，我国《商标法》在2001年第二次修正时，首次承认了三维标志可以作为商标受到保护。

（二）非可视商标

所谓非可视商标，是指通过听觉、嗅觉等感官所感知的商标。由于人们绝大多数的信息都是通过视觉获取的，所以一直以来，实践当中所采用的商标基本都是可视商标。但不应忽略的是，如果人们可以通过其他感官认定或区分商品或服务，那么这些感官所获取的要素实际上也可以发挥商标的功能。

例如，只要一听到某旋律，人们就能想到某特定的电子产品，或闻到某种特别的气味，就能立即联想到某款知名的纸巾，那么声音和气味在这里就是被用作识别商品的工具。正因如此，各国在商标法的发展进程中，陆续将气味和声音纳入商标法的保护范畴之中。我国2013年第三次修正《商标法》时，删除了商标的可视性要求，同时允许把"声音"作为商标申请注册，从而首次在立法中规定了对非可视商标的法律保护。[①]

二、以商标的使用者为标准的分类

根据商标使用者的身份，以及商标对其产生的作用差异，可以将商标分为“商品商标”“服务商标”“集体商标”和“证明商标”。[②]

（一）商品商标

顾名思义，使用于商品之上的商标就是商品商标。该类商标的使用者为商品的经营者，包括商品的生产者和商品的销售者。其中，商品生产者在自己生产制造的商品上使用的商标被称为制造商标，用以把自己同其他生产同类商品的生产者区分开来；而商品销售者在自己销售的商品上使用的商标被称为销售商标，用以彰显销售商在商品从生产到销售过程中所发挥的组织作用。

（二）服务商标

服务商标是服务的提供者为了表明自己的服务并区别他人同类服务而使用的商标。与商品商标不同的是，它表彰的对象不是实物商品，而是一种服务行为。例如，各航空公司的商标就属于服务商标，因为它们不是用来识别民用航空器的制造者，而是用于识别民用航空运输服务的提供者。自 1993 年《商标法》第一次修正之后，我国才将服务商标纳入了商标法的保护范围之内，在此之前，我国的商标法仅保护商品商标。

（三）集体商标

所谓集体商标，是指以团体、协会或其他集体组织名义注册，供该组织成员在商事活动中使用，以表明使用者在该组织中的成员资格的标志。如果某经营者或服务的提供者被授权使用某项集体商标，就说明其属于该集体组织的成员。集体商标是向消

---

① 我国《商标法》第 8 条规定：“任何能够将自然人、法人或者其他组织的商品与他人的商品区别开的标志，包括文字、图形、字母、数字、三维标志、颜色组合和声音等，以及上述要素的组合，均可以作为商标申请注册。”

② 参见《商标法》第 3 条。

费者表明，由该集体成员所提供的商品或服务，具有某种共同的特点，或是达到了某种共同的标准。我国《商标法》在2001年第二次修正之后，明确了对该类商标的保护。

（四）证明商标

所谓证明商标，是指由对某个商品或者服务有检测和监督能力的组织所控制，而由该组织以外的人使用于其商品或服务之上，用以证明该商品或者服务的原产地、原料、制造方法、质量或者其他特定品质的标志。通常情况下，证明商标可以由某一个行业协会申请注册，也可以由国家的主管机关申请注册。证明商标的拥有者，应当为某种商品或服务在商品原料、商品质量、商品功能、服务来源、服务特性、服务质量等方面设定特定的标准，只要他人所提供的商品或服务达到了相关标准，就应当允许其使用相关的证明商标。同时，证明商标的拥有者还应当持续监控使用了该商标的商品和服务，如果不能达到自己设定的标准，就应立即取消经营者使用该证明商标的资格。我国《商标法》于2001年第二次修正时，明确了对证明商标的保护。

以上就是商标法理论中关于商标的主要分类方式。除了上述两种划分标准之外，在研究和实践过程中，人们还可以从商标的取得方式，或是其特殊用途与功能差异入手，对商标的本质以及相关的规则作进一步的分析和思考。在接下来的章节中，也会通过对我国《商标法》的解读，适时地讨论商标的其他分类方式及具体的表现形态。

第三节　商标权的本质及商标法的立法原则

从“商标”这一权利所指向的对象为出发点，结合权利的私权属性，似乎可以轻易地提炼出“商标权”的含义，并将其定义为“商标所有者依法使用其商标”的权利。但是，进一步提升分析的视野，把“商标权”与“著作权”和“专利权”并列，将其看作“知识产权”的三大权利类型之一，从知识产权的基本内涵来分析，就不由地会对“商标权”的本质产生一些疑问。

在前文对知识产权的权利本质进行解构的过程中曾经提到，知识产权所保护的对象，是凝结了人们创造性脑力劳动的“智力成果”，其保护方式是通过法定的禁止权利，为权利人划定垄断的市场保护范围，确保其因此而获得智力劳动应得的财产回报，最终实现文化繁荣、科技进步等政策目的。但是，如果将“商标权”代入其中就会发现，商标权似乎并不符合知识产权的这些描述。

首先，商标权所保护的客体并不是一种智力成果。对于商标而言，对其加以私权利的保护，在于其可以起到识别和区分同种或类似商品或服务的作用，而要实现这一效果，并不需要人们付出或投入创造性的脑力劳动。

以摊煎饼的老王为例，如果不使用“煎饼王”的商标，他也完全可以把自己的姓名用作商标，甚至将路边随手摘下的造型别致的野花作为商标。在这些商标的选用和形成过程中，老王并没有创造出“智力成果”，但其使用的商标却仍然会得到法律的保护。而从另一个层面讲，假如老王请到了国画大师为其精心设计了商标的图形，该图形自然承载了画家的智力成果，但是，这类智力成果应当是著作权法所调整的对象。对于商标法来说，只要商标具备了识别和区分类似商品或服务的功能，使用商标的主体就可以取得相应的商标权，而识别功能的产生并不以智力成果的投入为必要，商标是否有独创性价值或艺术性价值不会对商标权产生实质性的影响。

按照这一认知，通过进一步推理可以发现，对于商标制度来说，商标的文字或图形组合本身其实并没有任何价值，商标法真正保护的并非是由这些要素所构成的标志，而是这一标志所承载的**商誉**。现实中，有的商品的制造者之所以要通过商标主动将自己的商品与其他同类产品区分开来，就是因为其商品拥有过硬的品质，在消费者之间形成了良好的口碑，消费者有意愿选择并购买该商品。这种消费者对于产品的积极评价，就是商品制造者经过长期经营所形成的商誉。

在没有使用商标的情况下，商品的商誉并不能得到有效的利用，但使用了商标之后，商誉这种之于商品的无形价值就可以凝聚在这些符号之上，并且被不断积累，成为可以被衡量和估价的品牌价值。但即便如此，商标所承载的商誉也不是一种智力成果，它并非由人们创造性的劳动产生，而是由经营者长年辛苦地经营打造出来的。以摊煎饼的老王为例，他摊煎饼的手艺并不是自创的，而是祖上传下来的，且做煎饼的过程也没有什么秘密可言，只不过老王所用食材新鲜，且从来不偷工减料。可见，无论是商标还是商誉，作为客体，它们都不应被纳入智力成果的范畴。

其次，商标权在本质上并不是公权力所赋予的“法定权利”，而是一种“自然权利”。对于商标权来说，该权利最初的产生原因，是因为他人任意使用商标的行为，“盗取”了商标之上经营者所积攒的商誉，进而给其造成了财产上的损失。在老王的故事中，他之所以对于其他摊主也使用“煎饼王”的商标感到愤慨，就在于该商标之上的口碑是自己辛辛苦苦、日日夜夜打拼出来的。而其他的煎饼摊主，不用付出任何劳动，只是通过使用相同商标的方式，就将这一品牌之上的价值据为己有，其实就是对其无形财产的盗窃行为。正是基于这一认知，老王控告其他摊主的诉讼请求，一定会得到法院的支持。

由此可以看出，商标之上所承载的商誉，是经营者通过自己长期的劳动积累取得的，它本身就应当是归属于劳动者个人的私产，并不需要由公权力“授予”或者“恩赐”。而法律设置商标权，只是对个人所拥有的商誉等财产权益的确认。他人如果侵犯了商标权，造成权利人商誉等财产利益的损害，就应当承担填平该损失的赔偿责任。所以，商标权在本质上并非像著作财产权或专利权那样，通过法定的禁止权为权利人划定垄断性的经营范围，而是属于法律所应当确认的“天赋人权”。商标权利人对于其商标之上所积累的商誉，可以任意地支配，并借助法律的强制力保障排除他人的不法侵害。

因此，无论是从权利的保护客体，还是权利的本质来考察，商标权都与典型的知识产权相去甚远，它只是民商事主体用以保障个人私权的工具，并没有鼓励、刺激创作和发明创造之类的社会使命和公共政策目的。所以，以此认知为前提，围绕私权利的保障和促使商标功能实现的制度目的，商标法律体系的构建秉持了以下三个立法原则。

首先，商标法应立足于保护商标权人的财产利益，尤其是要保护商标之上所承载的商誉。在市场环境中，为了吸引更多的消费者，商标权人不断提高自己产品或服务的质量，发起各种各样的广告或促销活动，建立商标与特定商品或服务的关联，树立自己的品牌在消费者之中的良好信誉。如果商标法不能有效保护商标权人的商标及商誉，放任他人在同类商品或服务上使用相同或近似的商标，“窃取”权利人的品牌价值，必然会挫伤经营者通过商标创立良好商誉的积极性，不利于良好市场秩序的形成。

其次，商标法要致力于保护消费者的利益，防止消费者在识别商品或服务来源时所发生的混淆。对于消费者来说，清晰的商标权归属，可以帮助其凭借日常的购买经验，挑选自己需要的商品或服务。同时，众多商标的出现，也便于消费者在不同竞争者所提供的同类商品或服务中作出明智选择。如果商标权属混乱，商标侵权行为无法被有效遏制，就会给消费者造成选择上的困扰，进而损害消费者的利益。所以，商标法保护商标权益，惩治商标侵权行为，同时也是在帮助消费者维护自己的权益。

最后，商标法应着力制止随意利用商标权人的商标和商誉的不正当竞争行为，维护市场秩序，保障市场活动的有序开展。从宏观层面来看，仿冒他人商标、窃取他人商誉等侵犯商标权的行为，破坏了市场环境下的竞争规则。所以，基于商标法制止商标侵权行为，有助于维护市场交易的有序进行，进而促进社会经济的发展。

以上就是基于商标权的权利本质所衍生出的商标法的立法原则。以此作为价值取向，有助于我们对《商标法》的相关规则产生更加透彻的理解，也有助于我们在脑海中形成商标具体制度是否合理的评价依据。

第二章 商标权的取得途径

重点问题

- 通过使用取得商标权的基本原理
- 通过注册取得商标权的目的及法律本质

关键术语

假冒之诉 商标注册制 商标抢注 商标专用权

民商事主体取得了商标权，就意味着其作为商标权人能够依法排斥他人在相同或类似产品上使用足以导致消费者产生混淆的相同或近似的商标。所以，明确取得商标权的方式和路径，对于经营者而言具有重要的意义。目前，我国《商标法》规定了两种商标权的原始取得方式，即“通过使用取得商标权”和“通过注册取得商标权”，而深刻领会这两种方式背后的原理，将会对于我们系统了解商标制度的构架模式大有裨益。

一、通过使用取得商标权

通过使用取得商标权，是指在商业活动中，经营者选择某个符合法律要求的标志，用于识别某种商品或服务，在使用该标志之后，取得了针对该标志的商标权。

如果理解了商标权“自然权利”的本质属性，那么通过对商标的使用而取得商标权，其背后的逻辑推导便非常容易被接受——当经营者选择了一个标志，再将它同自己的商品或服务绑定在一起，那么该标志就成为经营者用来承载商品或服务之上的商誉的“容器”。经过使用，该商标在消费者中产生了一定的知名度，其所指向的商品或服务的品质也在消费者的脑海中生成了印象，自此，该商标之上就产生了商誉。

由于商誉是经营者通过劳动所产生的属于其个人的财产利益，所以当商誉生成的那一刻，商标就获得了识别和区分类似商品或服务的功能，商标的使用人也就取得了保护该商誉免受他人侵害的商标权。反之，如果经营者在选定了一个标志之后，并没有将其使用在特定商品或服务上，消费者便无法将该标志与特定商品或服务的出处联系起来，该商标也就无法具备起码的识别功能。而在经营者的商誉没有被商标承载的情况下，经营者便无从取得相应的商标权。

因此，通过对使用取得商标权的途径的解读，也间接证明了先前的分析——由各种元素所组成的标志，本身对于商标法而言并没有价值；商标权真正保护的，是经营者通过经营行为在商标之上积攒的商誉。

由此可见，他人假冒或仿冒商标等侵权行为，实际上是对经营者辛苦经营所累积的商誉的侵害。这也解释了为什么现代商标制度会源于英美法系国家的“假冒之诉”（passing off action）。在使用商标的初期，早在商标制度还未形成之时，英美法系的一些国家中，就陆续出现了长期使用的商标被他人假冒，经营者向法院起诉寻求保护的案件。由于此类商标所承载的商誉属于自然权利，所以即便当时还没有专门的商标制度，经营者也从未向公权力寻求过关于商标的“行政特许”，法院也必然会以经营者的自然权利受到侵害为由，判决假冒商标之人向经营者赔偿相应的损失。而在具体的诉讼技巧上，法官为了确定商标权究竟归属于谁，采用了一个简捷明确的标准，即**“先使用的受保护，后使用的不受保护”**。

换言之，法官认为，对于相同或类似的标志，如果谁能够证明自己使用在先，那么商品或服务的商誉也就附着在其使用的商标之上，先用者也就理应被看作商誉真正的所有者；而如果使用在后，那么其使用的商标就是一个空壳，使用者只是利用其盛装从他人那里“窃取”的商誉而已。

按照上述思路来理解，商标制度的原理及其运行方式俨然简单且清晰，商标法似乎也没有必要再规定商标取得的其他路径了。[①] 然而，随着商品经济的快速发

---

① 在商标立法层面，早期各国的商标法均采取“通过使用取得商标权”的思路。例如，世界第一部成文商标法——法国于 1857 年颁布的《关于以使用原则和不审查原则为内容的制造标记和商标的法律》，即采取商标权依使用取得的立法模式。参见刘春田主编：《知识产权法》（第五版），高等教育出版社 2015 年版，第 263 页。

展，生产、流通范围的日益扩大，“通过使用取得商标权”的弊端逐渐显现了出来。由于真正的商标权人在复杂的市场环境中，越来越难提供充分的证据，来证明自己就是商标的先用者，这不仅极大地提升了商标归属纠纷的诉讼成本，也让“假冒商标”行为逃脱制裁的可能性越来越大，甚至假冒之人，通过诉讼判决，摇身一变，成为商标“真正的”权利人。因此，为了解决这一问题，目前多数国家都不再单纯地采用“通过使用取得商标权”的制度，而是将目光集中在另一种商标取得方式之上。

二、通过注册取得商标权

当“通过使用取得商标权”的模式弊端愈发突出，各国的立法者渐渐地产生了这样的想法：既然“通过使用取得商标权”的问题根源在于难以找到“在先使用”的充分证据，那么在商标形成伊始，为什么不直接向行政机关提交商标文书，利用公权力机关的公信力来为商标的在先使用人背书呢？当产生了这个动议之后，商标注册制度便应运而生了。

按照这一制度，经营者如果想取得某个标志之于特定商品或服务的商标权，就应当向国家的商标行政部门提出注册申请，当行政机关审批通过、登记公告之后，申请人就获得了该注册商标的商标权。通过注册取得商标权，其最大的优势就在于行政机关对于其授权的注册商标会进行权利的登记和公示。自此，商标的权利归属一目了然，任何人都可以查询自己准备使用或注册的商标是否会同别人的商标权发生冲突。如果他人未经许可，在相同或类似的商品或服务上使用了相同商标，基于商标注册的公示效力，就可认定其构成了对注册商标的侵犯。

在此，需要专门探讨“通过注册取得商标权”的法律本质。在商标注册制度下，其采取的是“当事人申请、行政机关授权”的权利取得模式。根据该模式的程序要求，经营者会向行政机关提出申请，要求获得在自己的商品或服务之上单独使用某标志的排他性权利；而行政机关则运用公权力，授予申请人在一定范围内专营该商标的垄断市场地位。

对此，相信有读者已经发现，商标注册制度其实就是将知识产权中“法定权利”的授权机制，运用到了商标权的保护领域之中。某个特定的标志，在未被使用的情况下，原本与任何商品或服务都没有先天的联系。但是，有人在这时向行政机关提出申请，希望公权力通过赋予“法定权利”的方式，将自己的商品或服务与这一标志绑定起来。而当行政机关通过授权满足了申请人的要求之后，申请人便凭此获得了专营该商标的正当依据。

按此理解，商标权人所获取的商标，其实是公权力赋予他的一个“容器”，权利人在市场环境中，可以利用该“容器”慢慢地积攒自己的商誉。由此可以发现，与“通过使用取得商标权”相比，虽然“通过注册取得商标权”的方式，最终目的依然是保护经营者的“商誉”，但在具体手段上，商标注册制刻意弱化了对商誉的关注，而是将焦点集中在了特定的商标之上——只要商标得到了“法定权利”的保护，那么商誉也就自然在权利人的控制之中。

正是由于“商标注册制”权属明确、操作便捷、权益保障效果显著，有的国家便逐渐放弃了“通过使用取得商标权”的方式，而将“商标注册”作为获取商标权的唯一路径。但是，这种做法却在实践中催生了大量“商标抢注”的现象。人们不再关注如何在商标上积累商誉，而是努力在商标的先使用者之前抢先注册商标，再以高价将其转卖给在先使用人或真正需要的人。这样一来，商标原本的意义就不复存在了。[①] 为此，各国商标法采用了一些积极的预防措施，[②] 同时也意识到，两种商标权取得方式如果同时运用，可以起到相互补充、互相促进的作用。

目前，我国《商标法》以“商标注册制”为主，同时也承认经营者可以通过使用来取得商标权。而在权利性质上，应当明确，注册取得的商标权，是为权利人打造商标排他性使用地位的法定权利；而使用取得的商标权，则是直接维护经营者商誉的自然权利。所以，为了以示区别，通过注册取得的权利在立法中被称为“商标专用权”，而未被注册但经长期使用，积累大量商誉，在商标权属纠纷中被法院确认保护的商标，就可能构成平常所说的“驰名商标”。两种机制互动所产生的积极效果，在接下来的制度介绍中作进一步的展开。

---

① 我国《商标法》在2001年第二次修正之前，就是将“商标注册”作为取得商标权的唯一途径，这催生了实践中诸多的“商标抢注”事件，而这也是《商标法》在第二次修正时，将“通过使用取得商标权”作为商标取得途径之一的直接原因。

② 对于那些较早实行商标注册制的国家来说，一般均会在商标立法中采取一些预防“商标抢注”的具体措施。例如，根据法国商标法的相关规定，恶意抢注商标，往往会被法院判定为无效。又如，德国商标法就直接规定，“注册”和“使用”均是取得商标保护资格的途径。

第三章　商标注册的条件

重点问题

- 判断标志是否具有固有显著性的分类方式
- 标志获得显著性的内涵及适用
- 标志违反法律禁止性规定的具体情形
- 对于三维标志的禁止性规定
- 对于地理标志的禁止性规定
- 对于标志侵犯他人在先权利的认定

关键术语

固有显著性　通用标志　描述性标志　暗示性标志　任意性标志
臆造性标志　获得显著性　显著性退化　地理标志

第一节　商标注册的积极条件——标志的显著性

我国是实行商标注册制的国家，在实践中，除了少数通过使用特定商标的方式取得商标权之外，绝大多数商标都是通过注册的方式取得商标权的，而一个标志若想获得商标注册，就必须符合《商标法》所规定的条件。对此，我国《商标法》设定了商标注册的积极条件和消极条件，本节将对其积极条件——标志的显著性作全面解析。

所谓标志的“显著性”，又被称为“区别性”或“可识别性”，是指某一标志对于某一特定商品或服务来说，具有能够将其与其他同种或类似的商品或服务加以区分的功能。对于行政机关而言，如果一个标志可以在某一商品或服务上体现出“识别功能”，那么就认为该标志具有显著性，在不考虑其他因素的情况下，该标志就可以被注册为商标；反之，如果该标志不能起到区分同类商品和服务的作用，那么就认为它不具有显著性。①

但是，如何才能判断一个标志是否具有显著性呢？对此，商标法理论认为，标志的显著性不是由其自身的符号元素决定的，而是由一个标志与它所指代的那类商品或服务之间的密切程度决定的，如果标志与某类商品或服务的关联越紧密，那么该标志的显著性就越弱；反之，如果标志与某类商品或服务的关联性越小，该标志的显著性就越强。

换言之，假如一个标志的要素与某类商品的主要特性毫无关联，那么经营者将该标志用在自己的商品上时，消费者就可以轻易将其商品与其他同类商品区分开来；但如果一个标志的要素与某类商品的主要特征关联过密，那么消费者看到这个标志之后，就无法将其与特定经营者提供的商品之间生成当然的联想。

例如，某经营者在自己生产的服装之上冠以“阳光”标志，由于“阳光”与“服装”在特性上没有必然的关联，所以经营者使用这一标志，可以很好地起到与他人生产的服装相区分的效果；而某经营者在自己生产的白酒之上使用“52度”这一标志，由于这是众多白酒产品通常使用的酒精含量标准，所以消费者看到这一标志时，就无法得知它指代的究竟是哪一个经营者提供的白酒，该标志也就不具有显著性。

商标注册之所以对标志提出了显著性要求，除了强调商标应当具有识别功能之外，另一个重要的原因在于，如果经营者将某类商品或服务的共有要素注册为商标，而导致他人不能再在自己的商品或服务上体现这一要素，就会剥夺他人在市场上公平竞争的机会，属于通过不当垄断的方式侵害他人的合法权益，而行政

---

① 由于区别商品或服务的来源是商标最基本的功能，而只有具备显著性的标志才能实现这一目标，所以各国法律均要求商标必须具有显著性。例如，德国商标法规定，凡用于鉴别工业或商业产品的一切标记都可以作为商标。日本商标法规定，商标应具有明显特征，以文字、图形、符号或它们的组合组成。我国《商标法》第9条规定，申请注册的商标，应当有显著特征，便于识别，并不得与他人在先取得的合法权利相冲突。

机关则需要在商标审批时尽量避免这种情况的出现。

为了能够准确辨别一个标志是否具有显著性，在实践中，通常按照标志与其所指代的商品或服务的关联程度，将标志大致分为五种类型，作为认定标志是否达到显著性要求的评判依据。

一、通用标志

所谓通用标志，是指一类事物的一般称呼或图形。例如，作为词汇的“红酒”“铅笔”“台灯”，以及对应的一般图形，它们与各自惯常指代的一类商品之间，具有最为密切的联系，所以其显著性最差，不能在此类商品上被注册为商标。

例如，某经营者在自己生产的剃须刀上印上了“剃须刀”三个汉字，那么该标记对其商品来说就完全没有显著性可言。消费者看到剃须刀上的“剃须刀”三字，也只会认为生产者是在告诉自己这个商品的名称，而不会想到它意在指明该商品来源于哪个生产企业，或者该商品与其他同类商品而言有什么区别。所以，如果某标志被认定为是某类商品或服务的“通用标志”，那么它就不能成为该类商品或服务的注册商标。

二、描述性标志

所谓描述性标志，是对某类商品或服务的质量、原料、功能、用途、重量、数量等特点所进行的直接描述。由于同一类商品或服务往往具有很多共有的性质或特点，所以基于对这些共性的直接描述而产生的标志，与这类商品或服务的关系仍然过于密切。

例如，某钢笔生产企业在自己生产的钢笔上印有“流利书写”4 个字，消费者看到后只会认为这是在说明钢笔的一般功能或通常的使用效果，而无法将该钢笔与特定的生产企业联系起来。如果某一标志被认为是某类商品或服务的描述性标志，那么在一开始，它并不能取得商标注册。

三、暗示性标志

学理上通常所说的暗示性标志，对于商品或服务的基本特征并不加以直接描述，而是采用某种方式向消费者暗示这类商品或服务的所具有的属性，消费者根据这种暗示，在发挥自身的想象力之后，才能明白这种暗示性的表达所要反映的商品或服务的一般特性。

例如，某汽车生产商在自己的汽车上标注了“野马”的标记，消费者在看到该标志的时候，一般不会直接意识到它是在描述驾驶汽车所产生的风驰电掣的感觉，只有在头脑中经过一定的联想之后，才会反应出汽车生产者想要表达的深层次含义。对于暗示性标志而言，如果切断了消费者的主观想象，该标志就不会直接体现出产品或服务的一般特性，它与产品或服务的关联已经比较疏远。所以，只要认为某标志属于暗示性标志，就意味着它具有显著性，可以被注册为商标。

四、任意性标志

任意性标志与产品或服务的关系，较暗示性标志更远。这类符号虽然属于现有词汇或图形，但其文字意义或图形意义与其所表述的商品或服务之间没有特别的联系。

例如，“长江”一词原本有专属的含义或指向，而将这一名词作为标志用在“钢琴”之上时，由于二者之间本来没有任何关联，所以“长江”对于钢琴这类商品而言，就属于“任意性标志”。显然，任意性标志一定是具有显著性的，因而它可以被注册为商标。

五、臆造性标志

所谓臆造性标志，是指那些在现实生活中原本并不存在，是经营者为了指代自己所提供的特定商品或服务而杜撰出来的词汇或图形。这类标志被创造出来之后，对于消费者来说是全新的符号组合，它们除了用于指代特定商品或服务的来源之外，不具有任何先天含义。

例如，“Kodak”（柯达）、“Xerox”（施乐）等就是典型的臆造性标志。与其他类型的标志相比，臆造性标志的显著性最强，消费者一看到它就能联想到其代表的特定商品或服务的出处，因而可以被注册为商标。

分析标志的固有信息与相关商品或服务的关联程度，可以判断出该标志对于此类商品或服务而言是否具有显著性，即它是否可以被用作此类商品或服务的商标。而此种显著性的判断标准，是以标志原本就具有的符号信息作为基本评价依据的。

这种标志先天就具备的显著性，一般称之为**固有显著性**。而实际上，除了固有显著性之外，标志还有另外一种产生显著性的方法，利用这一方法所产生的显著性，我们通常称之为**获得显著性**。

所谓获得显著性，是指一个缺乏固有显著性的标志，通过长期连续使用，进而产生了新的含义，当该含义具备识别商品或服务的能力时，这一标志就被认为具有了显著性，可以作为商标使用。

日常生活中，这样的例子并不少见。例如，“两面针”这一名词，原本指的是一种特定的植物，这种植物所含有的一些成分对于治疗口腔方面的疾病具有很好的疗效，因而它经常被作为药用牙膏的主要成分，在制造此类牙膏时添加使用。由于所有制造药用牙膏的生产商，都可以在自己的牙膏中添加两面针的成分，而两面针作为牙膏的主要原料，该名词应当属于描述性标志，并且由于缺乏显著性，不应被注册为商标。但是，某牙膏厂自从开始生产药用牙膏之后，一直把“两面针”作为产品的商标进行使用。经过长年销售、广告宣传和市场开拓之后，“两面针”这三个字在消费者心中留下了非常深刻的印象，并且积累了较高的声誉。当提到“两面针”之时，消费者第一时间想到的并不是这种植物，也不是药用牙膏的一般成分，而是该牙膏厂生产的这种牙膏产品。

这样一来，一个原本不具有显著性的“描述性标志”，经过长时间的连续使用之后，与其所指向的特定商品联系在一起，即通过使用产生了显著性。此时，如果该牙膏厂再向商标行政部门提出商标注册申请，基于获得显著性的事实，“两面针”就可以成为该药用牙膏的注册商标。

从上述例证中可以看出，如果一个描述性标志一开始就被拿去申请注册商标，一定会由于其缺乏显著性而无法获得注册。但是，经过长期使用，描述性标志就会在原有内涵的基础之上，产生专门用以指代特定商品或服务的“第二含义”。据此就可以认为，该标志在使用的过程中，产生了识别产品或服务的功能，获得了商标的显著性，可以被注册为商标。

综上所述，根据商标法理论，总结如下：标志被注册为商标的积极条件，在于该标志具备了可用于体现商标识别功能的显著性特征，而标志显著性的来源有两个，一个是固有显著性，另一个是获得显著性。

同时，获得显著性的理论也给我们带来了一定的启发，即对商标显著性的评价应该是动态的，如果商标可以通过长期的使用生成一定的显著性，那么也就有可能基于不正确的使用而丧失原有的显著性。

事实也确实如此。在实践中，经常出现这样一种情况：原先某种指代特定商品或服务的商标是具有显著性的，后来由于该商品或服务在市场上过于成功，或者商标所有者对商标的使用或管理不当，导致消费者习惯于用商标名称来代替商品或服务名称，最终导致该商标沦为某一类商品或服务的通用名称，进而丧失了在该类商品或服务中区分来源的作用。这种现象称之为商标“显著性的退化”。

比方说，“席梦思”原本就是一种弹簧床垫的商标，由于该品牌较早进入中国，并且在当时迅速占据了国内的大部分市场，使它在短期内成为全国家喻户晓的品牌。但是，由于“席梦思”牌的弹簧床垫非常畅销，渐渐地消费者就开始习惯将“席梦思”作为弹簧床垫的代名词使用。在一段时间内，人们在聊天时，会说“我们家换掉了硬板床，买了一个‘席梦思’”，而不是说“我们家买了一个弹簧床垫，‘席梦思’牌的”。在这样的状况下，“席梦思”实际上是作为一类商品的通用名称来使用的，没有起到指示特定弹簧床垫来源的功能。

与此类似的，国内外还有许多商标“显著性退化”的实例。比如，“阿司匹林”曾经是一类解热镇痛药的商标，“氟利昂”曾经是一类制冷剂的商标，“Cellphone”曾经是移动电话的商标，“优盘”曾经是计算机移动存储器的商标，后来，它们分别成为解热镇痛药、氟制冷剂、移动电话和计算机移动存储器的通用名称。

由于商标“显著性的退化”是市场环境下的商标权主体经营管理的原因导致的，所以如果一个商标在实践中出现了“显著性退化”的趋势，就应当提高警惕，积极通过市场宣传等方式来强化该商标，以防止局面的进一步恶化，给商标权人造成难以挽回的损失。

而为了试图缓解“显著性退化”的问题，我国曾经采用过这样的做法：在 20 世纪 80 年代，有关部门向全国发文，要求使用“越野车”作为商品的规范名称，而不要使用“吉普车”，因为“吉普”（Jeep）是一种汽车的商标。虽然有关部门希望阻止商标“显著性退化”的初衷是好的，但是人们对于语言文字的使用是长期积累所形成的习惯，仅凭行政发文的手段，根本无力阻止商标“显著性退化”的趋势。商标权人若要避免商标彻底丧失显著性的不利后果，还是应当尊重市场规律及消费者的一般习惯，主动采取针对性的措施来扭转这一局面，而不要将希望寄托在生硬的行政手段上。

如果某个商标退化到彻底丧失显著性的地步，就会失去指示商品或服务来源的功能，本质上就已经无法再起到商标的作用。对于这一结果，一些国家和地区的商标立法规定，如果商标显著性退化是由商标所有者的过错引起的，则该注册商标可以被撤销。还有的则规定，如果由于商标权人的行为或不作为导致商标对于其注册的商品或服务而言变成通用名称，该注册商标可以被撤销。①

对此，我国《商标法》对于撤销退化的商标没有区分显著性退化的原因，即不论“退化”是由商标权人使用和管理不当造成的，还是由于商品在市场上过于成功造成的，只要注册商标成为其核定使用的商品或服务的通用名称，任何单位和个人均可以向商标局申请撤销该注册商标。②

第二节　商标注册的消极条件

一个标志在申请注册时，一定要避免触碰商标法所规定的消极条件，只要出现了法条所列举的其中一种情形，那么它就不能被注册为商标。对此，我国《商标法》一共规定了四类商标注册的消极条件。

一、不违反法律的禁止性规定

对于商标注册来说，申请注册的标志在文字、图形等内容上违反了法律的禁止性规定，那么该标志就不能被注册为商标。即便在审查阶段未能发现这一问题，日后一旦发现，商标局或商标评审委员会可以随时予以撤销，任何人也均可随时申请撤销，而不受时效的限制。在理论上，“违反法律禁止性规定”也被称为商标的“绝

---

① See First Council Directive 89/104/EEC of 21 December 1988 to Approximate the Laws of the Member States Relating to Trade Marks, Article 12（2）(a）; Council Regulation（EC）No.40/94 of 20 December 1993 on the Community Trade Mark, Article 50（1）(a）.

② 我国《商标法》第 49 条第 2 款规定，注册商标成为其核定使用的商品的通用名称或者没有正当理由连续三年不使用的，任何单位或者个人可以向商标局申请撤销该注册商标。

对禁止”情形，此类标志不仅不能被注册为商标，即便不注册，也不能作为商标使用。根据我国《商标法》的规定，不能作为商标使用的情形包括以下几种。[①]

（一）与特定官方标志相同或近似

第一，商标不能同中华人民共和国的国家名称、国旗、国徽、国歌、军旗、军徽、军歌、勋章等相同或者近似，也不能同中央国家机关的名称、标志、所在地特定地点的名称或者标志性建筑物的名称、图形相同。此类名称、标志或图形，代表着国家的尊严，为了维护其在人民心中的神圣地位，均不得用作商业性使用，包括全称、简称、缩写，如“中国”“CHINA”“PRC”等。此外，由于我国《商标法》在2013年第三次修正时增加了声音商标，所以禁止情形也将“国歌”和“军歌”纳入其中。

第二，商标不能同外国的国家名称、国旗、国徽、军旗等相同或者近似，但经该国政府同意的除外。同样基于国家尊严的考虑，同时体现对各国政府和军队的尊重，《商标法》也将国外的类似名称或标志纳入禁止情形之中。但是，如果有些国家并不禁止将本国的名称、国旗、国徽、军旗等作为商标使用，我国法律也就不再禁止，但在申请注册时，应履行相关的批准手续，并经外国政府或军队的同意。

第三，商标不能同政府间国际组织的名称、旗帜、徽记等相同或者近似，但经该组织同意或者不易误导公众的除外。除了维护政府间国际组织的尊严，体现对国际组织的尊重，禁止使用此类标志，还为了防止消费者误认为某项产品或服务得到了某国际组织的授权与认证，如联合国的缩写“UN”、欧盟的缩写“EU”等，均不能用作商标。但是，如果经国际组织批准，且不会给公众造成误导，也可以作为商标使用。

第四，商标不能与表明实施控制、予以保证的官方标志、检验印记相同或者近似，但经授权的除外。其中，官方标志是国家机关专门使用的标志，而检验印记则是国家有关机关为了履行其监管职责，在管理某些重要物品时专门使用的标志。此类标志除了具有严肃性之外，还体现了国家机关的公信力，不宜作为商标使用。但如果某产品或服务确实达到了官方机构的认证标准，经机构授权之后，可以将该标

---

① 参见《商标法》第10条。

记体现在自己的产品或服务之上，如中国强制性产品认证标志“3C”、质量认证标记“ISO 9001”等。

第五，商标不能同“红十字”“红新月”的名称、标志相同或者近似。“红十字”标志是国际人道主义保护标志，是国际红十字会的专用标志；而“红新月”标志是阿拉伯国家和部分伊斯兰国家红新月会专用的，其性质和功能与“红十字”标志相同。[①] 根据《巴黎公约》的规定，作为非营利性的、从事人道主义救助的医疗机构，这些组织所使用的标志不能作为商业目的使用，以防损害其表明医疗机构地位的价值。

（二）带有民族歧视、欺骗公众或损害道德风尚

标志如果具有这些内容，属于违背公共秩序、善良风俗的情形，因而不能作为商标使用。

首先，对于我国来说，作为多民族国家，处理好民族关系关乎国家的根本利益，该条规定体现了我国对各民族的尊重，也是对宪法相关要求的贯彻和落实。据此，包含民族歧视性的文字、图案等不能作为商标使用，而这里的“民族”，既包括我国的各个民族，也包括国外各民族、各种族。

其次，为了保障消费者的利益，防止经营者利用商标误导消费者，使其对商标所指向的商品或服务的具体情况产生错误的认识，给消费者造成损害，在标志之上所体现出的信息不能带有欺骗公众的内容，否则也不能作为商标使用。但在认定标志是否构成“欺骗公众”时，应当注意，商标本身就具有一定的广告宣传效果，所以经营者本身可以借商标对其所指向的商品或服务作适当的、带有感染力的宣扬和鼓吹。

例如，将“永久”作为自行车的商标，只是暗示该自行车经久耐用、质量上乘，消费者看到这一品牌并不会就此理解为该自行车永远都不会损坏。但是，如果经营者在仿金制品上使用“24K”的标记，就会让消费者误认为该产品是24K纯金而购买，属于欺骗公众的行为。

---

① 2005年12月7日，国际红十字会批准采用在“红十字”和“红新月”之外的“红水晶”标志，而该标志并没有任何民族或宗教方面的内涵。目前，我国《商标法》只规定了禁用“红十字”和“红新月”的名称和标志，对“红水晶”标志是否在禁用之列还没有规定。

最后，商标不能有碍于社会主义道德风尚或者有其他不良影响。这一规定是一个弹性的兜底条款，所涵盖的范围比较宽泛，应当根据具体情况加以判断。一般来说，一个标志是否有违社会主义道德风尚，主要是看该标志及其构成要素是否会对我国政治、经济、文化、宗教、民族等社会公共利益和社会公共秩序产生消极、负面的影响。据此标准，那些危害国家安全与统一的、公开宣扬封建迷信的、内容损害消费者身心健康的、公众在情感上难以接受的标志，均不能作为商标使用。

（三）特定的中国和外国地名

我国《商标法》规定，县级以上行政区划的地名或者公众知晓的外国地名，不得作为商标。法律禁止将这些中国和外国地名作为商标使用，主要基于两个方面的考虑：

其一，如果某一地区出产某种特产，而本地的一家企业将该地地名作为自己的注册商标，用来描述自己生产的该种产品，就会剥夺该地区其他企业使用本地地名描述自己商品产地的合理机会，造成不公平的垄断结果。

其二，如果商标所指示的产品并非出自特定地方，而商标使用这一地方的地名，就带有了误导和欺骗性。例如，一家国内的企业，在自己生产的服装上使用“米兰”商标，就很有可能让消费者误以为这些服装是从米兰进口的，或者是米兰的服装公司授权该企业在国内加工的。

但是，应当注意，对于特定中国和外国地名的使用，《商标法》还规定了例外情况：

1. 如果地名具有其他含义，而商标采用这一名词就是在善意地使用非地名含义，在使用时，公众一般不认为是地名或者地名含义不突出的，不会给消费者造成误解的，可以作为商标使用。例如，“凤凰”不仅是指湖南湘西凤凰县，也指古代传说中的百鸟之王，不以地名为含义，就可以将“凤凰”一词作为商标使用。

2. 如果地名是作为集体商标、证明商标组成部分的，可以在这类商标中使用。对于集体商标和证明商标来说，如果其认证的内容之一就是商品的产地，那么必然要在这类商标中用到地名。例如，“镇江香醋”“涪陵榨菜”“安溪铁观音”，都已被注册为集体商标或证明商标。

此外，对于商标中的地名问题，《商标法》规定，已经注册的使用地名的商标继续有效。关于商标禁止使用特定地名的条款，是我国《商标法》在 1993

年第一次修正时增加的内容，在此之前，就有一些地名被企业注册为商标使用。例如，“金华”商标被浙江省金华市之外的一家企业注册在火腿上，结果导致金华本市的火腿生产企业不能使用“金华”二字，引起了这些企业与商标专用权人之间长期的纠纷。如果该行为发生于当下，“金华”肯定不会被注册为商品商标被企业垄断使用，但《商标法》的效力不能溯及条文制定之前的行为，所以该商标依然是有效的注册商标。

二、三维标志不能具有商标之外的其他价值功能

从商标制度的原理来看，商标的功能在于承载商誉、识别商品或服务的来源，如果某个图案或形状所具有的功能超出了商标法所调整的范围，那么该形状就不应当作为商标而获得相应的商标权。

基于这一认知，对于三维标志而言，假如某一形状能够产生一定的技术效果，且该形状是产生这一技术效果所必需的，那么该形状的本质就是一种技术方案，所以，该形状的功能与作用就已经超出了商标法的保护范围，其不能被注册为商标。试想，如果一个具有技术功能性的形状被授予了商标专用权，就意味着生产相同商品的企业在未经商标权人许可的情况下，不能再使用该形状，这实际上使得商标专用权人仅凭商标权就实现了对这一技术方案的垄断。显然这样的结果对其他经营者来说并不公平，并且会阻碍技术的推广应用。

例如，对于一个电动剃须刀来说，如果三个剃头的剃须刀比二头剃须刀刮胡子更干净，那么三剃头的外形就是实现特定技术效果所必需的形状。针对这一立体形状，设计者可以申请专利，但是不应该获得立体注册商标。据此，我国《商标法》规定，以三维标志申请注册商标的，仅由商品自身的性质产生的形状、为获得技术效果而需有的商品形状或者使商品具有实质性价值的形状，不得注册。[①]

三、不能误导性地使用地理标志

所谓地理标志，是指标识某商品来源于某地区，该商品的特定质量、信誉或者

---

① 参见《商标法》第12条。

其他特征，主要由该地区的自然因素或者人文因素所决定的标志。与地名标志不同的地方在于，地理标志不仅包含了商品的产地信息，更重要的是，它能体现出对该商品的特定质量、信誉或其他特征起决定性作用的自然因素与人文因素。

例如，吐鲁番特定的气候条件，决定了当地能够出产高质量的葡萄；景德镇悠久的制瓷积淀，决定了当地瓷器较高的工艺水准。而如果脱离了相应的地理环境，商品的特定品质往往就难以得到保障。

所以，如果将地理标志作为商标使用，而商品又并非来自地理标志所标识的地区，实际上就是在欺骗公众，让消费者误以为该商品具有地理标志所传递的特有品质。因此，为了防止出现这种损害消费者利益的行为，我国《商标法》规定，商标中有商品的地理标志，而该商品并非来源于该标志所标示的地区，误导公众的，不予注册并禁止使用。①

同时，应当注意，虽然地理标志在客观真实的情况下，可以被注册为商标，但如果相应的商标专用权授予某个特定的经营者，就会损害同样来自该地理区域的其他商品提供者使用该地理标志的正当权利。为了防止这一情况的出现，实践中，如果要将地理标志注册为商标，只能由符合法定条件的团体、协会或具有监督能力的组织作为集体商标或证明商标予以注册，再由这些组织设置合理的标准和条件，供来自该特定地理区域的商品提供者使用。②

---

① 参见《商标法》第16条。

② 对于包含地理标志的商标的注册与使用，需要探讨一个问题：如果将地理标志作为集体商标注册，应当由来自该区域的经营者的组织进行注册，而该组织应当接纳那些商品符合条件的经营者作为会员，并由这些会员在经营活动中使用含有地理标志的集体商标。但是，假如来自该地理区域的经营者不愿意加入注册了集体商标的组织，其是否还能使用该集体商标呢？对此，应当注意，将地理标志注册为集体商标，本身就是为了保障所有来自该地理区域的经营者使用地理标志的权利，而不是为了让某个集体垄断该区域经营者共享的自愿。因此，我国《商标法实施条例》第4条第2款规定："以地理标志作为证明商标注册的，其商品符合使用该地理标志条件的自然人、法人或者其他组织可以要求使用该证明商标，控制该证明商标的组织应当允许。以地理标志作为集体商标注册的，其商品符合使用该地理标志条件的自然人、法人或者其他组织，可以要求参加以该地理标志作为集体商标注册的团体、协会或者其他组织，该团体、协会或者其他组织应当依据其章程接纳为会员；不要求参加以该地理标志作为集体商标注册的团体、协会或者其他组织的，也可以正当使用该地理标志，该团体、协会或者其他组织无权禁止。"

四、标志的注册不能损害他人的在先权益

当一个标志经过注册成为注册商标之后，注册申请人就获得了相应的商标专用权，即权利人取得了市场范围内禁止他人利用这一标志的垄断地位。而行政机关作为公权力代表，在授予特定民事主体该类法定权利之时，最需要注意的就是市场份额的划定行为，不能给他人原有的私权造成影响，也不能由此而引发私权的冲突。

对于一个特定标志来说，假如在申请注册之前就被他人使用，其上就会承载有他人所积累的商誉；假如该标志的文字、图形组合达到了独创性高度的要求，又会在其上承载创作者的著作权；假如该标志能够起到吸引消费者的作用，他人在此之前可能已经为其申请并取得了外观设计专利权。所以，再为这一标志设置商标专用权时，就要考虑到这些情形，防止授权行为给这些权利人造成的损害。

为此，我国《商标法》专门规定，商标的注册，不得损害他人的在先权益。[①] 具体而言，申请商标注册时，以下行为或情形，均为法律所禁止。

（一）以各种不正当手段抢注他人已有一定影响的未注册商标

我国《商标法》允许经营者通过使用取得商标权，而当其使用的商标产生了一定的社会影响、为一定范围内的消费者知晓后，该商标就承载了经营者所积累的商誉。所以，如果有人明知该商标已经被使用，并产生了一定影响，仍然将已载有他人商誉的标志申请注册为自己专用的商标，实际上就是恶意利用商标注册制度侵占他人的合法权益，所以不应获得注册。

（二）违背诚信原则抢注他人还未注册的商标

我国《商标法》规定了两种违背诚实信用原则抢注他人商标的情形。

1. 代理人、代表人抢注被代理人、被代表人的商标

在实践中，经营者委托专门的商标代理机构为其从事商标注册申请活动是极为常见的现象。在这种情况下，如果代理机构将被代理人的商标作为自己的商标申请注册，将严重损害被代理人的利益。对于这一行为，法律规定，如果被代理人或者

---

① 参见《商标法》第 32 条。

被代表人提出异议，该标志不予注册并禁止使用。[①]

2. 业务伙伴抢注与他人未注册商标相同或近似的商标

在商业合作或经营往来的过程中，经营者可能有机会得知自己的经营伙伴或往来对象目前正在使用某个还没来得及注册的商标。如果该经营者抢先申请注册与这一商标相同或类似的标志，显然属于损害他人利益的不诚信行为，如果在先使用人对此提出异议，不论该商标是否已经产生了一定的影响力，也不能予以注册。

（三）与他人在相同或类似商品或服务上已注册或初步审定的商标相同或近似

当一个标志已经被注册为商标，获得了商标专用权，那么权利人就可以排斥他人在相同或类似的商品或服务上以导致消费者混淆的方式使用相同或近似的标志。据此，商标局不会先后设立两个相互冲突的商标专用权，如果某个标志已为他人所垄断，或即将为他人所垄断，该标志也就不能再被注册为商标。

（四）注册与他人驰名商标相同或近似的标志

对于驰名商标，我国《商标法》有专门的保护措施。而在商标注册环节，如果驰名商标还未被权利人注册，那么他人在相同或类似的商品上申请与其相同或类似的标志，容易导致消费者混淆的，不予注册；而如果驰名商标已经被权利人注册，那么即便在不相同或不相类似的产品或服务上申请相同或类似的标志，也不予注册。[②]

（五）侵犯他人其他在先权利

如果申请人就某一标志提出商标注册之前，该标志之上已经承载了他人的著作权、外观设计专利权、姓名权、肖像权、企业名称权等权利，未经权利人允许，也不得注册为商标。

---

① 参见《商标法》第 15 条。

② 参见《商标法》第 13 条。

第四章　商标注册的申请

重点问题

- 申请商标注册应当遵从的法律原则
- 申请商标注册应当提交的申请文件

关键术语

自愿注册原则　先申请原则　申请日　申请优先权　展览优先权
商标注册申请书　尼斯协定

第一节　商标注册的申请原则

在标志满足了商标注册的全部积极条件和消极条件后，若想成为注册商标，必须启动商标注册程序，即申请人须按照《商标法》的要求，向国家市场监督管理总局商标局提交商标注册申请文件并缴纳申请费。其中，商标申请的主体即商标注册申请人，包括自然人、法人或其他组织。① 同时，如果外国人或外国企业所属国与我国签订了协议或共同参加了国际条约，或者基于对等原则，在符合条件的情况下，

---

① 《商标法》第4条规定："自然人、法人或者其他组织在生产经营活动中，对其商品或者服务需要取得商标专用权的，应当向商标局申请商标注册。不以使用为目的的恶意商标注册申请，应当予以驳回。"

也可以在我国申请商标注册，[①] 但应当委托在我国依法设立的商标代理机构办理。[②] 而在申请商标注册时，申请人需要了解并把握以下申请原则。

一、自愿注册原则

目前，绝大多数国家对商标注册采用的都是自愿注册原则，即在不违反法律禁止性规定的情况下，商标即使不注册也可以使用。尽管商标注册所获得的专用权是一项法定权利，但同时它也是一项私权。商标使用人选择取得或是放弃商标权利，都是在行使自己的民事权利，不受他人非法干涉，也不应当受到行政权力的制约。在经营过程中，如果经营者认为自己正在使用的商标在注册之后的维持运营成本与商誉的积攒价值相比得不偿失，那么他完全可以选择不将该商标申请注册，而只是在日常经营时使用。此外，某些缺乏“固有显著性”的标志只有在长期使用产生了“第二含义”之后才能注册，而何时才是适当的申请时机也只能由经营者自己判断决定。

但要注意，在实行自愿注册原则的同时，我国《商标法》对极少数商品仍保留了强制注册的要求：法律、行政法规规定必须使用注册商标的商品，必须申请商标注册，未经核准注册的，不得在市场销售。[③] 目前，在我国，必须使用注册商标的只有烟草制品，对于该类商品来说，注册其使用的商标是一项法定义务，违反此义务的，将承担相应的法律责任。

二、先申请原则

所谓先申请原则，是指两个或两个以上的申请人，就相同或类似的商品或服

---

① 《商标法》第17条规定：“外国人或者外国企业在中国申请商标注册的，应当按其所属国和中华人民共和国签订的协议或者共同参加的国际条约办理，或者按对等原则办理。”条文中所说的“共同参加的国际条约”，主要是指《巴黎公约》。《巴黎公约》第3条规定，在其他缔约国之一的领土内有住所或有真实、有效的工商营业所的，应享有与本缔约国国民同样的待遇。

② 《商标法》第18条规定：“申请商标注册或者办理其他商标事宜，可以自行办理，也可以委托依法设立的商标代理机构办理。外国人或者外国企业在中国申请商标注册和办理其他商标事宜的，应当委托依法设立的商标代理机构办理。”

③ 参见《商标法》第6条。

务上，以相同或近似的商标申请注册时，谁的申请在先，谁就可能获得商标专用权，而在后的商标注册申请将予以驳回。与专利申请相同，行政机关在授予法定权利时，不能向两个或两个以上的民事主体分别设置彼此相互冲突的权利内容，故而商标局只能将相同或近似商标的专用权赋予在先申请之人。

因此，对于商标注册的申请人来说，“抢占”“申请日”依然是履行申请程序时需要重点关注的事宜。对此，我国《商标法》规定：两个或两个以上的商标注册申请人，在同一种商品或类似商品上，以相同或者近似的商标申请注册的，初步审定并公告申请在先的商标。[①]

同时，对于两个相同或近似的商标注册申请，也可能面临同日申请的问题。对此，我国《商标法》按照以下步骤来确定注册商标的归属：

首先，如果两个申请人是在同一天先后提出的申请，那么视为同时申请；其次，同时申请的，初步审定并公告使用在先的商标，驳回其他人的申请，不予公告；再次，如果商标在申请前均没有被使用，各申请人可以自收到商标局通知之日起30日内自行协商，并将书面协议报送商标局；最后，如果不愿协商或协商不成的，商标局通知各申请人以抽签的方式确定一个申请人，驳回其他人的注册申请。[②]

对于上述规则，有两点需要解释和强调：其一，如果商标使用在先，那么该商标之上就承载了使用人的商誉，所以先了解商标的使用情况可以有效避免个人“商誉”与商标专用权之间未来可能发生的利益冲突。其二，在协商不成的情况下，之所以采用抽签的方式确定申请人，是因为如果商标未被使用，说明该商标还没有承载任何商誉，该“容器”本身也就还没有生成实际的市场价值，即便最终没有成为该商标的权利人，经营者也可以另行设计其他的商标申请注册，不会对自己的经营造成实质影响。

三、优先权原则

优先权原则是《巴黎公约》赋予其成员国国民在其他国家申请注册商标时在申请日期上的优先利益。我国作为该公约的成员国，根据公约中关于优先权的具

① 参见《商标法》第31条。

② 参见《商标法实施条例》第19条。

体内容，在《商标法》中规定了两种适用优先权的情形，分别是**申请优先权**和**展览优先权**。

其中，申请优先权是指，商标注册申请人在外国第一次提出商标注册申请之日起6个月内，又在中国就相同商品以同一种商标提出商标注册申请的，依照该外国与中国签订的协议或者共同参加的国际条约，或者按照相互承认优先权的原则，可以享有优先权，以外国的首次申请日，视为在中国的申请日。①

例如，澳大利亚公民甲于2018年7月10日在本国就一个商标提出了注册申请，随后，他又于2018年11月6日向中国商标局提出了相同的商标注册申请并提交了获得优先权的主张。那么，澳大利亚作为《巴黎公约》成员国，其国民甲可以享有优先权，其在中国的申请日应当为2018年7月10日。由此，如果中国公民乙在2018年7月16日向中国商标局在相同商品上就同一商标提出了商标注册申请，那么其申请日也晚于甲的申请日，故而乙将无法获得该商标的专用权。

所谓展览优先权，根据《商标法》的规定，是指商标在中国政府主办或者承认的国际展览会展出的商品上首次使用的，自该商品展出之日起6个月内，该商标的注册申请人可以享有优先权。②显然，就申请对象在国际展览会上展出的问题，商标制度与专利制度采取了不同的应对规则。对于专利来说，如果发明、实用新型和外观设计在申请日前6个月内在法律规定的国际展览会上展出的，该申请不丧失新颖性，但申请日仍然以实际申请日为准；但对于商标来说，如果申请人申请注册的商标在申请日前6个月内，曾经由该申请人在法律规定的国际展览会中首次用在展出的商品上，那么该商标在国际展览会的首次使用之日，就被视为该商标的申请日。

对于优先权的适用，应当注意的是，该项权利并不会自动产生。如果申请人要求获得优先权的，需要在提出商标注册申请时提交相关的书面声明，并且在3个月内提交第一次提出的商标注册申请文件的副本，或者展出其商品的展览会名称、在

---

① 《商标法》第25条第1款规定："商标注册申请人自其商标在外国第一次提出商标注册申请之日起六个月内，又在中国就相同商品以同一商标提出商标注册申请的，依照该外国同中国签订的协议或者共同参加的国际条约，或者按照相互承认优先权的原则，可以享有优先权。"条文中所说的"共同参加的国际条约"，是指《巴黎公约》和《商标国际注册马德里协定》。

② 《商标法》第26条第1款规定："商标在中国政府主办的或者承认的国际展览会展出的商品上首次使用的，自该商品展出之日起六个月内，该商标的注册申请人可以享有优先权。"

展出商品上使用该商标的证据、展出日期等证明文件。如果申请人未提出优先权要求，或是逾期未提交相关的证明文件，则视为其并未主张享有优先权，其商标注册的申请日以实际申请日为准。

第二节　商标注册的申请文件

经营者在申请商标注册时，应当按照申请原则的要求，结合自身的实际情况，根据商标注册申请的相关程序规则内容，提交完备的商标注册文件。具体而言，在我国，商标注册在首次申请时，应当提交以下文件：

一、申请人的资格证明

商标注册的申请人可以是自然人，也可以是法人或其他组织。自然人申请注册时，需要提交身份证复印件，个体工商户营业执照复印件或有关主管机关颁发的登记文件，申请人姓名或名称、地址、邮编、国籍等基本情况，并要求与营业执照及印章一致。如果是以法人或其他组织的名义申请商标注册的，则应当出示企业的营业执照副本，并提供经发证机关签章的营业执照复印件。如果商标注册申请是由商标代理机构代为办理的，则应当提交代理委托书、代理机构名称、地址以及代理人的代理资格证明。其中，外国人或者外国企业的代理委托书还应当载明委托人的国籍。

二、商标注册申请书

对于申请书，申请人应当按照国家市场监督管理总局商标局统一制作的《商标注册申请书》的格式及内容要求认真如实填写。申请书的具体要求包括：

（一）按照商品分类表，填写使用商标的商品类别和商品名称

在各式各样的商品或服务之上，均可以使用商标并获得商标权。在商标的利用过程中，如果相同内容的商标使用在两种完全不同的商品或服务之上，其实并不会引起消费者对商品或服务来源的误认，经营者之间也就不会因商标的使用而侵占对方的商誉。所以，在通过商标注册设置商标专用权时，一般只有在同种或类似的商品或服务

上，才可能出现相同或类似商标的权利冲突问题。因此，在填写商标注册申请书时，申请人必须写明申请注册的商标将要用于哪类商品或服务，[①]以便商标局按照类别进行检索，审查在该类的商品或服务上是否已经注册了相同或类似的商标。

关于商品和服务如何分类的问题，我国目前采用的是《商标注册用商品与服务国际分类尼斯协定》（以下称《尼斯协定》）当中的分类方式。《尼斯协定》根据商品性能、用途、原料、生产工艺、服务性质等因素，将商品和服务分为 45 类，其中商品 34 类、服务 11 类，而申请人则应当在了解商品和服务分类表的基础之上再填报商标注册申请。

（二）申请人针对一件商标提交一份申请

申请人所填写的一份申请书，只能申请一个商标。换言之，如果一个申请人想要同时申请多个注册商标，则必须针对每件商标提交分别的注册申请。

但是，一件商标则可以同时申请在多个类型的商品或服务之上。在 2013 年《商标法》第三次修正之前，即便对于一件商标申请在多个商品之上的情形，申请人也必须基于商品的分类分别提交独立的商标注册申请；但自第三次修正之后，《商标法》允许申请人通过一份申请将一个商标注册在多个类别的商品或服务上。[②]“一表多类申请”的方式符合国际惯例，也为商标注册申请人提供了便利。

（三）商标注册申请的注意事项

1. 如果申请人希望注册商标在核定使用范围之外的商品上取得商标专用权，则需要另行提出注册申请。

2. 如果申请人需要改变注册商标的标志，则应当重新提出注册申请。

3. 如果注册商标需要变更注册人的名义、地址或其他注册事项，则应当提出变更申请。

---

① 《商标法》第 22 条第 1 款规定：“商标注册申请人应当按规定的商品分类表填报使用商标的商品类别和商品名称，提出注册申请。”

② 《商标法》第 22 条第 2 款规定：“商标注册申请人可以通过一份申请就多个类别的商品申请注册同一商标。”

（四）特殊商标类型填写申请书的注意事项

1. 如果申请的注册商标是三维标志的，申请人应当在申请书中予以声明，并且提交能够确定三维形状的图样。

2. 如果申请的商标以颜色组合为基础，申请人应当在申请书中予以声明，并且提交相关的文字说明。

3. 如果申请的注册商标是声音，申请人应当在申请书中予以声明，并在《商标注册申请书》的图样框内对声音商标进行描述，同时报送符合要求的声音样本，并且在《商标注册申请书》中的“商标说明”栏中说明商标的使用方式。

4. 如果是集体商标或证明商标的注册申请，申请人应当在申请书中予以声明，并且提交主体资格的证明文件和使用管理规则。

三、商标图样

根据相关要求，一件商标注册申请，应当提交商标图样 5 份，黑白稿一份；指定了颜色的商标，应提交彩色图样 5 份，黑白墨稿一份。商标的图样应当用光洁耐用的纸张印制或者用照片代替，且内容必须清晰，纸张便于粘贴。图样的长或宽不应大于 10 厘米，不小于 5 厘米，并且应当粘贴在《商标注册申请书》的指定位置。如果商标由外文组成或者包含了外文的，应当说明外文的含义。

四、相关证明文件

根据申请人的申请内容，如果相关事项需要由申请人证明，则需要向商标局提供该事项的证明文件。

具体而言，如果申请人提出优先权要求的，需要在期限内提交第一次在外国申请商标注册的申请文件副本，或是提交首次在中国政府举办或承认的国际展览会上展出的证明文件。如果申请将人物肖像注册为商标，需要提供肖像权人的授权书，并经公证机关公证。如果申请注册集体商标的，需要提交主体资格证明文件以及集体商标的使用管理规则，包括：使用集体商标的宗旨；使用该商标的集体成员的名称、地址；使用集体商标的商品或者服务质量；使用该商标的条件和使用该商标的手续；集体成员的权利、义务和违反该规则应当承担的责任等内容。如果申请注册证明商标的，应当附送主体资格证明文件，并详细说明其所具有的或者其委托的机构具有的专业技术人员、专业检测设备等情况，以表明该机构具有检测相关商品品质的能力，从而可以评判使用该证明商标的特定商品是否达到了授予证明商标的要求。

以上各种申请文件和所提供的材料应当真实、准确、完整。在商标注册申请的过程中，申请人或代理人应当严格按照《商标法》及相关法律法规的要求，填写申请文件，递交材料，不得弄虚作假。目前，除了以书面方式提交申请文件之外，我国《商标法》也允许通过数据电文的方式提交，[①] 这给商标注册申请人提供了极大的便利。

① 《商标法》第22条第3款规定："商标注册申请等有关文件，可以以书面方式或者数据电文方式提出。"

第五章 商标注册的审批

重点问题

- 商标形式审查的主要内容
- 商标实质审查的主要内容
- 近似商标的判断步骤
- 商标注册的初步审定和公告程序
- 商标异议的具体程序和异议结果

关键术语

类似商品　类似服务　申请商标　引证商标　商标公告　商标异议

第一节 商标注册申请的审查

当商标局收到申请人递交的申请文件之后，商标注册就进入了审查程序，由商标局对申请注册的商标是否符合商标法的规定进行判断。目前，世界各国对商标审查采用两种审查制度，一种是形式审查制，即商标注册申请的文件符合法律规定就授予商标专用权；另一种是实质审查制，即在形式审查的基础上，对商标授权的积极条件和消极条件进行审查，符合条件的，才授予商标专用权。我国同大多数国家一样，对商标审查采用的是实质审查制，商标局应当根据《商标法》及《商标法实施条例》，对申请注册的商标进行形式和实质要件的审查。

一、形式审查

在形式审查环节，商标局主要审查商标注册申请的形式要件，主要包括：

1. 申请人名义、印章是否与营业执照一致，申请人地址是否准确。

2. 申请人在申请书中要求核定的商品或服务，填写是否具体、规范，分类是否准确，是否符合其经营范围。

3. 商标及商标图样的质量、规格、数量是否符合要求。

4. 外国申请人是否委托了商标代理组织，国内申请人委托代理人的，委托书是否符合规定。

5. 商标注册申请费用是否已经缴纳。

通常情况下，形式审查的结果无非三种：其一，如果申请手续齐备并且按照规定填写申请文件的，商标局予以受理并书面通知申请人，编定申请号；其二，如果申请手续不齐备或者未按照规定填写申请文件的，商标局予以退回，书面通知申请人并说明理由，申请日期不予保留；其三，如果申请手续基本齐备或申请文件基本符合规定，但是需要补正的，要求申请人自收到通知之日起30日内，按照指定内容补正并交回商标局，及时交回的，保留申请日期，期满未补正的，视为放弃申请，商标局应当书面通知申请人。

二、实质审查

商标局经过形式审查之后，没有发现问题，就会给申请人发放《受理通知书》，同时就进入了实质审查阶段。实质审查是决定商标注册申请能否被批准的关键环节，审查的内容主要是看商标是否满足了注册的积极条件和消极条件。具体而言，根据《商标法》的列举，商标局将从以下几个方面作分别考察。

（一）申请注册的商标是否具有显著性

对于申请注册的商标，商标局需要根据商标显著性的判断方法分析该标志是否具有区分商品或服务来源的功能。如果该商标之于其所指向的商品或服务构成“通用标志”或“描述性标志”，则需要看其是否在申请之前，通过使用取得了“第二含义”，如果未能达到显著性的要求，则驳回申请人的注册申请。

（二）申请注册的商标是否违反了法律禁止注册的条件

根据我国《商标法》的禁止性规定，如果申请的标志出现与特定官方标志相同或近似、带有民族歧视、欺骗公众或损害社会主义道德风尚、包含了特定的中国地名或外国地名、三维标志具有实用功能性等情况，那么该标志一定不能被注册为商标。

（三）申请注册的商标是否与他人在同种或类似商品上的商标相同或近似

在商标实质审查的过程中，除了要判断申请的商标自身是否存在问题之外，还需要分析，如果该商标被授予商标专用权之后，是否会与之前已经授予专用权的注册商标发生冲突。这是实质审查中任务量最大的部分，也是认定最困难的部分，因为这需要商标审查人员将申请注册的商标与相关的已注册商标进行比对，以判断它们之间是否相同或相似。

通常情况下，这种对比包含两个环节，其一是商标所指向的商品或服务是否相同或近似，其二是商标本身是否相同或近似。

首先，所谓“类似商品”或“类似服务”，是指在功能、用途、生产部门、销售渠道、消费对象等方面相同，或者相关公众一般认为其存在特定联系，容易造成混淆的商品或服务。通常情况下，两个商标所指向的商品或服务是否相同或类似，主要的判断依据就是基于《尼斯协定》所制定的《商标注册用商品和服务国际分类表》，以及商标局所制定的《类似商品和服务区分表》，但这种分类只是一种参考，相关消费者的认知才是商品或服务是否类似的最终判断标准。在商标审查时，审查人员应以普通消费者的眼光和心态作出判断。

例如，奶制品属于分类表中的第 29 类商品，可可饮料属于分类表中的第 30 类商品，但是对于消费者来说，他其实并不能分清“添加少量可可的牛奶饮料”和“添加少量牛奶的可可饮料”之间有什么实质的区别，所以不能直接凭这两种饮品属于不同的商品类型，就认为它们不是类似的商品。

其次，在相同或类似的商品或服务中，审查人员需要通过对比，判断申请注册的商标与其他已经注册的商标是否相同或近似。其中，申请注册的商标，我们称之为“申请商标”；已经注册的商标，我们称之为“引证商标”。经过比较，如果“申请商标”与“引证商标”在文字、图形或其组合方面基本没有差别，那么就属于“商标相同”；而如果“申请商标”与“引证商标”的各类要素的组合整体结构相似，容易让相关消费者对商品的来源产生误认，或者误以为两个商标所指向的商品有特定的联系，那么就属于“商标相似”。

相较而言，判断商标是否相似难度更大，需要审查人员采用几个步骤的比对过程，并通过严谨的分析得出结论。

第一步，应当先确定相关消费者的“一般注意力”标准。在日常生活中，有的消费者对于相关产品非常了解，购物时也非常注意区分比较；而有的消费者则较为随性，购物时从不注意品牌的比对和挑选。这两种消费者的注意力均不能作为商标对比的判断依据，需要审查人员设置抽象意义上的“一般消费者”，假想其在具有普通知识和一般经验的情况下所应当具备的注意力程度。

第二步，应当对“申请商标”与“引证商标”进行“隔离观察比较”，即不能把两个商标摆在一起对比，需要在分别观察的基础上，再凭脑海中的印象进行比较。这样的做法更符合一般消费者的购物习惯。如果经过隔离观察，观察者的脑中形成了近似的印象，就可以被认定为近似商标。

第三步，应当对“申请商标”与“引证商标”进行“显著部分比较”，即在“隔离观察”的前提下，比较两个商标之间最引人注目的部分，看二者给人的印象是否相似，如果该部分对消费者而言无法轻易区分，那么这两个商标就属于近似商标。例如，“饿了么”和“饿了吗”两个文字标志，在呼叫功能方面，“饿了”是显著部分，对消费者而言起到了主要认知作用，二者构成近似。

第四步，应当对“申请商标”与“引证商标”进行“整体观察比较”，即在“隔离观察”的前提下，判断两个商标是否在整体上给人留下了非常接近的印象。即便要素不同，但在整体结构相近的情况下，也构成“商标相似”。例如，“雪碧”和“雷碧”，“康师傅”和“康帅博”等。

（四）申请注册的商标是否侵害了他人的其他在先权利

如果申请注册的商标侵害了他人的其他在先权利，同样不能获得注册。通常，对于商标局来说，除注册商标的专用权外，其他权利是否受到侵害，商标局无从得知，只有在相关权利人提出商标异议的情况下，才可能根据权利人的请求对相关问题进行审查。具体包括：误导性地使用地理标志，违背诚信原则抢注他人还未注册的商标，注册与他人驰名商标相同或近似的标志，侵犯了他人的著作权、外观设计专利权、姓名权、肖像权、企业名称权等。

第二节　商标注册的初步审定、公告、异议与核准

一、商标注册的初步审定和公告

申请注册的商标，经过商标局的形式审查和实质审查，符合商标法有关规定的，由商标局初步审定，并予以公告。初步审定只是商标局对商标满足注册条件的一个初步判断，在这一阶段，商标还没有正式核准注册，所以申请人也还没有取得商标专用权。

在初步审定之后，商标局需要将审定的商标在其官方出版物《商标公告》上予以发布，并向公众提供商标内容、使用的商品或类别、申请人名义、申请人地址、商标代理人名称、申请日期和初步审定号等信息，用以广泛征求社会公众的意见。

通过初步审定和公告程序，一方面，可以起到对申请注册的商标公示作用，预防他人继续在相同或类似的商品上继续申请相同或近似的商标，从而避免和减少商标争议的发生；另一方面，将拟注册的商标面向公众发布，能够让公众协助商标局对商标是否满足注册条件进行评价，有助于提高商标注册的准确性。而自 2003 年 12 月 26 日起，商标局在继续出版纸质版《商标公告》的同时，开始在中国商标网上发布《商标公告》，从而进一步扩大了公布的受众面。

我国《商标法》在 2013 年第三次修正之后，明确规定，对申请注册的商标，商标局应当自收到商标注册申请文件之日起 9 个月内审查完毕。[①] 也就是说，自商标局收到申请文件时起算，满 9 个月就必须作出是否予以初步审定公告的决定。规定商标注册初步审查的期限，有助于规范行政行为，提升审查效率，防止初审时间的拖延给申请人的合法权益所造成的不利影响。

---

① 参见《商标法》第 28 条。

二、商标异议程序

商标异议程序，是指对初步审定并公告的商标，依法提出反对意见，要求撤销初步审定公告的商标，不予注册的程序。其中，提出商标异议的人被称为“异议人”，申请注册商标的人为“被异议人”。提出商标异议的期限为3个月，自公告之日起计算。

根据《商标法》的规定，提出商标异议的主体包括三类人，分别是在先权利人、利害关系人以及无利害关系的第三人。不同的异议人，可以提出的异议理由各不相同。其中，在先权利人一般提出的异议理由在于公告的商标属于自己享有的诸如著作权、肖像权、外观设计专利权等在先权利；利害关系人提出异议，主要认为公告的商标与自己已注册的商标，或初步审定公告在先的商标相同或近似，并且用于相同或类似的商品上；而无利害关系的第三人，提出商标异议的理由通常是该商标本身不符合授权的条件，如商标缺乏显著性、内容违反法律禁止性规定、三维标志具有功能性等。立法为三类主体分别划定了提出异议的事由范围，可以有效避免提出异议的盲目性，并防止异议人借助该程序，恶意拖延商标核准注册，从而提高商标的注册质量和确权效率。

根据商标审查的相关规定，异议人提出异议，应当向商标局提交一式两份的**商标异议书**，当中应写明：被异议商标的名称、图形、初步审定编号、商品类别、《商标公告》期号和公告日期、异议理由、异议人姓名或名称。异议人如果是商标注册人或先申请人，还应写明自己的注册商标或初步审定的商标的名称、图形、核定商品、注册号等。商标局在收到商标异议书后，会将副本送交被异议人，要求其在30天内答辩。在对双方所陈述的事实和理由进行调查、核实后，商标局应当在公告期满之日起12个月内作出决定。如遇特殊情况，经国务院市场监督管理部门批准，可以延长6个月。

通常，商标异议程序的结果有两种：一是商标局对异议审查后，认为异议不成立的，驳回异议，准予注册、发给注册证并予以公告。异议人如果不服，可以直接向商标评审委员会请求宣告该注册商标无效。对商标评审委员会的决定不服的，可以自收到通知之日起30日内向人民法院起诉。二是商标局认为异议成立的，不予注册。被异议人如果不服，可以在收到异议决定结果之日起15日内向商标评审委员会申请复审。商标评审委员会应当自收到申请之日起12个月内作出复审决定，并书面通知异议人和被异议人。如果出现特殊情况，经国务院市场监督管理部门批准，可以延长 6 个月。被异议人对复审决定不服的，可以自收到通知之日起 30 日内向人民法院起诉。

三、商标注册的核准

对于初步审定的商标，公告期届满，没有异议的，由商标局予以核准注册。在核准注册的程序中，商标局需要将已经核准的商标在商标注册簿上登记，核定使用的商品或服务项目、编号，向商标注册申请人颁发商标注册证，并在出版物《商标公告》上予以公告。经核准注册之后，商标申请人取得商标专用权。自核准之日起，商标专用权正式生效，其有效期为 10 年。[①] 而对于被提出异议的商标，如果异议不成立而准予注册的，商标专用权的生效时间自初步审定公告 3 个月期满之日起计算。

同时，还需注意的是，对于经过异议程序但最终被商标局核准注册的商标而言，自该商标 3 个月异议期满之日起，至商标局最终决定准予注册的这段时间里，虽然注册人享有商标专用权，但由于该商标还未在出版物《商标公告》上进行公告，他人并没有通过正式渠道得知注册人已经享有了商标专用权。所以，在这段时间内，善意第三人在同种或类似商品上使用与该商标相同或近似的标志并不构成侵权。但是，如果使用人恶意给商标注册人造成损失的，应当给予赔偿。

① 按照 TRIPs 协定的规定，注册商标的有效期不得低于 7 年。各国商标法对于注册商标规定的有效期长短各不相同，如美国规定的是 20 年，法国、日本等规定的是 10 年。

第六章 商标专用权的内容

重点问题

- 商标专用权人的法定义务
- 商标专用权的续展方式
- 商标专用权的终止事由

关键术语

商标专用权续展 宽限期 注册商标被注销 注册商标被撤销

第一节 商标专用权人的权利和义务

在历经了一系列申请与审批程序之后，最终那些符合法律实体及程序要求的商标将会获得注册，而该注册商标之上，也就相应地生成了公权力所赋予的“商标专用权”。对此，前文述及，与通过长期使用所取得的商标权不同，商标专用权并不是经营者通过自身的经营活动所生成的“自然权利”，而是行政机关利用其公权力将特定标志与相应商品或服务“绑定”起来，再为其划定市场垄断范围的“法定权利”。也就是说，商标专用权人通过申请注册程序所获取的，并非自己在特定商品或服务上使用该标志的权利，而是禁止他人在特定领域内使用该注册商标的权利。

对于经营者来说，即便本身没有行政机关的授权，他本身就有在商品上任意使用某个标志的自由；而该标志在成为注册商标之后，也并不意味着经营者从公权力那里获得了自行使用该注册商标的授权。因此，在注册商标侵犯了他人著作权、肖像权等在先权利的情况下，被侵权人要求经营者停止使用该注册商标时，经营者以其“使用行为获得了行政机关的授权”为由而继续使用该注册商标的观点是不能成立的。

据此，应当明确的是，“商标专用权”并非“商标自用权”，而对于这一认知，我国司法实践也表示认可并予以贯彻。在实践中，如果有人认为某个注册商标侵犯了自己的在先权利，那么他可以直接向法院提起民事诉讼，要求侵权人停止使用该商标，而无须先通过商标争议程序来撤销该注册商标。

由此可知，商标专用权的内容所体现的是排他性的禁止权，即他人在未经商标权人许可的情况下，不得在特定范围内使用该注册商标。而对于该禁止权的效力范围，根据我国《商标法》的规定，主要是通过**核准注册的商标**和**设定使用的商品或服务**这两个要素共同限定的。在这一范围之内，商标专用权人可以独占性地使用其注册商标，并通过其使用行为，让注册商标与其指定的商品或服务之间建立起固定、唯一的联系。如果他人未经许可，在相同或类似商品上使用与注册商标相同或近似的商标，就容易导致消费者误以为其所提供的商品来源于商标注册人，继而构成商标侵权。而在这一范围之外，商标专用权人就无法禁止他人的商标使用行为。对于他人在相同商品上使用不同的商标，或是在不同的商品上使用相同的商标的行为，以一般消费者的识别能力为标准，只要该行为不会导致消费者对商品来源的混淆，商标注册人就无权加以阻止。

在划定法定权利范围的基础上，我国《商标法》还规定了商标专用权人需要履行的义务，以防止权利人的不当行为给商标注册的行政秩序所造成的破坏。具体而言，商标专用权人不得从事下列行为。①

一、自行改变注册商标标识或核定使用的商品范围

注册商标的禁止权范围，以核准注册的商标和核定使用的商品为限。商标注册人在使用注册商标时，如果自行改变注册商标标识或核定使用的商品范围，并且在改变

① 参见《商标法》第49条。

之后的商标上冠以注册商标的标志“®”，就构成了对公众的欺骗，也构成了对注册商标行政授权秩序的侵害。对此，我国《商标法》规定，对于自行改变注册商标标识和核定使用范围的行为，地方市场监督管理局可以责令限期改正。期满不改正的，商标局可以依照职权主动撤销其注册商标。

但是，在认定这一行为时，应当注意：

首先，如果商标权人自行改变了注册商标标识或者核定使用的商品，但是没有在改变后的商标上使用注册商标标志“®”，那么就不构成“自行改变注册商标”，新使用的商标属于经营者所选用的未注册商标，如果其上积攒了商誉，也可以认定为“通过使用取得商标权”。

其次，如果商标注册人对注册商标的标识进行了改变，但改变之后的标识和注册的标识仍然具有同一性时，也不属于“自行改变”。对此，《巴黎公约》对于“同一性”的解释是：只有细节不同而并未改变其主要特征。[①] 我国《商标法》虽然没有明确的界定，但实践中，如果相关公众普遍认为修改后的标识和注册商标在称呼、观念、含义、视觉等方面没有实质性的改变，如文字商标的楷体变为仿宋体、横排变为竖排，一般不认为其构成对注册商标的自行改变。

二、自行改变注册人名义、地址或者其他注册事项

商标注册人的名义、地址等事项，关系到行政机关对于注册商标的有效管理，以及商标注册人和利害关系人的切身利益。没有经过法定的变更申请程序，自行改变注册人名义、地址，将切断商标注册人与商标管理机关的联系，影响相关文书的送达和费用的收缴。同时，自行改变注册人名义，一旦发生侵害注册商标的纠纷案件，如果商标注册人是案件原告，则可能因为诉讼主体资格不适格而难以提起诉讼；如果商标注册人是案件被告，那么其他利害关系人的诉讼利益则可能因为找不到适格的起诉对象而受到影响。基于上述原因，我国《商标法》规定，“自行改变注册人名义、地址”与“自行改变注册商标”承担相同的法律后果。

---

① 参见《巴黎公约》第5条C（2）的相关内容。

三、长期连续不使用注册商标

商标法通过商标注册制度授予商标注册人以垄断地位，在于通过保护商标专用权的方式，确保权利人可以放心地将自己商品的商誉，放置在公权力所提供的“容器”之上。如果商标注册人获得了商标授权，但却不积极利用，就不可能在商标与其指定的商品或者服务之间建立联系，商标的识别功能就无从实现。既然如此，国家也就没有必要再耗费成本，维持该注册商标之上的排他性权利。所以，我国《商标法》规定，在没有正当理由的情况下，连续 3 年不使用注册商标的，任何单位或者个人都可以向商标局申请予以撤销。

对此，在实践认定中，应注意：首先，所谓“商标的使用”，是指该标志能够切实起到识别商品或服务来源的作用。如果权利人只是为了维持“商标专用权”，而对商标突击地进行广告宣传，或是仅仅签订商标许可合同，但受让人没有利用该商标从事任何商业行为，都不能认为是对该注册商标的使用。[①] 其次，权利人不使用商标的时间应当是连续的，如果中断一段时间再使用的，只要中断的时长没有达到 3 年，注册商标就不能以不使用为由被撤销。最后，如果商标专用权人有连续不使用注册商标的正当理由，即便连续不使用达到了法定期限，也不能撤销该注册商标，如地震、战争等不可抗力原因等。

第二节　商标专用权的续展与终止

一、商标专用权的续展

前已述及，商标之上所承载的商誉，是经营者通过经营行为所创造出的劳动财富，是先天归属于经营者的财产利益，但商标注册制度在保护这一利益时，另辟蹊径，将保护目标集中在可识别的标志上，并通过类法定权利的保护模式，赋予商标

① 《商标法》第 48 条规定：“本法所称商标的使用，是指将商标用于商品、商品包装或者容器以及商品交易文书上，或者将商标用于广告宣传、展览以及其他商业活动中，用于识别商品来源的行为。”

注册人在市场上独占注册商标的垄断地位。

从制度原理上考察，这样的利益保护结构会带来逻辑上的悖论：一方面，作为“天赋人权”，对商誉的保护不应有时间上的限制；另一方面，作为法定权利的表现形态，行政机关所划定的垄断权利范围却均有期限的要求。因此，为了协调原理之间的矛盾，商标法为商标专用权设置了著作权和专利权均没有的续展制度，只要权利人每次都在商标专用权快到期时及时提出续展申请，商标专用权的保护期限就可以无限延长下去。

根据我国《商标法》的规定，注册商标的有效期为 10 年，自核准注册之日起计算。如果注册商标有效期满，需要继续使用的，商标专用权人应当在期满前的 12 个月内按照规定办理续展手续，经商标局公告，就可以延续权利效力。如果在该期间内未能办理的，法律还给予权利人 6 个月的宽限期，在此期间内提交的续展申请依然有效。但是，如果在宽限期内也未申请续展，商标局就会注销其注册商标，商标专用权随即消灭。商标专用权可以无限次续展，每次续展注册后的权利有效期均为 10 年，自该商标上一届有效期满次日起计算。① 续展行为只是让已经取得的权利继续有效，而不是获得新的商标专用权。同时，续展申请审批的程序也较为简单，商标注册人只需在规定的时间内提出申请并缴纳相应的费用，就可以获得续展注册，商标局不再对商标的内容进行实质审查。

在此，需要探讨一个技术问题，如果商标注册人的续展申请是在宽限期内提出的，那么在未获得续展核准之前，他人使用该商标引起消费者混淆的，是否构成对注册商标的侵权呢？根据最高院的相关司法解释，在此阶段，虽然已经超过了原来的注册商标保护期限，且新的保护期限还未生效，但如果商标注册人或利害关系人以他人侵犯其注册商标专用权提起诉讼的，人民法院应当受理。② 这是因为，商标局在不进行实质审查的情况下，续展申请基本都会被核准，且获得授权之后，新的保护期会与原来的保护期在时间上“无缝衔接”，所以，即便出现了短暂的权利空白，也会被权利人的续展行为立即填补，在此期间他人的侵权行为依然可以依法受到追究。

---

① 参见《商标法》第 40 条。

② 《最高人民法院关于审理商标民事纠纷案件适用法律若干问题的解释》第 5 条规定：“商标注册人或者利害关系人在注册商标续展宽展期内提出续展申请，未获核准前，以他人侵犯其注册商标专用权提起诉讼的，人民法院应当受理。”

二、商标专用权的终止

商标专用权的终止，也称“商标专用权的消灭”，是指基于某种法定原因导致商标注册人丧失了对注册商标的禁止权。而根据我国《商标法》的规定，导致这一结果的原因有以下几种。

（一）注册商标被注销

注册商标的注销，是指商标局基于法定原因行使职权而使商标专用权归于消灭的行为。当出现下列情况时，商标局可以注销注册商标：

1. 商标注册人申请注销

由于商标专用权在形式上依然表现为是私权，所以如果权利人出于各种原因想要主动终止该权利，法律亦允许其自行放弃。按照现行《商标法实施条例》的规定，商标注册人可以申请注销其注册商标，也可以申请注销该商标在部分指定商品上的注册。商标局在收到权利人注销申请的当日，该注册商标专用权或者该注册商标专用权在该部分指定商品上的效力即告终止。

2. 注册商标期满未申请续展

根据商标续展的相关规定，如果商标注册人未在注册商标有效期满前 12 个月内及 6 个月的宽限期内及时办理续展手续，商标局将注销其注册商标。

3. 注册商标权利主体消亡

商标专用权作为私权，可以像其他财产权那样被继承或遗赠。如果作为商标专用权人的自然人死亡或法人主体资格消灭之后，其继承人、受遗赠人、继受人及时办理了商标专用权的移转手续，那么该项权利依然会得以维持。但是，如果权利主体死亡或主体资格消灭后 1 年之内，没有对该商标专用权办理移转手续，那么任何人都可以向商标局提交有关该商标注册人死亡或主体资格消灭的证据，申请注销该注册商标。注册商标因主体消亡而被注销的，其商标专用权自商标注册人死亡或者主体资格消灭之日起终止。

（二）注册商标被撤销

所谓注册商标的撤销，是指商标注册人违反注册商标使用管理规定，商标局依法对权利人作出的终止商标专用权的强制行政决定。根据我国《商标法》2013 年第三次修正之后的规定，引起注册商标被撤销的事由包括：

1. 商标专用权人自行改变注册商标的相关注册事项。

2. 注册商标因其显著性的退化成为其核定使用商品或服务的通用名称。

3. 没有正当理由连续 3 年不使用注册商标。

从撤销注册商标的路径来看，主要分为两种，一种是商标局依照职权主动撤销注册商标，这种方式适用于“商标专用权人自行改变注册商标相关注册事项”的情形。出现自行改变注册商标、注册人名义、地址等情况的，地方市场监督管理部门可依职权责令其限期改正，限期不改正的，由商标局依职权主动撤销其注册商标。

另一种是商标局因他人的申请而撤销注册商标，这种方式适用于“注册商标成为通用名称”以及“没有正当理由连续 3 年不使用”的情形。出现这类情况，任何单位或个人都可以向商标局提出撤销注册商标的申请，商标局应当自接到申请之日起 9 个月内作出决定。有特殊情况需要延长的，经国务院市场监督管理部门批准，可以延长 3 个月。

当注册商标依法被注销或撤销之后，将产生以下法律效果：

首先，商标专用权因注销或撤销而消灭。

其次，注销或撤销行为没有溯及力。也就是说，在注册商标被注销或撤销之前，它是合法有效的商标。在此之前，与注册商标相关的侵权判决或者处理决定、调解书，转让或者许可使用合同，已经执行或者履行的，继续有效；尚未执行或者履行的，应当继续执行或者履行。

最后，被注销或被撤销的注册商标，自注销或撤销之日起 1 年内，对与该商标相同或近似的商标的注册申请，不予核准。这主要是考虑到虽然商标专用权因行政行为而消灭，但商标之上依然凝结了经营者的商誉，需要一定的时间待其消散，否则很有可能误导公众。但显然，对于连续 3 年不使用的情形，注册商标上不会积攒商誉，即便原先有商誉，基本上也已经消散殆尽，所以该情形不受 1 年不予核准的限制。

第七章　注册商标的无效宣告

重点问题

- 注册商标无效宣告制度的产生原因
- 注册商标无效宣告的绝对理由
- 注册商标无效宣告的相对理由
- 注册商标被宣告无效的法律效果

关键术语

注册商标无效宣告　商标专用权自始无效　无效宣告的溯及力

注册商标之上的商标专用权是由商标局在审查了商标的形式要件和实质要件之后核准授予的，但在这一实践操作过程中，并不能保证商标局的审查结论就一定不会出现失误。既然如此，假如原本不应获得注册的商标在实践中被错误地授予了商标专用权，那么就需要通过相应的程序和手段来弥补这一过错。

为此，注册商标的无效宣告制度应运而生，它是指商标在注册时，就存在不符合商标法规定的注册条件的情况，原本不应获得注册，经商标局主动发现或是经他人申请之后，由商标局或商标评审委员会宣告该注册商标无效，使商标专用权自始不发生效力的制度。关于注册商标宣告无效的事由，《商标法》的规定较为庞杂，整体而言，可以将宣告无效的理由分为两类，一种是注册商标存在拒绝注册的绝对理由，另一种是注册商标存在拒绝注册的相对理由。

一、商标存在拒绝注册的绝对理由

如果商标在申请注册时，自身原本就存在问题，如申请注册的标志缺乏显著性，标志内容存在违反法律禁止性规定的情形，三维标志具有商标之外的其他价值功能，或者是以欺骗或者其他不正当手段取得注册的，均属于不得被注册为商标的绝对理由。基于存在拒绝注册的绝对理由，在宣告无效的程序方面，存在两种情形。

（一）商标局依职权主动宣告注册商标无效

对于不当注册的商标，商标局发现以后，应当依职权主动宣告该注册商标无效。商标局作出的宣告注册商标无效的决定，应当书面通知当事人。当事人对商标局的决定不服的，可以自收到通知之日起 15 日内向商标评审委员会申请复审。商标评审委员会应当自收到申请之日起 9 个月内作出决定，并书面通知当事人。有特殊情况需要延长的，经国务院市场监督管理部门批准，可以延长 3 个月。当事人对商标评审委员会的决定不服的，可以自收到通知之日起 30 日内向人民法院起诉。①

（二）其他单位或个人请求商标评审委员会宣告注册商标无效

除了商标局依职权主动宣告无效之外，对于不当注册的商标，其他单位或个人也可以请求商标评审委员会宣告注册商标无效。商标评审委员会自收到其他单位或个人的相关申请后，应当书面通知有关当事人，并限期提出答辩。商标评审委员会应当自收到申请之日起 9 个月内作出维持注册商标或者宣告注册商标无效的裁定，并书面通知当事人。有特殊情况需要延长的，经国务院市场监督管理部门批准，可以延长 3 个月。当事人对商标评审委员会的裁定不服的，可以自收到通知之日起 30 日内向人民法院起诉。人民法院应当通知商标裁定程序的对方当事人作为第三人参加诉讼。②

二、商标存在拒绝注册的相对理由

如果商标在申请注册时，存在损害他人在先权利或利害关系人利益的情形，例

① 参见《商标法》第 44 条第 2 款。

② 参见《商标法》第 44 条第 3 款。

如，申请人注册了与他人驰名商标相同或近似的标志，申请人抢注了他人经过使用已有一定影响的商标，代理人或代表人抢注了被代理人或被代理人申请注册的商标，申请注册的商标误导性地使用了地理标志，在申请注册之前他人已存在相同或类似保护范围的注册商标或在先申请，申请注册的商标损害了他人的在先权利等，就说明该商标存在不能被注册的相对理由。

假如存在此类情形的商标被注册，在先权利人或利害关系人可以基于上述理由，向商标评审委员会请求宣告该注册商标无效。由于商标不能被注册的相对理由主要涉及私人之间民事利益的纠纷与冲突，一般不涉及公共利益的问题，所以不能由商标局主动宣告无效，只有在相关民事主体提出申请之后，商标评审委员会才能进行审查。同时，在申请无效宣告的时间方面，除了恶意注册他人驰名商标的情形之外，在先权利人或利害关系人只能自商标注册之日起 5 年内请求商标评审委员会宣告该注册商标无效。

商标评审委员会在收到宣告注册商标无效的申请后，应当书面通知相关当事人，并要求其限期提出答辩。商标评审委员会应当自收到申请之日起 12 个月内作出维持注册商标或者宣告注册商标无效的裁定，并书面通知当事人。有特殊情况需要延长的，经国务院市场监督管理部门批准，可以延长 6 个月。当事人对商标评审委员会的裁定不服的，可以自收到通知之日起 30 日内向人民法院起诉。人民法院应当通知商标裁定程序的对方当事人作为第三人参加诉讼。①

立法之所以设置了在先权利人或利害关系人在 5 年之内申请宣告商标无效的时间限制，主要出于两个方面的考虑：

其一，自商标注册登记并公告之后，法律推定在先权利人或利害关系人已经通过公告信息知晓了该商标已经获得注册，如果自商标注册之日起 5 年之内，他们均未提出无效宣告，说明其并不重视自己的权利，法律没有必要为怠于保护自己利益的人提供过度的保护。

其二，对于已经获得注册的商标来说，商标注册人获得商标专用权的时间越长，在使用的过程中，商标之上所承载的商誉就越多，商标的市场价值也就越大，如果

---

① 参见《商标法》第 45 条第 2 款。

自获得商标注册起 5 年之后还允许在先权利人或利害关系人提出商标无效宣告的申请，将给商标注册人造成过大的利益损失。但是，相较于普通商标而言，驰名商标的价值更大，对产业发展的贡献更多，所以对于恶意复制、模仿、翻译驰名商标并进行注册的，商标法允许请求无效宣告的时间不受 5 年期限的限制。

三、注册商标被宣告无效的法律效果

如果在救济程序的法定期限内，当事人没有对商标局宣告注册商标无效的决定申请复审，也没有对商标评审委员会的复审决定或者注册商标是否无效的裁定向人民法院起诉的，相关决定或裁定则会在法定期限届满后生效。而当注册商标因此被宣告无效之后，会产生相应的法律效果。

根据我国《商标法》的规定，[①] 被宣告无效的注册商标，其商标专用权自始不存在。也就是说，在效力上，该商标从来都不是注册商标，其上也从来没有产生过相应的商标专用权。这与注册商标被注销或被撤销的结果完全不同。

但同时，考虑到商事交易秩序的稳定性问题，为了保护交易安全、维护交易公平，《商标法》同时又对无效宣告决定或裁定的溯及力问题作了特别的规定。根据相关规则，对于宣告无效前人民法院作出并已执行的商标侵权案件的判决、裁定、调解书，市场监督管理部门作出并已执行的商标侵权案件的处理决定，以及已经履行的商标转让或者使用许可合同不具有追溯力，这些法律文书依然有效。

按理来说，商标专用权既然从来都没存在过，那么围绕其所产生的法律文书也就丧失了生效的依据。法律之所以继续维持了相关法律文书的效力，主要出于两个方面的考虑：

其一，如果在商标被宣告无效后，就将在此之前已执行的各种法律文件全部推翻，会导致司法、行政资源的过度消耗，不利于保持社会关系的相对稳定。

其二，如果在商标被宣告无效之前，有人被起诉未经许可使用了该商标，那么在当时，他完全有机会利用法律所提供的救济途径，向商标评审委员会请求宣告该注册商标无效，但他却怠于利用法律所规定的救济方法，而是选择向对方支付赔偿

---

① 参见《商标法》第 47 条。

金，那么当下的局面与其自身先前的诉讼策略也有一定的关系，应当对由此所引起的不利后果承担一定的责任。

但是，对于上述规定，《商标法》还规定了两种例外情形。

一是因为商标注册人的恶意给他人造成的损失，应当给予赔偿。例如，注册人明知自己的注册是违法的，仍然申请注册，并在成功注册后起诉他人侵权并获得了赔偿，这就属于注册人恶意给他人造成的损失，那么基于其主观上的恶意，当商标被宣告无效后，注册人应当返还对方已经支付的赔偿金。

二是如果不返还商标侵权赔偿金、商标转让费、商标使用费，明显违反公平原则的，应当全部或部分返还。例如，商标被许可人刚刚全额支付了商标许可费，还未开始使用，该注册商标就被宣告无效，假如不允许返还许可费，就明显违反了公平原则。而这两种例外情形的适用，都需要针对个案作具体的认定。

第八章 商标专用权的转让与许可

重点问题

- 商标专用权转让的强制性规定
- 商标专用权许可的法定要求
- 商标专用权许可的主要方式

关键术语

商标权专用权转让 商标专用权许可 独占许可 排他许可 普通许可

作为一项私权的客体，为了实现和满足权利人的利益，注册商标除了可以被权利人用作承载商誉的容器日常使用之外，也可以通过合同等方式在民事主体之间进行转让，还可以由权利人通过许可的方式交由他人使用。但由于商标法既要保护经营者凝结在商标中的商誉，还要努力维护消费者的合法权益，所以，对于商标专用权的转让和许可，在遵照一般民事法律原理的同时，我国立法还设置了一些特殊规定。

一、商标专用权的转让

转让注册商标，是经营者利用其商标专用权的一种常见方式。注册商标被转让，意味着商标专用权主体的根本改变，而这一变化对商标注册人、受让人、注册商标质押权人来说关系重大，同时它还涉及公权力对注册商标的有效管理。因此，商标专用权的转让并不完全实行合同自由原则。

根据《商标法》及《商标法实施条例》的相关规定，将商标专用权转让给他人，应当符合下列要件：

1. 商标专用权的出让人和受让人应当签订书面的转让协议，并共同向商标局提出申请。

2. 受让人必须保证使用该注册商标的商品质量，对于集体商标、证明商标、强制注册商标，受让人必须具备相应的主体资格。

3. 转让必须经过商标局的核准公告，未经核准公告的注册商标转让，虽然转让合同成立并且生效，但并不发生商标专用权移转的法律效果，受让人自公告之日起才享有商标专用权。

4. 在两人或两人以上共有一个商标专用权的情况下，部分共有人转让自己的权利份额的，必须经过其他共有人的同意。

5. 如果注册商标之上已经设置了他人的许可使用权或质押权，那么除许可使用合同或质押合同另有约定的外，商标专用权必须经过被许可使用人或者质权人的同意才能转让。

除了上述转让要件之外，出于保护相关公众利益的目的，我国《商标法》还对商标专用权的转让设置了一定的限制。根据规定，转让注册商标的，商标注册人对其在同一种商品上注册的近似商标，或者在类似商品上注册的相同或者近似的商标，应当一并转让。①

立法之所以设定这一转让限制，主要考虑到，商标的基本功能为识别商品或服务的来源，在一般情况下，使用同一商标的商品或服务应当出自同一经营者，如果商标注册人在相同或类似的商品上注册了相同或近似的数个商标，再将其分别转让给不同的经营者，就容易造成消费者对于商品的误认和误购。

例如，某玩具生产企业在第 28 类玩具商品上注册了“顽儿乐”和“玩而乐”两个商标，由于在呼叫功能方面，两个商标属于近似商标，所以在转让时，两个商标应当一并转让，否则，两个商标分属不同主体且均在各自生产的玩具上使用，消费者会误以为其购买的玩具来自同一生产企业。而对于应当一并转让而未一并转让的情形，根据《商标法实施条例》的规定，商标局应当通知其限期改正，期

① 参见《商标法》第 42 条。

满不改正的，视为放弃转让该注册商标的申请，商标专用权的归属不发生移转的法律效果。[①]

二、商标专用权的许可

对于注册商标是否可以许可他人使用的问题，商标法理论在不同阶段有着不同的理解和认识。从商标识别功能的角度来看，如果允许商标注册人许可他人使用商标，就会形成使用相同商标的商品或服务来源不一致的情况。所以，在商标制度形成早期，一些国家是禁止将注册商标许可他人使用的。但从商标质量保证功能的角度来看，消费者真正关心的其实并不是商品或服务的实际来源，而是使用相同商标的商品或服务是否具有相同的品质。

因此，只要能确保不同来源的商品具有同等的品质，即便将注册商标交予他人使用，商标依然可以起到保障商誉以及维护消费者利益的作用。正是认识到了这一点，目前，各国商标制度一般均允许商标注册人许可他人使用自己的注册商标，但为了确保商标在许可使用之后依然能够维持其质量保障功能，立法会对注册商标的许可设置一些法定的要求。

首先，商标注册人可以通过与他人签订**商标使用许可合同**的方式许可他人使用其注册商标。按照我国《商标法》的要求，双方签订的许可合同应当报商标局备案，并由商标局公告。据此，我国对商标许可采取的是登记对抗主义，当事人如果没有将“商标使用许可合同”报商标局备案，并不影响该许可合同的效力，但该合同不得对抗善意第三人。[②]

其次，对于商标专用权人来说，在许可他人使用自己的注册商标时，应当监督被许可人使用其注册商标的商品或服务的质量。[③]实践中，许可人通常采取的监督方式包括：要求被许可人提供保证金；定期到被许可人的工厂和经营场所进行检查；在许可合同中写明，被许可人商品质量出现问题时，许可人有权终止合同的条款等。如果商标专用权人未尽到监督义务，在被许可人生产或者销售的商品侵害相关公众

① 参见《商标法实施条例》第 31 条。

② 参见《商标法》第 43 条第 3 款。

③ 参见《商标法》第 43 条第 1 款。

权益的情况下，应当与被许可人一起承担连带责任。

最后，对于被许可人来说，其在获得注册商标使用权后，理应维持使用该注册商标的商品质量。如果其未尽到这一义务，应当向商标专用权人承担相应的违约责任，而其生产经营的商品如果因为质量问题损害了相关公众的权益，则应当承担侵权责任。同时，为了保护相关公众的知情权和选择权，提高被许可人的商品质量意识，也便于在出现侵权责任时厘清责任主体，我国《商标法》还规定，被许可人在使用他人注册商标时，必须在使用该注册商标的商品上标明被许可人的名称和商品产地。[①]

而在商标专用权许可的具体方式上，与专利权许可类似，其主要有“独占许可”、“排他许可”和“普通许可”三种模式。由于这三种模式当中，被许可人对其所使用的注册商标的垄断程度有所差异，所以在与第三人发生注册商标的法律纠纷时，各类被许可人的诉讼主体资格也有所不同。

在“独占许可”中，由于被许可人在约定的时间和地域范围内获得了排除商标专用权人和其他任何人使用注册商标的权利，所以当发生注册商标未经许可被他人使用的情形时，独占许可使用权人可以以自己的名义独立向法院起诉，要求侵权人停止侵害、排除危险、销毁侵权工具和侵权商品，并赔偿相应的损失。

在“排他许可”中，被许可人虽不能排除商标专用权人使用注册商标，但可以排除其他任何人使用该商标。当注册商标遭受他人侵害时，排他许可使用权人可以和商标专用权人共同起诉，也可以在商标专用权人不起诉的时候，自行提起诉讼，要求对方承担侵权责任。

在“普通许可”中，被许可人并没有获得使用商标的排他地位，因而其无权禁止第三人使用相同的注册商标。所以，在发生商标侵权行为时，普通许可使用权人只有在获得商标专用权人明确授权的情况下，才能提起诉讼，请求侵权人承担相应的责任。

---

① 参见《商标法》第43条第2款。

第九章 对商标专用权的限制

重点问题

- 商标正当使用的具体情形
- 商标权用尽的内涵及具体适用
- 商标先用权人的权利范围
- 商标非商业性使用的内涵及典型形态

关键术语

描述性使用 指示性使用 商标权用尽 商标在先使用 滑稽模仿

作为知识产权法定权利的类型之一，商标专用权与著作财产权和专利权一样，所得到的法律保护并非没有限制，商标专用权人不能绝对地禁止他人使用同注册商标相同或近似的文字或图形。在特定情况下，他人使用与注册商标相同或近似的标志并不构成商标侵权。根据我国《商标法》的规定，当出现以下情形时，相关行为不被视为侵犯商标权。

一、正当使用

所谓“正当使用”，是指他人不经商标专用权人许可，可以在经营活动中以善意的、正当的方式使用其注册商标的标志。根据我国《商标法》及相关的法律实践，目前，可能构成商标“正当使用”的情形包括以下两种。

（一）描述性使用

所谓**“描述性使用”**，是指虽然使用了商标中的文字或图形，但使用的目的并非用以指示商品或服务的特定来源，而是对商品或服务本身所进行的描述。构成描述性使用的，不属于对商标专用权的侵犯。

前文在探讨商标的显著性问题时，曾经提到，描述性标志是对商品或服务的质量、原料、功能、用途、重量、数量等特点所进行的直接描述。由于其缺乏固有显著性，描述性标志一开始不能被注册为商标，只有经过长期使用取得了“第二含义”之后，才能因为其获得了显著性而符合商标注册的积极条件。但是，需要特别强调的是，即使某标志由于**“获得显著性”**而取得了商标注册，那么其商标专用权所垄断的，也只能是该标识的“第二含义”，而标志的“第一含义”依然保留在公共领域之内，供公众自由地使用。

所以，他人只要是善意地使用标志的“第一含义”，并不会造成消费者对商品或服务来源的混淆，这种使用方式也就被法律认为是“正当”的。比如，前文提到的“两面针”注册商标，在其获得“第二含义”被注册为商标之前，它主要用于描述特定的植物品种，以及药用牙膏的主要原料。那么在获得商标注册之后，他人固然不能在未经许可的情况下，将“两面针”三字作为商标使用，但如果只是在日常生活中提及“两面针”这种植物，或是善意地说明自己产品的主要成分，相关公众听到或看到“两面针”时，不会与“两面针”这一注册商标发生误认或混淆，那么就不会构成对其上商标专用权的侵犯。

据此，我国《商标法》明确规定，注册商标中含有的本商品的通用名称、图形、型号，或者直接表示商品的质量、主要原料、功能、用途、重量、数量及其他特点，或者含有的地名，注册商标专用权人无权禁止他人正当使用。[①]

基于该条的表述，一般认为，构成描述性正当使用应当符合以下几个条件：

1. 使用者对于特定标志的使用是一种不可避免的使用，即对于已获注册的“描述性标志”，如不使用该标识就无法真实说明自己的产品或服务。

2. 使用者不具有主观的恶意，即使用者无意侵占他人的商誉，也没有刻意制造商品混淆的企图。

3. 使用者仅在合理的范围内使用他人的注册商标，即仅仅使用了说明自己商品或服务所必需的内容，并未涉及商标的其他部分，同时标注了自己的商标。

---

① 参见《商标法》第59条。

（二）指示性使用

所谓**“指示性使用”**，是指使用他人注册商标中的文字或图形，是为了说明自己提供的商品或服务能够与使用该商标的商品或服务相配套，或是为了向公众表明自己所提供的商品或服务真的来源于商标专用权人。在这种情况下，使用他人的商标，并非为了让消费者对商品来源产生混淆，故而这种使用也不构成商标侵权。

从制度原理来看，法律为注册商标提供垄断性的保护，是为了防止他人因随意使用商标而给商标专用权人的“商誉”造成损害，并非为了让商标专用权人垄断相关的商品或服务。所以，商标专用权人可以凭借公权力的授权阻止他人从事令消费者混淆的商标使用行为，但却无权禁止他人提供与自己的商品或服务相配套的商品或服务，也不能阻止他人借助自己的商标，表明他人所提供的商品或服务与自己的真实关系。

正是基于这一认知，在我国的司法实践中，一般认为，在销售商品时，为了说明商品来源或是指示商品用途，在必要的范围内使用他人注册商标的标识，属于“指示性使用”，不属于侵犯他人商标专用权的行为。

例如，某企业专门生产铺在汽车车厢内的脚垫，由于不同品牌、不同型号的汽车尺寸各异，其制作的脚垫就必须按照各种车型实际的尺寸来生产。而待产品制成之后向相关消费者介绍时，该企业就必须在宣传中明确说明哪种脚垫专门用于哪个品牌的哪种型号的车，否则消费者就无法购买到正确尺寸的商品。在这种情况下，将他人的汽车商标用在自己的宣传手册中，就不会构成商标侵权。

而在认定具体的商标使用行为是否属于“指示性使用”时应注意，构成指示性正当使用，通常应当满足以下条件：

1. 如果不使用他人的商标，就无法将自己的经营信息真实、准确地传达给消费者。

2. 对他人商标的使用应该在合理的限度内，不得使消费者误认为商标使用者与商标专用权人之间存在原本并不存在的商业关系。

综上，指示性地使用商标，在主观上应当是善意的，在客观上应当合理并符合商业惯例，不能借此机会恶意地向消费者传递错误信息。仍以制作汽车脚垫的企业为例，如果该企业在宣传手册中写明“该脚垫专门为某某品牌某某型号汽车设计”，应属于对他人注册商标的指示性使用；但如果其在宣传手册中使用“某某品牌汽车脚垫专供”等字样，就会让消费者误以为企业制作的脚垫得到了汽车原厂的授权，其商品质量获得了汽车制造商的认可，这样的使用就可能构成商标侵权。

二、商标权用尽

在系统解读了著作权制度和专利制度当中类似的规则之后，在商标法领域，我们应该已经可以自行提炼出“商标权用尽”的基本内涵。根据相关原理，它是指经过商标权人的同意，或者以其他合法的方式，将带有商标的商品投放到市场之后，任何人再次将该产品以出售或其他方式提供给公众，无须经过商标权人的许可，商标权人也无权禁止。

从“权利穷竭”的原理来看，表面上，如果他人销售了带有商标的商品，那么这就构成了对该商标的“使用”，但实际上，商标制度禁止他人从事未经许可的商标使用行为，是为了防止他人出售冒牌商品而给消费者造成误认商品来源的结果。如果带有商标的商品已经获得了商标权人的许可，并经合法途径投放到了市场之中，就意味着商标权人已经认可了商标对该产品的标识和指示效果，不需要在该商品的转售过程中再次确认其已经“认可”的意思表示。反之，假如商品的每次转售都须征得商标权人的授权确认，将会严重损害合法商品的自由流转。

因此，根据商标权用尽的内涵，当商标权人许可将标有自己商标的商品投放市场之后，该商品上的商标被视为“权利用尽”或“权利穷竭”，获得该商品的人再次面向公众出售或提供该商品，不构成对商标权的侵犯。比如，零售商从批发商那里购得了正牌的商品，无论是零售商将商品卖给消费者，还是消费者再将商品转卖给他人，都无须再征得商标权人的许可。

但是，商标权人在将带有商标的商品投放到市场上之后，也并非意味着他绝对失去了对该商品的控制。假如带有商标的商品经商标权人许可售出之后，商品的情况发生了变化，如损坏、变质等，而继续销售这些商品，可能会使消费者误以为商标权人的商品原本就质量低劣，从而损害商标权人的商誉。在这种情况下，商标权用尽原则不再适用，商标权人有权阻止将已投放到市场的商品再次转售于他人。①

---

① 例如，《欧共体商标一号指令》第7条第2款就规定，如果商标权人有合法理由阻止将其已售出的商品再次销售，如商品在被投放市场之后状态已经发生了改变或商品受到了损害，则商标权用尽原则不再适用。

与专利权用尽一样，立法在规定商标权用尽规则时，同样会面临用尽标准是“国内用尽”还是“国际用尽”的选择问题。换言之，立法需要正面回答，如果商标权人只许可将带有其商标的商品在某一国家或地区的市场进行销售，那么有人将该商品进口至另一国家或地区销售的行为，商标权人能否予以禁止。在专利制度相关问题的分析过程中已述及，各国的立法选择，实际上取决于该国的政策性倾向。之于商标权而言，如果立法出于政策因素的考量认可了商标的“平行进口”，那么“商标权用尽”采用的就是“国际标准”；反之，其采取的就是“国内标准”。

对于我国来说，商标法一直对商标“平行进口”的问题未作明确规定。这是因为，在20世纪，“平行进口”的问题在我国很少发生。由于我国的劳动力价格低廉，商品生产成品较低，其价格一般要显著低于国外同类商品。所以，在国外生产的相同品牌的产品，一般不会再进口到我国进行销售。但随着全球经济结构的变化，以及国内劳动力价格的提高，商标“平行进口”的问题已经在我国开始出现并日渐突出。对此，我国法院曾经作出相关判决，否认了商标“平行进口”的合法性，① 但个案的认定并不足以表明我国整体的立法态度，我国《商标法》还是应当根据实际情况，尽快制定明确的规则，以作为确立“商标权用尽”范围的客观依据。

---

① 1986年，联合利华有限公司（Unilever N.V.）在我国成立了第一家合资企业——上海利华，生产“力士”品牌系列产品。1997年9月22日，联合利华有限公司与上海利华签订了《联合利华商标许可合同》，包括“LUX”商标和“LUX力士”商标。这种许可是非独占的，不可转让和不可许可的，合同有效期为10年。1998年10月5日，又签订了《关于商标许可使用合同修订协议》，将商标许可方式改为独占许可使用，协议有效期为2年。以上协议依法在海关总署备案。

但自东南亚金融危机以来，我国周边国家生产的“LUX”进口商品因成本低，价格便宜，纷纷通过各种渠道涌入我国市场，严重冲击了上海利华的正常生产与销售。1999年6月7日，佛山海关依照《知识产权海关保护条例》，扣留了广州经济技术开发区商业进出口贸易公司申报的泰国产“LUX”香皂一批，共计895箱。1999年6月，上海利华（以下简称原告）以广州经济技术开发区商业进出贸易公司（以下简称被告），在未经商标持有人许可的情况下进口、销售泰国产“LUX”香皂，侵犯了该公司“LUX”商标及“LUX力士”商标独占许可权为由，向广州市中级人民法院起诉。对此，被告认为，其进口的香皂是经“LUX”商标权人授权在泰国销售的，因而并不构成侵权。广州市中级人民法院经审理后认为，被告未经商标权人许可而在相同商品上使用相同商标，侵犯了原告对上述两注册商标享有的独占许可使用权。详情参见广东省广州市中级人民法院（1999）穗中法知初字第82号民事判决书。

三、先用权人的商标使用行为

商标注册制度的最终目的依然是保护权利人所积累的商誉，通过禁止权的设置，权利人可以有效防止他人对自己商誉的非法侵害。但是，假如在一个商标获得注册之前，他人就已经善意地在相同或类似的商品上使用了与注册商标相同或近似的商标，那么其使用商标就不是为了“窃取”注册商标的权利人的商誉，而是试图在商标之上积攒自己的商誉。

针对这一情况，我国《商标法》在 2013 年第三次修正时专门增加了“在先使用”的规定，即商标注册人申请商标注册前，他人已经在同一种商品或者类似商品上先于商标注册人使用与注册商标相同或者近似并有一定影响的商标的，注册商标专用权人无权禁止该使用人在原使用范围内继续使用该商标。①

虽然“在先使用”的抗辩事由，能够让注册商标的在先使用人在原来的使用范围内继续使用该商标，但不可否认的是，如果在先使用人和商标专用权人同时在相同或类似的商品上利用相同或近似的商标为自己积累“商誉”，现实中难免会让消费者产生混淆。对此，《商标法》进一步规定，如果先用权人在原有范围内继续使用注册商标，商标专用权人有权要求其在商品上附加适当的区别标识，以便消费者在挑选商品时能够轻易地认出商品的来源。②

四、商标的非商业性使用

在限制商标专用权的情形当中，“正当使用”、“商标权用尽”和“在先使用”都属于对商标的商业性使用。而如果跳出商业环境之外，商标被用于非商业的用途，与其所指向的商品或服务无关，那么这种商标的使用方式一般也不认为是侵权行为。

例如，新闻媒体在进行新闻报道或评论时，使用了商标的文字或图形，属于对商标的非商业性使用，一般不视为侵犯商标权。又如，在一些文学或艺术创作中，

---

① 《日本商标法》第 32 条规定，在他人申请商标注册之前，在相同或类似商品上使用相同或近似商标的，只要不是出于不正当竞争的目的，同时，该商标已被消费者熟知为能指示商品或服务来源，且此人持续使用该商标，则此人就有权在该商品或服务上使用该商标，但注册商标权人可以要求此人使用适当标记，以防止消费者对此人与自己提供的商品或服务来源发生混淆。

② 参见《商标法》第 59 条第 3 款。

有时会对一个高度驰名的、能够代表某种社会风尚的商标进行滑稽性的批评或讽刺，借助喜剧效果来表达创作者的综合理念。在这一使用领域，商标的使用并非为了商品交易，也就不存在混淆的可能，故而各国立法一般都允许在作品中对商标进行滑稽模仿。

但是，应特别注意，对商标的非商业性使用并非没有限制。在新闻报道或新闻评论中，只要是基于事实进行的客观报道和评论，即便是对标有该商标的商品的批评指责，也不属于商标侵权。但如果媒体的报道严重失实，严重歪曲了相关商品的实际情况，损害了商标之上的商誉，商标权人则可以以侵犯名誉权为由，要求媒体承担相应的侵权责任。同样，在滑稽模仿的情况下，创作者在利用他人商标表达自己的观点时，也不能损害商标权人的商誉，否则也应承担侵权的法律后果。

第十章　商标侵权及其法律责任

重点问题

- 认定商标侵权的基本理论
- 侵犯商标专用权的具体表现形式
- 商标侵权的民事责任
- 商标侵权的行政责任
- 商标侵权的刑事责任

关键术语

混淆理论　伪造商标标识　擅自制造商标标识　反向假冒
假冒注册商标罪　销售假冒注册商标的商品罪
非法制造、销售非法制造的注册商标标识罪

第一节　侵害商标专用权的具体表现形式

与著作权法和专利法不同的是，商标法不仅要维护商标权人凝结在商标之上的商誉，还要致力于保护消费者的合法权益。为此，商标法要保证商标权人能够排他性地使用商标，利用商标标识自己商品或服务的出处，以便消费者能够通过商标将商品或服务与其提供者正确地联系在一起。但如果商标被他人随意使用，导致消费者对商品或服务的来源产生了混淆，商标就失去了其应有的作用。

因此，传统商标立法的核心就是要避免消费者对商品或服务来源所产生的误认。按照这一标准，如果未经许可直接使用他人商标，可能引起消费者混淆的行为即属于直接侵犯他人商标权的行为；反之，即便使用了与他人商标相同的标志，只要不会导致消费者的混淆，就不构成商标侵权。由此可见，是否可能导致消费者对商品或服务来源的混淆，是构成商标侵权的前提和必要条件。

基于“混淆理论”，我国《商标法》在法条中列举了多种侵犯商标专用权的表现形式，并以此作为认定具体行为是否构成商标侵权的重要判断依据。

一、使用他人注册商标

此种情况表现为，未经商标专用权人的许可，在同一种或者类似的商品或者服务上使用与注册商标相同或近似的商标。此种行为直接侵犯了商标注册人的禁止权，是最为典型的侵权形态，也是后续各环节侵权行为的源头。

在个案的表现形式上，这种侵权行为又可以分为四种具体的情形：

1. 行为人在同一种商品上使用相同商标。

2. 行为人在同一种商品上使用近似商标。

3. 行为人在类似商品上使用相同商标。

4. 行为人在类似商品上使用近似商标。

其中，在同一种商品上使用相同的商标，是一种严重侵害商标专用权的侵权行为，在认定侵权时，无须考虑混淆的可能性，而是根据“商品或服务相同、商标相同”的表现形式，就可以直接推定其行为造成了混淆，侵犯了商标专用权。而另外三种情形的共同点在于商标不完全相同、商品并非同一种，即商标是近似的、商品是类似的。对于此类情况，就需要判断相关行为是否足以使相关公众对商品或服务的来源产生混淆，容易导致混淆的，构成商标侵权，不存在混淆可能性的，则不构成侵权行为。

二、销售侵犯商标专用权的商品

通常而言，假冒注册商标行为的泛滥与商品经销商的配合是分不开的。在自己的商品上使用他人的注册商标，其根本目的在于利用他人“商誉”谋取不正当的经济利益，而这一目标必须通过销售渠道售出商品之后才能实现。

因此，为了有效遏制“窃取”他人“商誉”的行为，法律不仅要在生产环节打击假冒注册商标的行为，还应在流通环节堵塞假冒注册商标商品的销售。根据我国《商标法》的规定，认定销售行为是否构成侵权，并不需要考察销售者在主观上是否存在过错，只要行为人在客观上销售了侵犯商标专用权的商品，就构成了对商标专用权的侵害。

在此，需要注意的是，对于销售者是否应当基于侵权行为承担损害赔偿责任，依然要以其主观过错作为要件。对此，《商标法》进一步规定，销售不知道是侵犯注册商标专用权的商品，能证明该商品是自己合法取得并说明提供者的，不承担赔偿责任。①

根据这一规定，实践中，在认定销售者的过错时，所采用的是过错推定的方式，即由行为人提供证据，证明自己没有主观上的过错。如果销售者不能证明自己销售的商品源自合法渠道或不说明提供者是谁，那么就认为其主观上存在过错，需要承担赔偿责任。

三、伪造、擅自制造商标标识

根据《商标法》的规定，这种侵权行为在方式上表现为“伪造、擅自制造他人注册商标标识或者销售伪造、擅自制造的注册商标标识”。此类侵权行为的实施者一般是从事商标印制的企业，其行为专门为制假售假提供便利条件。

2004 年《商标印制管理办法》对制造注册商标标识进行了严格的规定。印制商标的单位必须是持有工商机关核发的营业执照并核定允许承揽印刷制造商标的企业，严禁无照或超越经营范围承揽商标印制业务。企事业单位或个体工商户印制商标标识，应当凭商标注册证到县市工商局开具注册商标印制证明，然后再凭证明到商标印制单位印制。商标印制单位要严格核查证明才能承揽印制业务。

基于行政部门对于商标印制的管理措施，在此类商标侵权情形中，“伪造”主要是指没有取得“指定商标印刷单位”资格，不具有《指定印刷商标单位证书》的个人或企业，采取印刷、印染、制版、刻字、织字、晒蚀、印铁、铸模、冲压、烫印、贴花等方式制作了他人注册商标标识的行为。而“擅自制造”是指具有指

---

① 参见《商标法》第 64 条第 2 款。

定印刷商标标识的单位资格，但违反商标管理法规，非法印刷他人注册商标标识，或者未经注册商标所有人许可或授权，私自印刷他人注册商标标识的行为。无论生产出的商标标识是伪造的还是擅自制造的，只要是销售了此类商标，也会构成商标侵权。

四、擅自更换他人注册商标

该种情形是指，在没有征得商标注册人同意的情况下，将权利人原先在商品上使用的注册商标撤下后，换上自己或第三人的商标，再将该更换了商标的商品投入市场中的行为。

此种行为又被称为**反向假冒**。实践中，采取这种行为的往往是一些知名商标的所有人，他们将他人商品上不知名的商标撕下，贴上自己的知名商标出售，使消费者误以为该商品是由知名商标所有人生产的。这种行为，一方面会导致消费者对商品的来源发生混淆，另一方面则会损害被撕去商标的经营者的利益。对于知名商标所有人来说，他之所以要在购买他人商品之后换上自己的商标，往往是因为他人的商品质量上乘且价格相对低廉。反向假冒行为，会让被撕去商标的经营者提供的优质商品无法给自己的商标积攒商誉，却成为反向假冒行为人积累商誉的工具。据此，更换商标的行为之所以构成商标侵权，根本原因在于该行为妨碍了商标功能的实现，也侵害了商标专用权人的利益。

五、为侵害商标权行为提供帮助

商标侵权行为往往不是孤立进行的，它经常需要借助第三人的帮助、参与和支持。而对于帮助侵权的人来说，其虽然没有直接从事侵权行为，但也可能构成“间接侵权”。根据相关原理及我国《商标法》的规定，如果行为人为直接侵犯商标专用权的行为提供了必要的条件，如为直接侵权人提供仓储、运输、邮寄、印制、隐匿、经营场所、网络交易平台等，并且主观上有帮助他人实施侵犯商标专用权行为的故意，那么该种帮助行为就构成了“间接侵权”，应当承担相应的责任。

六、法律法规所规定的其他侵权行为

根据《商标法实施条例》及《最高人民法院关于审理商标民事纠纷案件适用法

律若干问题的解释》的规定，给注册商标造成损害的行为还包括：

1. 在相同或类似商品上将与他人注册商标相同或近似的文字、图形作为商品名称或商品装潢，误导公众的。

2. 将与他人注册商标相同或近似的文字作为企业的字号，在相同或类似商品上突出使用，容易使相关公众产生误认的。

3. 将与他人注册商标相同或近似的文字注册为域名，并且通过该域名进行相关商品交易的电子商务，容易使相关公众产生误认的。

第二节 侵害商标专用权的法律责任

对于侵害商标专用权的行为来说，一方面，它损害了商标权人的私人权益，可能导致其商誉的贬损及商品和服务市场竞争力的下降；另一方面，它还可能导致消费者对商品或服务的来源产生混淆，进而破坏基本的市场秩序，损害公共利益。因此，从事商标侵权行为的主体，除了要承担民事责任之外，还要承担行政责任，严重的还要承担刑事责任。

一、商标侵权的民事责任

根据我国《商标法》的规定，结合审判实践，对于商标侵权行为，承担民事责任的方式主要包括停止侵害以及赔偿损失。

首先，在法院作出民事判决时，如果侵权行为仍在继续，那么法院应当要求侵权人停止侵权。与著作权侵权和专利权侵权相同的是，商标权直接侵权行为的认定不以行为人的主观过错为要件，无论侵权人的主观状态如何，只要客观上侵权行为仍在继续，行为人都应当立即停止该行为。

其次，对于损害赔偿责任的承担，需要以侵权行为人的主观过错为要件，如果侵权人明知或应当知道自己从事了侵权行为，利用了他人注册商标之上的商誉，给他人造成损失的，就需要根据法律的规定向权利人赔偿相应的损失。

我国《商标法》规定，侵犯商标专用权的赔偿数额，按照权利人因被侵权所受到的实际损失确定；实际损失难以确定的，可以按照侵权人因侵权所获得的利益确定；权利人的损失或者侵权人获得的利益难以确定的，参照该商标许可使用费的倍数合理确定。对恶意侵犯商标专用权，情节严重的，可以在按照上述方法确定数额的 1 倍以上 5 倍以下确定赔偿数额。[①] 赔偿数额应当包括权利人为制止侵权行为所支付的合理开支。人民法院为确定赔偿数额，在权利人已经尽力举证，而与侵权行为相关的账簿、资料主要由侵权人掌握的情况下，可以责令侵权人提供与侵权行为相关的账簿、资料；侵权人不提供或者提供虚假的账簿、资料的，人民法院可以参考权利人的主张和提供的证据判定赔偿数额。权利人因被侵权所受到的实际损失、侵权人因侵权所获得的利益、注册商标许可使用费难以确定的，由人民法院根据侵权行为的情节判决给予 500 万元以下的赔偿。[②]

在认定损害赔偿的数额时，应注意，注册商标只有通过实际的使用才能积累商誉，并起到区分产品或服务的功能。如果某个商标在注册之后，还未被使用，则他人未经许可使用注册商标的行为就不会导致相关公众的混淆，也就不会给权利人造成实际的经济损失。为此，《商标法》还规定，注册商标专用权人请求赔偿，被控侵权人以注册商标专用权人未使用注册商标提出抗辩的，人民法院可以要求注册商标专用权人提供此前 3 年内实际使用该注册商标的证据。注册商标专用权人不能证明此前 3 年内实际使用过该注册商标，也不能证明因侵权行为受到其他损失的，被控侵权人不承担赔偿责任。[③]

二、商标侵权的行政责任

商标侵权行为同时也是一种欺骗消费者的行为，是对公共利益的侵害，因而还需承担相应的行政责任。市场监督管理部门在接到商标注册人的控告或其他任何人的检举，或者在检查中发现有侵害商标专用权的行为，经审查认为有侵权事实存在，需要给予行政处罚，属于依职权的管辖范围，且人民法院尚未受理该案件的，应当立案。侵害商标专用权案件一经立案，办案人员应当立即进行调查取证。

---

① 对于此类“惩罚性赔偿”的数额认定，实践中可以适用 2021 年 3 月 3 日起施行的《最高人民法院关于审理侵害知识产权民事案件适用惩罚性赔偿的解释》的相关规定。

② 参见《商标法》第 63 条。

③ 参见《商标法》第 64 条。

根据《商标法》的规定，市场监督管理部门在调查取证时，可以行使的职权包括：

1. 询问有关当事人，调查与侵犯他人注册商标专用权有关的情况；

2. 查阅、复制当事人与侵权活动有关的合同、发票、账簿以及其他有关资料；

3. 对当事人涉嫌从事侵犯他人注册商标专用权活动的场所实施现场检查；

4. 检查与侵权活动有关的物品，对有证据证明是侵犯他人注册商标专用权的物品，可以查封或者扣押。

市场监督管理部门依法行使上述职权时，当事人应当予以协助、配合，不得拒绝、阻挠。①

市场监督管理部门经调查后，认定侵权行为成立的，可责令侵权人立即停止侵权行为，没收、销毁侵权商品和主要用于制造侵权商品、伪造注册商标标识的工具，违法经营额5万元以上的，可以处违法经营额5倍以下的罚款，没有违法经营额或者违法经营额不足5万元的，可以处25万元以下的罚款。对5年内实施两次以上商标侵权行为或者有其他严重情节的，应当从重处罚。②

三、商标侵权的刑事责任

如果商标侵权行为情节严重，构成犯罪的，行为人将承担相应的刑事责任。目前，结合商标侵权的具体表现形式，我国《刑法》规定了三项涉及商标侵权的罪名，分别是“假冒注册商标罪”、“销售假冒注册商标的商品罪”以及“非法制造、销售非法制造的注册商标标识罪”。③ 而随着《刑法修正案（十一）》于2020年12月26日正式通过，相关罪名的内容也有了相应的调整。

（一）假冒注册商标罪

对于“假冒注册商标罪”，《刑法》规定，未经注册商标所有人许可，在同一种商品、服务上使用与其注册商标相同的商标，情节严重的，处3年以下有期徒刑，并处或者单处罚金；情节特别严重的，处3年以上10年以下有期徒刑，并处罚金。

---

① 参见《商标法》第62条。

② 参见《商标法》第60条。

③ 参见《刑法》第213、214、215条。

（二）销售假冒注册商标的商品罪

对于“销售假冒注册商标的商品罪”，《刑法》规定，销售明知是假冒注册商标的商品，违法所得数额较大或者有其他严重情节的，处3年以下有期徒刑，并处或者单处罚金；违法所得数额巨大或者有其他特别严重情节的，处3年以上10年以下有期徒刑，并处罚金。

（三）非法制造、销售非法制造的注册商标标识罪

对于“非法制造、销售非法制造的注册商标标识罪”，《刑法》规定，伪造、擅自制造他人注册商标标识或者销售伪造、擅自制造的注册商标标识，情节严重的，处3年以下有期徒刑，并处或者单处罚金；情节特别严重的，处3年以上10年以下有期徒刑，并处罚金。

第十一章 驰名商标的特别保护

重点问题

- 立法专门保护驰名商标的必要性
- 驰名商标的认定方式和认定原则
- 认定驰名商标时应当考虑的具体因素
- 《商标法》对驰名商标的特别保护措施

关键术语

驰名商标　双轨制　被动认定　个案认定　商标淡化理论　不正当竞争

第一节 驰名商标的概念及认定

在商标制度当中，所谓的**驰名商标**，并非指特定的商标种类，而是用以描述商标在市场活动中所形成的事实状态。它是经过经营者的长期使用或大力的商业推广宣传，而在市场上享有较高知名度并为相关公众所熟知的商标。

与普通的商标相比，驰名商标在相关公众当中拥有很高的知名度，消费者在日常生活中一看到与某个驰名商标相似的标志，立即就会联想到该驰名商标。同时，驰名商标之上所凝集的商誉价值也更高，在消费者心目中，此类商标通常是质量过硬、品质保障的代名词，而这种高价值的商誉，不仅有助于商标权人更好地推销自己的商品或服务，而且在商标转让或许可时，也能给商标权人带来丰厚的财产回报。此外，较高的商誉进一步衍生出驰名商标用以彰显使用者身份与个性、继而满足其精神需求的价值。对于一些消费者来说，他们所购买的有时并不是产品或服务本身，而是能够彰显主体身份，满足其荣誉感、成就感的象征性符号，而这一需求又在客观上拓展了驰名商标的功能，提升了驰名商标的市场价值。

正是由于驰名商标具有上述鲜明的特点，从利益保护的角度来看，传统的商标法保护机制对此显得有些力不从心。

首先，商标注册制度的操作原理在于将某个标志排他性地赋予个人，再由个人将自己的商誉聚集其上，但如果没有驰名商标的认定机制，他人就有可能抢先注册已经蕴含了较高商誉的标志，抢注者就可以利用商标注册制度无偿地将这些商誉据为己有，原先积累商誉的人却无法再使用这一商标。

其次，驰名商标的影响力往往会超越国界，但注册商标之上的商标专用权却有严格的地域限制，如果仅凭注册制度保护商标，就会让那些具有较高商誉的商标难以得到跨国的保护，甚至出现跨国抢注的情况。

最后，驰名商标对于消费者而言，其知名度往往会超越商标注册的商品或服务类别，即使在完全不同的商品种类上使用与驰名商标相同或近似的标志，有时也容易引起消费者的混淆，进而给商标的商誉造成损害。

由此可见，在实践中，针对商标由于“驰名”所带来的一系列保护需求，仅凭注册机制，显然难以对经营者商誉的贬损施以有效的救济。因此，对于商标制度来说，除了商标注册制度之外，还必须有专门针对商誉的保护措施，与注册制度相互配合，共同推进商标权人的利益保护。

对此，《巴黎公约》在 1925 年修订时，首先作出了保护驰名商标的规定，而 TRIPs 协定随后也对驰名商标的保护范围作了进一步的明晰和扩大。在此基础上，各国的商标法陆续增加了驰名商标的专门保护机制。

我国《商标法》在 2001 年第二次修正时首次在立法中明确了对驰名商标的保护，随后，经过多年的实践经验积累，于 2013 年第三次修正时，又对相关的保护内容作了进一步的完善。从立法的规定当中，可以看出，对驰名商标的商誉施以有效的保护和救济，重点在于两个方面，一是立法应当如何认定一个商标是否为驰名商标，二是立法对于驰名商标究竟提供了怎样的特殊保护措施。

在驰名商标的认定方面，我国《商标法》和《商标法实施条例》按照世界贸易组织贸易规则和国际通行做法，采用的是“双轨制”，以及“被动认定”和“个案认定”的原则。

所谓“双轨制”，是指经营者如果希望自己的商标被认定为驰名商标，可以通过两个渠道进行申请，一种是商标局或商标评审委员会在商标注册、商标评审或者查处商标违法案件的过程中，由当事人向商标局或商标评审委员会提出申请，要求其对所涉商标是否为驰名商标进行认定；另一种是人民法院在审理商标纠纷案件的过程中，由当事人向法院提出申请，请求其认定案件所涉及的商标是否为驰名商标。

所谓“被动认定”，是指商标局、商标评审委员会和人民法院只有在当事人主动提出请求的情况下，才会根据案件审理的需要，决定是否对商标的驰名情况进行认定；如果当事人没有提出认定商标是否驰名的请求，商标行政机关和人民法院不能依职权主动去认定驰名商标。

所谓“个案认定”，是指商标被认定为驰名商标之后，其认定效力仅限于个案。换言之，认定一个商标是否驰名，只是为了判断在具体案件中他人的行为是否构成侵权、应承担多大的责任，如果商标权人在此之后，又对他人的商标侵权行为提起诉讼，法院或商标行政机关曾经对驰名商标的认定，对于新的案件而言没有当然的效力，只要对方当事人对商标是否驰名提出异议，法院或商标行政机关应当就商标的驰名问题重新进行认定。

驰名商标的认定应当依照相关法律法规的标准进行。就标准方面，我国《商标法》规定，认定商标是否驰名，一般需要考虑以下因素：

（1）相关公众对该商标的知晓程度；

（2）该商标使用的持续时间；

（3）该商标的任何宣传工作的持续时间、程度和地理范围；

（4）该商标作为驰名商标受保护的记录；

（5）该商标驰名的其他因素。[①]

而基于这些要求，《驰名商标认定和保护规定》中又对其作了进一步的细化，认为当事人在申请认定驰名商标时，需要提供的证明材料包括：

---

① 参见《商标法》第 14 条。

（1）证明相关公众对该商标知晓程度的材料。

（2）证明该商标使用持续时间的材料，如该商标使用、注册的历史和范围的材料。该商标为未注册商标的，应当提供证明其使用持续时间不少于 5 年的材料。该商标为注册商标的，应当提供证明其注册时间不少于 3 年或者持续使用时间不少于 5 年的材料。

（3）证明该商标的任何宣传工作的持续时间、程度和地理范围的材料，如近 3 年广告宣传和促销活动的方式、地域范围、宣传媒体的种类以及广告投放量等材料。

（4）证明该商标曾在中国或者其他国家和地区作为驰名商标受保护的材料。

（5）证明该商标驰名的其他证据材料，如使用该商标的主要商品在近 3 年的销售收入、市场占有率、净利润、纳税额、销售区域等材料。

最后，需要特别强调的是，立法设置驰名商标的认定与保护机制，是为了更好地保护商标权人的合法权益。但在很长一段时间里，国内的许多企业和相关公众都将“驰名商标”看作官方颁布的荣誉称号，将其用于广告宣传之中。这样的做法歪曲了驰名商标保护机制原本的设立初衷，使得公众对驰名商标的保护功能和个案认定的评价规则产生了误解，而且在客观上让法院和行政机关成为商标品牌的认证和代言人。

为了制止这种不正当的品牌宣传行为，《商标法》在 2013 年第三次修正后，明确规定，生产、经营者不得将“驰名商标”字样用于商品、商品包装或者容器上，或者用于广告宣传、展览以及其他商业活动中，违反这一规定的，由地方市场监督管理部门责令改正，处 10 万元罚款。

第二节　我国《商标法》对驰名商标的保护

根据我国《商标法》的规定，在个案的纠纷当中，一个商标经过法定的程序被认定为驰名商标后，将从以下四个方面得到专门的法律保障。

一、未注册的驰名商标将获得与注册商标相同的保护力度

我国目前对商标的保护主要采取的是注册原则和先申请原则，未注册的商标一般不能得到法律的保护。但同时，我国《商标法》依然允许经营者通过使用取得商标权，当未注册商标通过使用积累了一定的商誉之后，该商誉就成为商标排他性使用的正当依据。所以，如果法院或商标行政机关认定某个未注册的商标属于驰名商标，就说明其上的商誉应当得到法律的保护，他人未经许可使用这一商标，如果造成消费者的混淆，就属于对经营者商誉的侵犯。对此，我国《商标法》规定，就相同或者类似商品申请注册的商标是复制、摹仿或者翻译他人未在中国注册的驰名商标，容易导致混淆的，不予注册并禁止使用。

照此理解，如果某商标并未注册，但被认定为驰名商标，那么它将获得与注册商标同等的法律保护。一方面，如果他人未经许可在相同或类似的商品上，使用与未注册驰名商标相同或近似的商标，导致消费者对商品来源产生混淆的，将构成商标侵权行为；另一方面，未注册的商标被认定为“驰名”，将形成相同或近似标志的“在先权利”，如果有人在相同或类似的商品上申请与驰名商标相同或近似的商标，商标局将不予核准。假如已经获准注册，自注册之日起5年内，驰名商标的权利人或其他利害关系人可以请求宣告该注册商标无效。同时，对于恶意注册他人驰名商标的行为，无效宣告申请不受5年的时间限制。

二、已经注册的驰名商标可以享受跨类保护

当一个商标获得注册之后，商标专用权人就可以在其核准注册的商品或服务类别之上，排他性地使用该商标。但随着商标之上商誉的不断积累，该注册商标的知名度有可能已经超越了原先核准的商品或服务类别，即便他人是在完全不同的商品类别中使用与该注册商标相同或相似的商标，也有可能造成消费者的混淆。对此，我国《商标法》规定，就不相同或者不相类似商品申请注册的商标是复制、摹仿或者翻译他人已经在中国注册的驰名商标，误导公众，致使该驰名商标注册人的利益可能受到损害的，不予注册并禁止使用。

据此，一个已经注册的商标若被法院或商标行政机关认定是驰名商标，那么它将享受到普通商标所没有的跨类保护。如果他人在与注册商标不相同或不相类似的

商品上，使用了与注册的驰名商标相同或类似的标志，在误导公众的情况下，同样可能构成侵权。同时，如果他人希望跨类注册他人的已注册驰名商标，商标局将不予注册，已经注册的，也可以按照无效宣告的程序请求宣告该注册商标无效。

三、对已注册的驰名商标防止淡化

以商标注册制度为核心，传统商标法对商标的保护依据主要来源于"混淆理论"，即商标制度应当有效防止消费者对商品或服务来源产生混淆，避免商标成为欺骗消费者的工具。在混淆理论之下，"公众混淆"与"商誉贬损"被认为是相伴而生的——如果消费者对商品或服务的来源产生了混淆，商标之上的商誉就会受到贬损；如果商标的商誉贬损，往往都是由于消费者产生了混淆。

但是，如果一个商标的商誉或知名度达到一定的高度之后，现实中可能会产生这样的效果：相关公众在看到一个商标时，会自然地联想到某个熟知的商标，虽然他能够清楚地认识到这两个商标分属不同的经营者，但这种长期的联想也有可能贬损其熟知的商标所代表的品位与商誉，导致该商标对相关公众的吸引力降低或价值受到损害。

这一认知在学理上被称为**"商标淡化"理论**。根据该理论，商标受到保护的依据在于其上的商誉因他人的行为而遭受了事实上的贬损，而非消费者对商品的来源产生了混淆，只要产生了商誉损害的事实，他人的行为就构成了商标侵权。基于"商标淡化"理论，商标的保护范围和力度将被大大提升。

我国《商标法》目前虽然还未正式将这一理论作为商标侵权的基本依据，但对于驰名商标，相关的司法解释则已经基于"商标淡化"理论，进一步扩大了驰名商标的保护范围。根据《最高人民法院关于审理涉及驰名商标保护的民事纠纷案件应用法律若干问题的解释》的相关规定，足以使相关公众认为被诉商标与驰名商标具有相当程度的联系，而减弱驰名商标的显著性、贬损驰名商标的市场声誉，或者不正当利用驰名商标的市场声誉的，属于《商标法》所规定的"误导公众，致使该驰名商标注册人的利益可能受到损害"。

据此，对于驰名商标的保护，"误导公众"的内涵被扩大了，除了导致相关公众混淆的行为之外，那些导致驰名商标的显著性被减弱的"弱化"行为，以及贬损驰名商标市场声誉的"丑化"行为，均可能构成商标侵权行为。

四、对注册商标跨领域的特别保护

根据我国《商标法》的规定，如果商标被法院或商标行政机关认定为驰名商标，那么他人将该商标作为自己企业名称中的“字号”使用，误导了公众，则可能构成不正当竞争行为，应当按照我国《反不正当竞争法》的相关规定处理。

此外，根据我国的相关司法解释，如果有人对驰名商标采用复制、摹仿、翻译或音译的方式，将与该商标相同或近似的文字注册为网络域名，并且通过该域名进行相关商品交易的电子商务，容易使相关公众产生误认的，可以向域名注册机构申请撤销该域名注册，构成侵权或不正当竞争的，按照相关规定处理。

文献索引

（以汉语拼音先后顺序排序）

A

安娜女王法　017

B

保护文学和艺术作品伯尔尼公约　016

C

残疾人权利公约　103
驰名商标认定和保护规定　288

D

德国商标法　225, 227

F

反不正当竞争法　292
反垄断法　188

G

关于以使用原则和不审查原则为内容的制造标记和商标的法律　223
国际展览会公约　166

J

计算机软件保护条例　037
技术进出口管理条例　177
技术进出口合同登记管理办法　177
教科书法定许可使用作品支付报酬办法　107

L

类似商品和服务区分表　250

M

美国版权法　030, 031
民法典　143

O

欧共体商标一号指令　274

Q

全国人民代表大会常务委员会关于惩治侵犯著作权的犯罪的决定　120

R

人权宣言　052

日本商标法　227, 276
日本专利法　148

S

商标法实施条例　237, 242, 248, 260, 267, 268, 269, 281, 287
商标国际注册马德里协定　243
商标印制管理办法　280
商标注册用商品和服务国际分类表　250
商标注册用商品与服务国际分类尼斯协定（尼斯协定）245, 250
世界版权公约　017, 090
世界知识产权组织版权公约　071
世界知识产权组织表演和录音制品公约　071

X

信息网络传播权保护条例　105, 107, 108
刑法　120, 207, 284, 285

Y

与贸易有关的知识产权协定（TRIPs 协定）174, 175, 190, 212, 254, 287
与贸易有关的知识产权协定和公共健康宣言（多哈宣言）190

Z

植物新品种保护条例　136
著作权法实施条例　017, 019, 028 ~ 037, 047, 055, 084, 092, 095, 105
著作权集体管理条例　111
专利法实施细则　142, 144, 146, 148, 151, 153, 154
专利审查指南　132, 134, 166, 169, 170
最高人民法院关于审理侵犯专利权纠纷案件应用法律若干问题的解释　183, 195, 196, 201, 203
最高人民法院关于审理侵害知识产权民事案件适用惩罚性赔偿的解释　118, 119, 199, 283
最高人民法院关于审理商标民事纠纷案件适用法律若干问题的解释　259, 281
最高人民法院关于审理涉及驰名商标保护的民事纠纷案件应用法律若干问题的解释　291
最高人民法院关于审理著作权民事纠纷案件适用法律若干问题的解释　044
最高人民法院关于审理专利纠纷案件适用法律问题的若干规定　198
最高人民法院、最高人民检察院关于办理侵犯知识产权刑事案件具体应用法律若干问题的解释　207

事项索引

（以汉语拼音先后顺序排序）

A

暗示性标志　228, 229

B

版权　007, 016

版式设计权　080, 087, 088, 092

保护表演形象不受歪曲权　078, 083, 085, 092

保护期　017, 034, 035, 082, 089, 090, 091, 092, 130, 162, 173, 178, 185, 191, 259

保护作品完整权　051, 053, 055, 056, 083, 089, 114

保密审查制　158

报刊转载　105

被动认定　287, 288

本国优先权　151

必要技术特征　153, 167, 194, 202

表明表演者身份权　083, 085, 092

表演权　066 ~ 069, 071, 072, 074, 093, 101, 110

表演行为　030, 031, 059, 067 ~ 070, 072 ~ 074, 078, 079, 081 ~ 086, 099, 101, 102

表演者权　081 ~ 085, 087, 092

并列式叠加　045, 046

不正当竞争　132, 170, 221, 276, 292

C

财产利益　004, 005, 006, 012, 016, 049, 056, 075, 080, 083, 087, 088, 093, 101, 109, 114 ~ 117, 140, 196, 220, 223, 258

财产权利　066, 072, 074, 083, 085, 114

层级式叠加　045

产品发明　130, 172, 173, 179

产品设计图　035, 036, 048, 049

驰名商标　225, 239, 252, 264, 265, 286 ~ 292

重复再现性　168

出租权　027, 060, 064, 065, 066, 084, 086

初步审定　239, 248, 252, 253, 254

传播类权利　059, 060, 066, 068, 069, 071 ~ 075, 077

传播者权　081

创新驱动　126

创作行为　023, 028, 040, 045, 046, 048, 050

从属专利　191

D

单纯事实消息　025

单一性原则 155, 161, 162
等同原则 200, 201, 202, 203
抵触申请 165, 170
地理标志 236, 237, 251, 264
地理标志权 010
地图 035, 036, 048, 049
地域性 011, 012, 017, 052, 124, 141, 149, 183, 216
第二含义 230, 241, 249, 272
电影作品 034, 035, 050, 065, 104
动植物品种 136
兜底条款 038, 077, 104, 105, 235
独占许可 178, 270, 275
多价值叠加 048, 049, 050
多余指定原则 201, 202

E

额头流汗原则 023, 024, 034

F

发表权 053, 054, 055, 074, 089, 091, 114
发明人 139, 142, 143, 145, 152, 181, 190, 191
发行权 060, 062 ~ 066, 077, 084, 086, 115, 181
发行权一次用尽 063, 064, 065, 181
法定许可 031, 095, 096, 105, 106, 107, 108, 186, 187
法域 012, 124, 148
翻译权 075, 076
反向假冒 281
方法发明 130, 173, 179
放映权 028, 066, 069, 071, 072, 073, 074
放映行为 059, 072, 073
非法制造、销售非法制造的注册商标标识罪 284, 285
非可视商标 215, 216
非自愿许可 186
分许可 179, 187
服务商标 217
复审 163, 253, 254, 263, 265
复制类权利 059, 060, 064, 066, 075
复制权 016, 060, 061, 062, 064, 066, 068, 077, 084, 086, 087, 094, 097, 102, 105, 115
复制行为 061, 062, 068, 094, 099

G

改编权 056, 075, 076
改进发明 130, 179, 191
个案认定 287, 288, 289
个人使用 097
工程设计图 035, 036, 048, 049
工业设计 123, 124, 125, 132
公告 108, 140, 146, 162, 170, 172, 177, 207, 224, 242, 252, 253, 254, 259, 264, 268, 269
公共政策 009, 010, 012, 080, 088, 090, 094, 095, 096, 099, 102, 124, 125, 136, 180, 186, 220
公开出版 164
公开审查制 158, 159
公开使用 165
公务性使用 100
公之于众 041, 053, 054, 091, 114, 124, 159, 163, 164, 183
共同发明 142, 143
固有显著性 230, 241, 272

故意 114, 115, 118, 119, 120, 197, 198, 199, 281
雇员发明 144
馆藏作品 100
广播权 066, 069, 070, 071, 072, 074, 104, 106, 110
广播行为 070, 071, 072
广播组织权 080, 087, 092
广告宣传功能 214
国际用尽 181, 182, 275
国际优先权 149, 150, 151
国家市场监督管理总局 240, 244
国家知识产权局 160, 161, 162, 165, 166, 170, 177, 191
国内用尽 181, 182, 275
过错 114, 115, 116, 118, 173, 197, 198, 232, 262, 280, 282
过失 114, 115, 197, 198

H

合法性 168, 175, 275
合理使用 095, 096, 097, 098, 099, 100, 101, 102, 103, 104, 105
合作作品 046, 047, 090, 142
核准 241, 252, 253, 254, 256, 259, 261, 262, 268, 290
互惠原则 141, 184
滑稽模仿 277
汇编权 075, 076, 077
汇编行为 076, 077
汇编作品 045, 046, 076, 077
混淆 055, 212, 220, 222, 239, 250, 256, 259, 272, 273, 276, 277, 278, 279, 281, 282, 283, 287, 290, 291
获得显著性 230, 272
豁免 095, 097, 099, 101, 181, 184

J

机械表演 067, 068, 069, 070, 071, 072, 073
积极条件 226, 230, 240, 248, 249, 272
集成电路布图设计权 010
集体管理 109, 110, 111, 112
集体商标 217, 235, 237, 246, 268
计算机软件 027, 028, 037, 048, 049, 065, 120
技术出口许可证 177
技术特征 152, 153, 154, 166, 167, 194, 195, 200, 201, 202
继受取得 040, 044, 138
假冒 119, 120, 204, 205, 206, 207, 213, 223, 224, 279, 280, 281, 284, 285
假冒他人专利 205, 206
假冒之诉 223
假冒注册商标罪 278, 284
假冒专利 204, 205, 206, 207
假冒专利罪 207
间接侵权 116, 174, 197, 281
建筑作品 032, 033, 056, 061, 062, 073
交叉许可 179, 191, 192
交互式传播 071, 072, 086, 087
教唆 116
紧急状态 166, 189
进口权 172, 174, 175, 182, 183
近似商标 242, 251, 268, 276, 279
禁止反悔原则 203
禁止性规定 232, 241, 250, 253, 263

经常居所 141
精神利益 015, 016, 017, 052, 053, 054, 056, 057, 083, 113, 114
精神权利 052
捐献原则 202, 203
绝对理由 262, 263
绝对权 004, 005, 009, 113
绝对新颖性 164, 165

K

科技进步 009, 124, 125, 127, 162, 163, 167, 219
科学发现 135
可识别性 226
可实施性 168
可视商标 215, 216
口述作品 029, 030, 032, 099
宽限期 259, 260

L

滥用专利权 187
类电影作品 034, 035
类似服务 250
类似商品 212, 213, 219, 223, 239, 242, 250, 254, 256, 268, 276, 279, 282, 290
立体商标 216
利害关系人 118, 162, 253, 257, 259, 263, 264, 265, 290
利益平衡 010, 085, 095, 186
临时保护 161
临时过境 183, 184
录制者权 086, 087, 092

M

冒充专利 205, 206
美术作品 020, 028, 029, 032, 033, 035, 037, 059, 062, 072, 073, 074, 094, 107, 108, 120, 133, 171
免费表演 101, 102
描述性标志 228, 230, 249, 272
描述性使用 271, 272
模型作品 036, 037

N

脑力劳动 009, 011, 020, 021, 023, 042, 045, 088, 123, 135, 139, 218, 219

O

偶然进入 183, 184

P

排他许可 178, 267, 270
赔偿损失 109, 114, 115, 118, 178, 197, 204, 207, 282
赔礼道歉 114, 117
平行进口 174, 175, 182, 275
普通技术人员 194, 195, 200
普通许可 143, 178, 270
普通职务作品 048, 049, 050

Q

强制许可 180, 186, 187, 188, 189, 190, 191, 192
强制注册 241, 268
侵犯知识产权罪 120

侵犯著作权罪 120
请求书 152, 154, 169
区别性 170, 171, 226
曲艺作品 031, 032
权利穷竭 063, 064, 274
权利要求书 152, 153, 193, 194, 195, 199, 200, 201, 202
全面覆盖原则 200, 201

R

人格权 052, 053
任意性标志 229

S

三步检验法 094, 095, 096, 097, 099, 100, 101, 102, 104
三维标志 212, 216, 217, 236, 246, 250, 253, 263
丧失新颖性 164, 165, 166, 170, 243
擅自制造商标标识 280
商标淡化 291
商标公告 252, 253, 254
商标抢注 225
商标权用尽 274, 275, 276
商标图样 246, 249
商标无效 253, 262, 263, 264, 265, 290, 291
商标注册申请书 244, 245, 246
商标注册制 224, 225, 226, 238, 258, 276, 287, 291
商品商标 217, 236
商业秘密 010, 125, 158
商业秘密权 010
摄影作品 028, 033, 034, 035, 072, 073, 074, 107, 108
摄制权 075, 076
申请费 152, 155, 160, 162, 240, 249
申请号 160, 177, 206, 249
申请优先权 243
识别功能 213, 214, 219, 223, 227, 230, 258, 269
时间性 012, 052, 124
时事新闻 025, 098
实用性 033, 036, 131, 163, 168
实质审查 154, 157, 158, 159, 161, 162, 168, 203, 248, 249, 250, 252, 259
实质性相似 196
市场垄断地位 007, 009, 011, 012, 058, 068, 080, 089, 094, 095, 114, 124, 125, 163, 185
市场秩序 220, 221, 282
示意图 035, 036, 048, 049, 154
视听作品 027, 028, 034, 035, 037, 050, 056, 059, 065, 072, 073, 075, 091, 106, 120
适当引用 097, 098
室外艺术品 102
首次固定权 083
首次销售 063, 064, 181
书面原则 152, 155
署名权 028, 041, 049, 050, 053, 055, 083, 089, 091, 114
双轨制 287, 288
说明书 153, 154, 160, 161, 194, 195, 200, 202, 203
溯及力 261, 265
损害赔偿数额 118, 199

T

特定官方标志 233, 250
特殊职务作品 028, 048, 049, 091
天赋人权 008, 009, 052, 056, 139, 220, 259
停止侵害 109, 114, 115, 117, 270, 282
通用标志 228, 249
通用表格 026
通用数表 026
图形商标 215, 216
图形作品 028, 035, 036, 107, 108

W

违法行为 114, 205
违禁条款 134, 135
委托发明 142, 143
委托作品 043, 044, 143
文字商标 215, 216, 257
文字作品 020, 028, 029, 030, 031, 032, 033, 037, 059, 061, 065, 067, 073, 076, 099, 102, 103, 105, 106, 107, 108, 120
无形财产 139, 220
舞蹈作品 031, 059, 067, 073

X

戏剧作品 030, 031
先申请原则 148, 149, 241, 290
先用权人 182, 183, 276
显著性退化 231, 232
现场表演 067, 068, 069, 070, 072, 073, 085
现场直播权 083
现有技术 124, 131, 153, 154, 157, 164, 165, 166, 167, 168, 203, 204
相对理由 262, 263, 264
相对新颖性 165
消除影响 114, 117, 207
消极条件 226, 232, 240, 248, 249
销售假冒注册商标的商品罪 284, 285
销售侵权复制品罪 120
销售权 172, 173, 174, 175, 181, 182, 198
销售商标 217
新颖性 022, 163, 164, 165, 166, 167, 168, 169, 170, 183, 203, 243
信息网络传播权 066, 069, 071, 072, 074, 077, 084, 086, 087, 107, 108
行政处罚 119, 204, 283
行政特许 007, 008, 009, 011, 012, 015, 016, 017, 051, 052, 123, 124, 176, 204, 223
形式审查 157, 158, 159, 160, 161, 204, 248, 249, 252
修改权 053, 056, 089, 114
许可电视台播放权 086
许诺销售 173, 177, 181, 196, 198, 205
许诺销售权 172, 173, 174, 181, 198
续展 258, 259, 260

Y

演绎类权利 057, 059, 060, 075, 077
演绎行为 045, 060, 075, 076, 077
演绎作品 039, 045, 046, 075
一般消费者 169, 170, 171, 251, 256
异议 108, 158, 239, 251, 253, 254, 288
异议人 253, 254
臆造性标志 229
因果关系 114
音乐作品 030, 031, 032, 037, 059, 061, 067,

069, 073, 106, 107, 108, 110
引诱　116
引证商标　250, 251
营业场所　141
优惠期制度　166
优先权　149, 150, 151, 152, 154, 242, 243, 244, 246
优先权日　149, 150
优先权原则　149, 150, 151, 242
有偿许可　064, 065, 186
有益性　168
原始取得　040, 042, 044, 138, 142, 222
原始主体　040, 041, 042, 043, 138
约定情形　042, 043, 044, 143

Z

杂技艺术作品　032
在先权利人　253, 264, 265
在先权益　238
暂时进入　184
早期公开、迟延审查　159, 160
展览权　028, 066, 072, 073, 074
展览优先权　243
正当使用　237, 271, 272, 273, 276
证明商标　217, 218, 235, 237, 246, 247, 268
支配权　004, 005, 009
直接侵权　116, 117, 173, 174, 197, 198, 281, 282
职务表演　084, 085
职务发明　140, 142, 144, 145
职务作品　028, 048, 049, 050, 085, 091
植物新品种权　010
指示性使用　273
质量保证功能　213, 214, 269
制造权　172, 173
制造商标　217
中心限定法　194
周边限定法　194
注册号　253
注销　259, 260, 261, 265
著作权自动取得　041
著作人身权　015, 044, 049, 051 ~ 057, 060, 078, 083, 089, 114, 117

主要参考文献

本书在编写过程中，曾参阅下列已公开出版发行的中外文知识产权法著作，在此谨向作者表示感谢。

吴汉东等著:《知识产权基本问题研究》，中国人民大学出版社 2005 年版。

刘春田主编:《知识产权法》(第五版)，高等教育出版社 2015 年版。

吴汉东著:《知识产权法学》(第七版)，北京大学出版社 2019 年版。

王迁著:《知识产权法教程》(第四版)，中国人民大学出版社 2014 年版。

冯晓青主编:《知识产权法》(第三版)，中国政法大学出版社 2015 年版。

李明德著:《知识产权法》(第二版)，法律出版社 2014 年版。

张玉敏、张今、张平著:《知识产权法》，中国人民大学出版社 2009 年版。

黄海峰著:《知识产权的话语与现实——版权、专利与商标史论》，华中科技大学出版社 2011 年版。

《十二国著作权法》,《十二国著作权法》翻译组译，清华大学出版社 2011 年版。

《十二国专利法》,《十二国专利法》翻译组译，清华大学出版社 2013 年版。

《十二国商标法》,《十二国商标法》翻译组译，清华大学出版社 2013 年版。

《日本知识产权法》，杨和义译，北京大学出版社 2014 年版。

[美] 威廉·M. 兰德斯、理查德·A. 波斯纳著:《知识产权法的经济结构》，金海军译，北京大学出版社 2016 年版。

[美] 马克·罗斯著:《版权的起源》，杨明译，商务印书馆 2018 年版。

[澳] 彼得·德霍斯著:《知识财产法哲学》，周林译，商务印书馆 2008 年版。

Justine Pila, Paul Torremans, European Intellectual Property Law, Oxford University Press, 2016.

Charlotte Waelde, Abbe Brown, Smita Kheria, Jane Cornwell, Contemporary Intellectual Property Law and Policy, Fourth Edition, 2016.

Simon Stokes, Digital Copyright Law and Practice, Fifth Edition, Hart Publishing, 2019.

图书在版编目（CIP）数据

知识产权法原理简明教程 / 潘皞宇著 .—北京：中国法制出版社，2021.6
ISBN 978-7-5216-1634-7

Ⅰ. ①知…　Ⅱ. ①潘…　Ⅲ. ①知识产权法－中国－高等学校－教材　Ⅳ. ① D923.4

中国版本图书馆 CIP 数据核字（2021）第 022068 号

责任编辑：唐　鹍　成知博　　　　封面设计：周黎明

知识产权法原理简明教程

ZHISHI CHANQUANFA YUANLI JIANMING JIAOCHENG

著者 / 潘皞宇

经销 / 新华书店

印刷 / 三河市国英印务有限公司

开本 / 710 毫米 ×1000 毫米　16 开　　　　印张 / 19.75　字数 / 325 千

版次 / 2021 年 6 月第 1 版　　　　2021 年 6 月第 1 次印刷

中国法制出版社出版

书号 ISBN 978-7-5216-1634-7　　　　定价：59.00 元

值班电话：010-66026508

北京西单横二条 2 号　邮政编码 100031　　　　传真：010-66031119

网址：http://www.zgfzs.com　　　　**编辑部电话：010-66026587**

市场营销部电话：010-66033393　　　　**邮购部电话：010-66033288**

（如有印装质量问题，请与本社印务部联系调换。电话：010-66032926）